DOMAINE DU POSSIBLE

La crise profonde que connaissent nos sociétés est patente. Dérèglement écologique, exclusion sociale, exploitation sans limites des ressources naturelles, recherche acharnée et déshumanisante du profit, creusement des inégalités sont au cœur des problématiques contemporaines.

Or, partout dans le monde, des hommes et des femmes s'organisent autour d'initiatives originales et innovantes, en vue d'apporter des perspectives nouvelles pour l'avenir. Des solutions existent, des propositions inédites voient le jour aux quatre coins de la planète, souvent à une petite échelle, mais toujours dans le but d'initier un véritable mouvement de transformation des sociétés.

LA VILLE
STATIONNAIRE

DU MÊME AUTEUR

Philippe Bihouix

Quel futur pour les métaux ? Raréfaction des métaux : un nouveau défi pour la société, avec Benoît de Guillebon, EDP Sciences, 2010.

L'Âge des low tech. Vers une civilisation techniquement soutenable, Seuil, 2014 et Points, 2021.

Le Désastre de l'école numérique. Plaidoyer pour une école sans écrans, avec Karine Mauvilly, Seuil, 2016 et Points, 2021.

Le bonheur était pour demain. Les rêveries d'un ingénieur solitaire, Seuil, 2019 et Points, 2022.

Collection créée par Cyril Dion en 2011.

ISBN 978-2-330-16873-5
www.actes-sud.fr

PHILIPPE BIHOUIX
SOPHIE JEANTET
CLÉMENCE DE SELVA

LA VILLE STATIONNAIRE

COMMENT METTRE FIN À L'ÉTALEMENT URBAIN ?

ILLUSTRATIONS D'ESTELLE KLUGSTERTZ

DOMAINE DU POSSIBLE
ACTES SUD

INTRODUCTION

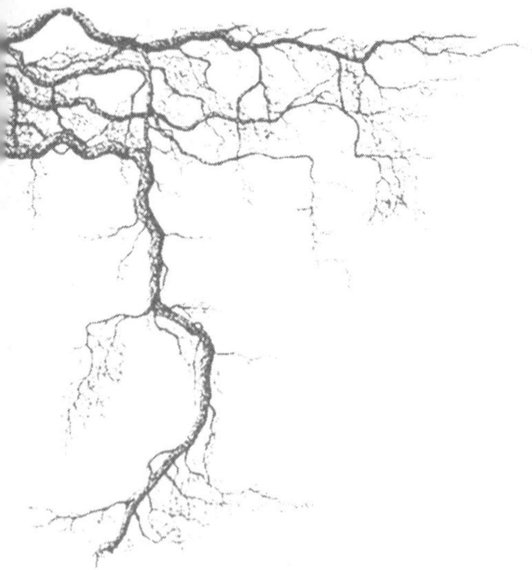

Parler de ville "stationnaire" dans un monde en croissance, économique et démographique, peut sembler étrange. Mais n'est-il pas encore plus étrange de croire que le destin des villes serait de croître indéfiniment, jusqu'à se rejoindre et former d'incommensurables conurbations continues, comme c'est déjà le cas d'ailleurs sur certains territoires, en France, en Europe et dans le monde ?

Un système insoutenable

Tout le monde est d'accord sur le constat : la croissance urbaine, tirée par les évolutions démographiques, mais aussi les recompositions sociales et économiques, est largement insoutenable. Le poids environnemental des villes, tant par leur "fabrication" (artificialisation des sols, consommation de matières premières, énergie "grise" et émissions de CO_2 liées à la production des matériaux de construction, en particulier le ciment et l'acier) que par leur "métabolisme" (flux d'énergie, de matières et de déchets nécessaires à leur fonctionnement, besoins de mobilité des personnes et des marchandises, etc.), n'est plus à démontrer. Le secteur de la construction[1] reste, par les volumes de matériaux mobilisés comme par les principaux choix constructifs, l'un des principaux émetteurs de gaz à effet de serre et l'un des principaux consommateurs de ressources extraites des mines, des carrières et des sablières, ou des champs pétroliers : 50 % de l'acier, 20 % de l'aluminium, 25 % des plastiques, 100 % ou presque des granulats... sont utilisés pour construire et entretenir nos villes et leurs infrastructures.

Les rendre "écologiques" ou "durables", sans même parler de neutralité carbone, est un défi énorme, alors que la population mondiale continue à se concentrer – le taux d'urbanisation mondial, actuellement de 55 %, pourrait passer selon l'Organisation des

1. Bâtiment, travaux publics (TP), voiries et réseaux divers (VRD).

Nations unies à 68 % en 2050[I], sous l'effet de la poursuite des migrations rurales et des phénomènes de métropolisation, et même de "mégapolisation". Si elles comportent certainement des caractéristiques communes, les dynamiques d'urbanisation dépendent éminemment des facteurs locaux propres à chaque pays, démographiques, économiques, sociaux, culturels. Notre propos n'est pas de généraliser pour tenter d'embarquer, dans les réflexions du présent ouvrage, à la fois Lagos, Tijuana, Chongqing, Bruxelles et... Montpellier ou Rennes. Sauf quand il sera pertinent d'apporter quelque éclairage international, nous nous en tiendrons modestement, pour l'essentiel, à un périmètre français, celui que nous connaissons le mieux et sur lequel nous pouvons, collectivement, décider d'agir.

En France donc, pourquoi les villes croissent-elles ? Pourquoi construit-on tant ? Il y a certes des besoins de logements, d'équipements, de surfaces commerciales, etc., pour une population en légère croissance – de l'ordre de 0,3 % par an. Le manque de logements, leur cherté, leur difficile accessibilité aux plus modestes, sont régulièrement pointés, tant par les professionnels et les associations que par le personnel politique. Dont acte. Pourtant, chaque année, pour chaque habitant supplémentaire, on met actuellement en chantier... plus de *deux* logements ! Ces cinq dernières années[I], l'augmentation de la population a été d'environ 165 000 personnes par an (le résultat du solde naturel, la différence entre les naissances et les décès, et du solde migratoire, l'écart entre les flux d'immigration et d'expatriation), alors que l'augmentation moyenne du parc de logements a été double – 350 000 en moyenne[2, II].

I. De 2016 à 2021.

II. Les mises en chantier ont été de 385 000 logements/an (la différence avec l'évolution du parc venant essentiellement des démolitions et des transformations de logements en locaux non résidentiels).

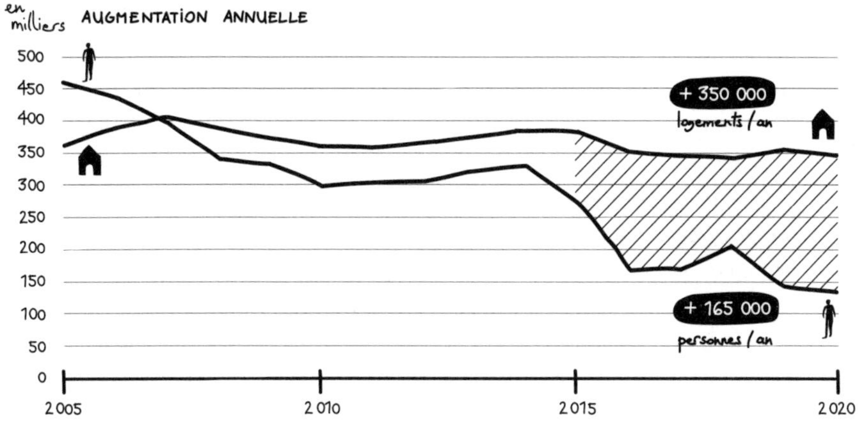

Figure 0.1 : Évolution de la population *vs* évolution du parc de logements[3]

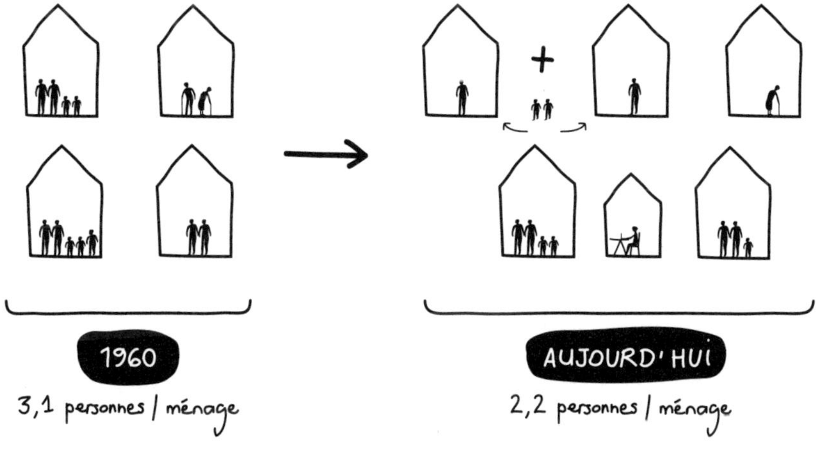

Figure 0.2 : Évolution de la taille des ménages

Évidemment, de nombreux facteurs contribuent à ce rapport singulier. Le premier facteur, ce sont les recompositions sociales et économiques, les évolutions sociologiques, comme la réduction de la taille moyenne des ménages, passée de 3,1 personnes dans les années 1960 à 2,2 aujourd'hui[4, I]. Mais quand même... Livrons-nous à un exercice purement intellectuel : si les nouveaux habitants avaient pu, ces dernières années, se loger et se "répartir" dans l'ensemble des villes et villages de France, il n'aurait fallu dénicher que deux ou trois logements par an dans chaque commune ! Autant dire qu'il n'aurait probablement pas été nécessaire de construire du tout pour les accueillir dignement.

Le deuxième facteur, c'est que l'augmentation du parc de logements ne concerne pas que les résidences principales. Sur les 350 000 nouveaux logements par an, un peu plus de 50 000 correspondent à des résidences secondaires (ou de tourisme) et un peu moins de 50 000 à l'augmentation des logements vacants[II]. Le taux de vacance des logements, actuellement d'environ 8,3 % – en progression de 30 % sur les quinze dernières années[III] –, permettrait, de manière tout à fait théorique, bien sûr, de faire face à... quarante ans de croissance démographique[IV].

Là est bien l'un des nœuds du problème. Si globalement l'évolution de nos "modes de vie" fait augmenter la surface moyenne bâtie par personne (c'est vrai pour le logement, mais le même type de constat peut être fait concernant d'autres surfaces, comme les commerces), la recherche d'emploi, les incitations fiscales, les développements régionaux hétérogènes et les recompositions géographiques

I. Entre 1975 et 2011, la population augmente de 0,5 % par an, le nombre de ménages de 1,3 % par an. Dans la même période, la surface moyenne de la résidence principale passe de 72 mètres carrés à 91 mètres carrés.
II. On "fabrique" donc des résidences principales, secondaires et vacantes dans une proportion de 5 pour 1 et 1. Tandis que le stock actuel est dans une proportion de 10 pour 1 et 1.
III. De 2006 à 2021 ; son rythme de progression diminue cependant depuis 2017.
IV. 165 000 personnes, soit 75 000 logements à 2,2 personnes par foyer ; pour environ 3,1 millions de logements vacants (et 3,6 millions de résidences secondaires).

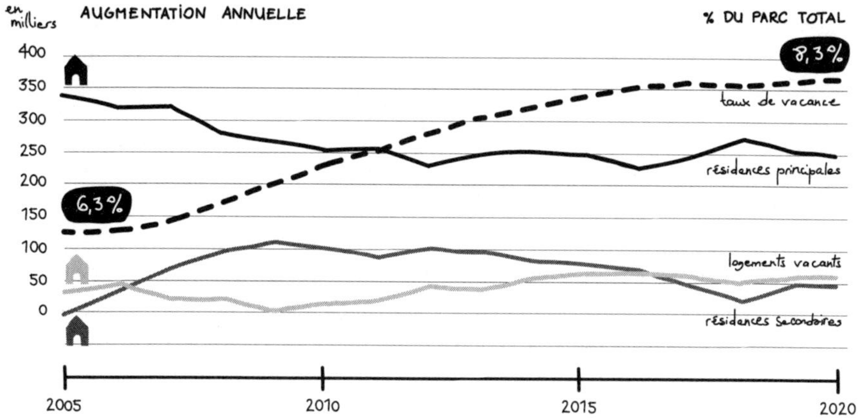

Figure 0.3 : Évolution annuelle du parc de logements et taux de vacance[5]

font bondir le taux de vacance, principalement dans les centres urbains des petites et moyennes agglomérations, tandis que, pendant ce temps, nous bétonnons, nous bitumons, nous densifions et nous étalons à la fois dans les métropoles et les périphéries. Comment en sommes-nous arrivés là ? Quel système économique, quelles injonctions de métropolisation, de compétitivité mondiale, d'attractivité et de compétition territoriale, nous ont conduits à une telle absurdité ?

Des pistes incertaines

Si la prise de conscience a largement progressé – sur l'artificialisation des sols par exemple – et que des réflexions et des initiatives fleurissent partout, force est de constater que nous restons, pour l'essentiel, largement démunis face aux dynamiques en cours, aux forces en présence, à l'inertie des habitudes, aux enjeux économiques, aux idées reçues.

Un temps vue comme une solution écologique face aux effets néfastes de la périurbanisation pavillonnaire (consommation de terres agricoles, développement de la voiture individuelle, individualisation), la densification des villes, renforcée par la course à la métropolisation et à l'attractivité territoriale des "villes-mondes", n'a sans doute pas apporté les bénéfices environnementaux escomptés (chap. 1). Au contraire se sont révélés les inconvénients et les vulnérabilités d'une concentration humaine trop grande, aujourd'hui face aux crises sanitaires, demain sans doute face aux enjeux d'autres crises à venir, à commencer par le changement climatique (chap. 2).

Quant aux promesses d'une technologisation accrue qui permettrait d'adoucir le bilan métabolique des villes en mettant le numérique au service de l'optimisation et de l'efficacité de leur fonctionnement, elles restent à ce stade bien ténues, malgré les incantations aux vertus de futures *smart cities* ("villes intelligentes"), dont personne ne sait vraiment à quoi elles pourraient ressembler ni à quel terme elles pourraient raisonnablement muter, dont les "cas d'usages" environnementaux restent à l'heure actuelle limités (quelques poubelles connectées optimisant le ramassage…) ou bien complexes à déployer et généraliser, eu égard à l'urgence climatique (comme l'articulation à définir entre bâtiments, productions d'énergies renouvelables et véhicules électriques). Il est à craindre que même fortement technologisées, même "renaturées", les métropoles ne seront jamais ni neutres (en carbone), ni "vertes" (chap. 3).

Dans l'écoconstruction, les envies et les expériences fourmillent, soutenues sans doute par l'évolution de la réglementation. L'emploi de matériaux plus naturels, bio- (chanvre, paille, bois, etc.) ou géosourcés (terre ou brique crue, pierre, etc.), de matériaux issus du recyclage, progresse indéniablement. Mais le nombre d'opérations concernées n'a-t-il pas vocation à rester marginal ? Nous n'avons pas, et de loin, accès aux volumes nécessaires de ressources si tous les bâtiments devenaient "biosourcés" (chap. 4).

Les réflexions sur la *résilience* des territoires se multiplient, et c'est heureux ; mais elles se résument encore souvent à des questions très partielles, comme la gestion d'inondations futures plus nombreuses ou la prise en compte des îlots de chaleur urbains – ICU pour les intimes. À l'opposé de solutions techniques (et consensuelles), la recherche d'une "vraie résilience" impliquerait un processus de réforme profonde de nos modes de vie, de nos institutions et de notre fonctionnement économique (chap. 5).

Résumons ces quelques réflexions : les chances pour que nos métropoles continuent, d'ici 2050 et au-delà, à croître gentiment et à se développer économiquement, certes sous une forme plus contrôlée, plus sympathique pour la planète, avec de la densification ciblée et acceptable, de l'écoconstruction, tout en devenant "intelligentes", résilientes, agréables à vivre et neutres en carbone et en consommation d'espaces naturels et agricoles (éventuellement en s'aidant de quelques compensations ailleurs), sont plutôt... ténues. Du moins sans un *changement de paradigme*, comme on dit dans ces cas-là.

Éloge de l'état stationnaire

Ce paradigme, c'est celui de la croissance (urbaine), et celui du (nécessaire) maintien du rythme de construction actuel.

Les villes n'ont pas vocation à se développer et grandir éternellement, faute de territoire disponible ou sous peine de congestion et d'asphyxie – ce n'est qu'une question de temps pour que cette évidence s'impose à tous. Plus tôt nous mettrons en pratique le "zéro artificialisation", plus grande sera notre résilience, notre capacité collective à encaisser les chocs à venir.

Viser la ville stationnaire ne veut pas dire figer la ville, zéro artificialisation ne veut pas dire zéro construction : celle-ci doit et peut continuer à évoluer, muter, s'épanouir et s'embellir, mais en cessant de dévorer l'espace autour d'elle (chap. 6 et 7) – et les matériaux au loin. Bien sûr, nous savons qu'en disant "la ville", nous nous exposons à la critique, justifiée, des géographes, des urbanistes et des sociologues. Après des décennies d'étalement urbain, de construction d'infrastructures dédiées à la vitesse, de périurbanisation ou de rurbanisation (on ne sait plus très bien), le tissu urbain est bien distendu et la dialectique ville-campagne loin derrière nous. Qu'ils se rassurent, nous en avons bien conscience.

Mais il nous a semblé intéressant d'évoquer cet imaginaire de la stationnarité, au sens de John Stuart Mill (1806-1873), un des rares économistes classiques à avoir considéré l'état stationnaire comme à la fois atteignable et positif, une économie libérée de l'injonction à la croissance, une économie de post-croissance, un état stable faisant suite à un "état progressif". Avant lui, les économistes classiques s'étaient déjà penchés sur les possibles "limites de la croissance[6]", dès le XVIIIe siècle avec Adam Smith, ou au début du XIXe avec Thomas Malthus et David Ricardo. Malthus voyait dans la loi des rendements (agricoles) décroissants une contrainte amenant fatalement à la stagnation, tandis que Ricardo – qui introduisit le premier le concept d'état stationnaire *(steady state)* – y ajoutait la baisse des profits et des investissements, liée à la rente injustement prélevée par les propriétaires terriens, entraînant une hausse des salaires.

L'eau a coulé sous les ponts depuis et, à suivre des économistes *mainstream* comme Paul Romer[1], l'innovation permettrait de poursuivre la croissance pendant des milliards d'années. Bon, nous verrons bien ! Mill en tout cas est le premier, et un des rares économistes à ce jour, à ne pas considérer la fin de la croissance comme une fatalité plutôt désagréable. Il en avait au contraire une vision optimiste : l'état stationnaire était à la fois inévitable et nécessaire, mais aussi

1. Prix de la Banque de Suède en sciences économiques en mémoire d'Alfred Nobel, dit "prix Nobel d'économie", avec William Nordhaus, en 2018.

et surtout désirable. Jugeons plutôt comme ses écrits, du milieu du XIXe, résonnent d'une incroyable modernité :

> J'avoue que je ne suis pas enchanté de l'idéal de vie que nous présentent ceux qui croient que l'état normal de l'homme est de lutter sans fin pour se tirer d'affaire, que cette mêlée où l'on se foule aux pieds, où l'on se coudoie, où l'on s'écrase, où l'on se marche sur les talons et qui est le type de la société actuelle, soit la destinée la plus désirable pour l'humanité, au lieu d'être simplement une des phases désagréables du progrès industriel[7].

> Il n'y a pas grand plaisir à considérer un monde où il ne resterait rien de livré à l'activité spontanée de la nature, où tout *rood*[1] de terre propre à produire des aliments pour l'homme serait mis en culture ; où tout désert fleuri, toute prairie naturelle seraient labourés ; où tous les quadrupèdes et tous les oiseaux qui ne seraient pas apprivoisés pour l'usage de l'homme seraient exterminés comme des concurrents qui viennent lui disputer sa nourriture ; où toute haie, tout arbre inutile seraient déracinés ; où il resterait à peine une place où pût venir un buisson ou une fleur sauvage, sans qu'on vînt aussitôt les arracher au nom des progrès de l'agriculture. Si la terre doit perdre une grande partie de l'agrément qu'elle doit à des objets que détruirait l'accroissement continu de la richesse et de la population, et cela seulement pour nourrir une population plus considérable, mais qui ne serait ni meilleure, ni plus heureuse, j'espère sincèrement pour la postérité, qu'elle se contentera de l'état stationnaire longtemps avant d'y être forcée par la nécessité[8].

Cent soixante-dix ans plus tard, force est de constater que nous avons bien arraché les haies pour faire place aux progrès de l'agriculture, mais aussi pour faire place à nos villes et nos infrastructures routières en extension. Saurons-nous nous "contenter" d'un état stationnaire – au stade où nous en sommes, il faudrait plutôt

1. Ancienne mesure de surface de terre, égale à un quart d'acre.

commencer à réparer –, ou bien jusqu'où irons-nous ? Une dernière citation pour terminer cet hommage au visionnaire Mill, et se rassurer sur la potentielle désirabilité de cet état stable : "Il n'est pas nécessaire de faire observer que l'état stationnaire de la population et de la richesse n'implique pas l'immobilité du progrès humain[9]."

Retour à la ville

Nous l'avons dit, il ne s'agit pas d'arrêter de construire. Mais il faudra construire considérablement moins. D'ailleurs, *construire moins* sera de toute façon nécessaire pour *construire mieux*, de manière plus écologique. Comment réaliser ce tour de force ? En connaissant et en utilisant mieux ce que nous avons déjà à notre disposition : en exploitant toutes les potentialités des villes, leurs capacités actuelles, alors que le patrimoine existant est immense, et parfois invraisemblablement mal utilisé ; en réhabilitant les bâtiments et réparant les villes, progressivement, des errements passés ; en les rendant adaptables pour lutter contre l'obsolescence des lieux, et se préparer aux profonds changements à venir, difficiles à anticiper et appréhender : reterritorialisation de certaines fonctions productives et logistiques, nouveaux usages et modes de consommation, adaptation au changement climatique...

Personne n'a dit que tout cela serait simple... sans parler des injonctions contradictoires ! Mais, essentiellement, nous devrons apprendre à construire moins, à *faire avec l'existant, prendre soin* et *transmettre* notre héritage urbain, tout comme notre héritage naturel et culturel. Le chantier intellectuel et opérationnel est immense, et réclamera une remise en cause profonde de tous les acteurs de la ville (chap. 8).

Mais les villes ne pourront pas réussir seules. Surtout, c'est l'aménagement du territoire, la répartition des populations, la distribution des services et des emplois, qu'il faut profondément revisiter.

Les métropoles ne doivent plus attirer et grandir, mais *essaimer* ; la puissance publique à toutes les échelles devra favoriser, inciter et accompagner, par son exemplarité, son pouvoir d'entraînement, ses décisions et toutes les mesures possibles (réglementaires, fiscales, etc.), une nouvelle décentralisation, une redistribution progressive de la population et des activités économiques vers les villes moyennes, les bourgs, les villages et les campagnes (chap. 9). Enfin, construire moins et inciter à la redistribution ne suffira (malheureusement) pas à réconcilier tout à fait la ville avec son territoire, et ses habitants avec l'écosystème.

Loin d'être mortifère, une telle orientation est possible, à notre portée, en une génération ou moins peut-être. Elle est raisonnable, souhaitable, enthousiasmante même. L'histoire accélère parfois de manière impromptue, c'est ce qu'on a pu constater récemment avec la crise sanitaire : les habitudes coriaces peuvent alors être modifiées (la pratique du vélo), les réticences promptement balayées (le rapport au télétravail), les vieux tabous mis à bas ("l'argent gratuit" ou les ratios d'endettement à respecter)...

L'attractivité des villes denses a peut-être fait long feu, elle aussi : et si nous profitions de l'envie de millions de nos concitoyens pour enclencher une profonde évolution de notre rapport aux villes et aux territoires, des choix de politique publique qui accompagnent réellement la transition environnementale devenue nécessaire et urgente ? En tout cas, il est temps de déconstruire quelques idées reçues afin de réviser profondément notre approche et nos ambitions collectives.

1

LA VILLE DENSE N'EST PAS ÉCOLOGIQUE

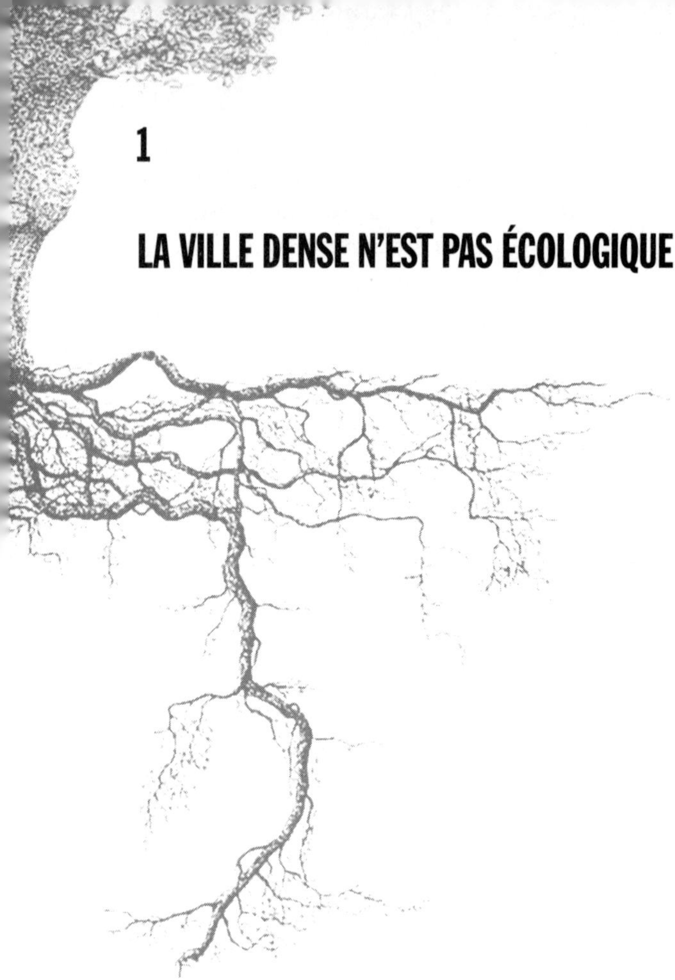

La croissance des villes n'est pas un phénomène nouveau. Les constructions humaines (villes, bourgs, villages, fermes, routes et chemins, etc.) n'occupent que 1 % environ du territoire français jusqu'au milieu du XIXe siècle. À partir des années 1840-1850, l'emprise des activités augmente régulièrement, pour atteindre environ 2,5 % du territoire au début du XXe siècle : l'industrialisation regroupe les habitats ouvriers autour des mines, des fonderies et des hauts-fourneaux, des fabriques plus grandes et plus concentrées, avec leurs machines à vapeur, que les ateliers traditionnels ; les villes croissent, se libèrent de leurs anciennes fortifications et gagnent sur les faubourgs et les proches banlieues, avec l'aide des lignes de chemin de fer et de tramways ; la population rurale entame une lente décroissance, passant de 71 % en 1846 à 56 % en 1911[1].

Dans l'entre-deux-guerres, le rythme accélère légèrement, l'exode rural se poursuit, plus lentement (il y a encore 47 % de la population dans les campagnes en 1946), tandis que l'essor de l'automobile (environ 1,5 million de voitures particulières en circulation en 1939, et une capacité de production annuelle de l'industrie de plus de 200 000 véhicules par an[2]) nécessite la construction de nouvelles infrastructures. Le réseau ferroviaire, avec environ 40 000 kilomètres de lignes principales et 20 000 kilomètres de voies secondaires dites "d'intérêt local", atteint dans les années 1920 son maximum d'extension[3].

L'entrée dans une pleine civilisation de la voiture et le baby-boom des Trente Glorieuses poursuivent la tendance, sans toutefois l'accélérer, semble-t-il, puisqu'en 1982 – année qui inaugure la série de mesures annuelles de l'occupation des sols par le ministère de l'Agriculture –, le taux d'artificialisation du territoire, mesuré pour la première fois, n'est encore "que" de 5,26 %[1]. À partir de la décennie 1980, le rythme d'expansion augmente nettement, pour atteindre environ 1 % par

1. Nous reviendrons plus largement sur la notion d'artificialisation et les questions statistiques au chapitre 6.

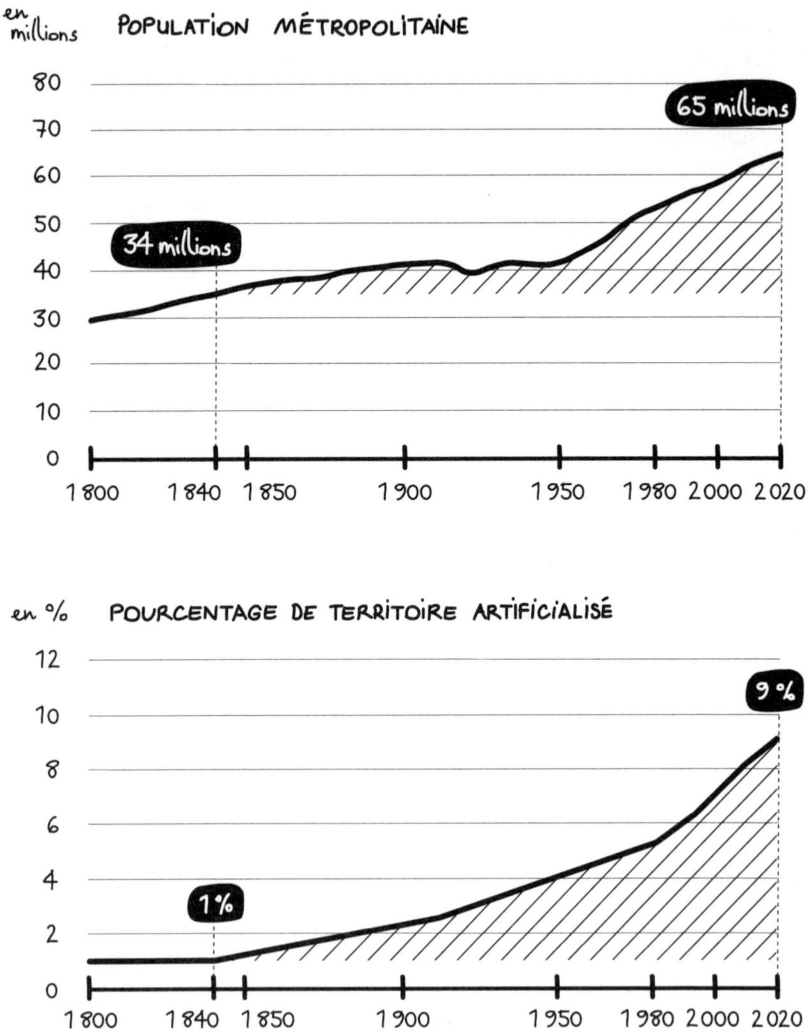

Figure 1.1 : Évolution de l'étalement urbain et de la population de 1800 à nos jours

décennie, et un cumul d'un peu plus de 9 % en 2018. Ainsi, des années 1840 à ce jour, la population a été multipliée par deux (de 34 millions à 65 millions[1]), tandis que l'espace que nous "occupons" par nos constructions a été multiplié par neuf.

Quelques premières réflexions sur la question de "l'étalement urbain" *(urban sprawl)* apparaissent dans les années 1950 aux États-Unis, sous la forme notamment d'un article éponyme dans le magazine *Fortune*[4], voire dès la fin des années 1930. Le terme, nettement péjoratif en langue anglaise – le verbe *to sprawl* signifie s'étaler, s'étendre mais aussi se vautrer, s'affaler –, est introduit dans les années 1960 en langue française[5], la France suivant avec quelque décalage l'évolution outre-Atlantique de la motorisation des ménages, de la course aux supermarchés et du rêve pavillonnaire avec jardin pour tous.

Aux yeux des chercheurs, des urbanistes et des décideurs de l'époque, la consommation d'espace supplémentaire à la fois engendrée et permise par le développement de la voiture individuelle n'est pas automatiquement vue comme négative. À côté de l'étalement urbain, on emploie d'ailleurs des expressions moins connotées, comme habitat clairsemé, périurbanisation, ville diffuse, "desserrement" du tissu urbain... À partir des années 1970 cependant, la prise de conscience des effets néfastes de la motorisation quasi généralisée des ménages et de leur éloignement en périphérie va aller croissant : la dépendance aux énergies fossiles, alors que les deux chocs pétroliers viennent de révéler leur fragilité d'approvisionnement aux pays occidentaux ; l'atteinte à la qualité de vie, par la congestion toujours plus grande, malgré le développement des infrastructures, et les nuisances sonores ; et surtout la pollution de l'air aux particules fines, aux composés organiques volatils (COV) et aux oxydes d'azote, même si les normes d'émission pour les constructeurs automobiles vont se durcir en parallèle. À ces conséquences

1. Pour la France métropolitaine.

physiques s'ajoute aussi une critique sociologique sur les conséquences de l'atomisation des foyers et de l'individualisation des modes de vie, comme le note par exemple Lewis Mumford dès les années 1960 :

> Ce large mouvement d'émigration vers les résidences de banlieue provoqua la formation d'un type de collectivité nouveau, caricature de la cité historique [...] : des multitudes d'habitations uniformes, inexorablement alignées [...] ; leurs habitants appartenant à la même classe sociale, ayant les mêmes revenus, le même âge : regardant aux mêmes heures les mêmes programmes de télévision, se nourrissant des mêmes plats préparés et sans goût, sortis de frigidaires identiques ; tous se conformant, et pas seulement en apparence, à un même modèle, forgé dans la grande métropole[6].

Au début des années 1990, les préoccupations environnementales montent en puissance (premier rapport du GIEC en 1990, Sommet de la Terre à Rio en 1992, etc.) et le développement durable est progressivement mis à l'agenda des politiques publiques. C'est dans ce contexte que se diffusent les travaux de Newman et Kenworthy[7] sur les villes et la dépendance automobile qui, pour la première fois, lient les formes urbaines, l'étalement urbain et l'utilisation de la voiture. Comme on pouvait s'en douter, moins les villes sont denses, plus leur dépendance à l'automobile est forte, plus l'organisation de transports en commun efficaces et rentables est difficile. On observe donc une corrélation inverse entre densité du tissu urbain et consommation d'énergie par habitant, et consécutivement des émissions de gaz à effet de serre par habitant. Bref, "plus la ville est dense, moins elle pollue".

La ville dense, compacte, devient donc le nouvel horizon des politiques environnementales et de l'urbanisme, même si les limites méthodologiques et interprétatives de la désormais fameuse "courbe de Newman et Kenworthy" sont rapidement pointées[8].

Progressivement, au cours de la décennie 2000, la densité (pour les extensions urbaines) et la densification (pour les aires urbaines existantes) sont érigées en solution incontournable et désirable, qui permet de répondre à deux problématiques cruciales : la réduction de l'usage de la voiture individuelle et le développement des transports en commun d'une part, et la maîtrise de l'étalement urbain, la réduction de la consommation d'espaces agricoles ou naturels, de l'artificialisation des sols, d'autre part. Ce dernier point en effet commence à faire débat, non pas tant par l'accélération de son rythme, que par effet "cumulatif" : le ministère de l'Écologie (à l'époque Medad) publie des chiffres alarmants et pointe "l'ampleur" et l'accélération du phénomène[9] ; *Télérama* dénonce la France moche et ses "métastases périurbaines", ses lotissements standardisés, ses entrées de ville défigurées, à coups de zones commerciales, d'échangeurs et de ronds-points[10] ; des enquêtes sont publiées sur les mécanismes de "fabrication" de cette ville uniforme et dispendieuse en foncier, comme l'excellent ouvrage *La Tentation du bitume*[11].

Cerise sur le gâteau, la ville dense ou, plus largement, l'organisation urbaine dense dans le cas d'intercommunalités, permettrait de fonctionner de manière plus efficace, de rationaliser l'usage des ressources (pas seulement énergétiques), de mutualiser des services tout en offrant des opportunités économiques, sociales et culturelles plus importantes à ses habitants. Dans les faits, cet imaginaire d'un monde urbain à faible impact environnemental reste encore à démontrer ; mais avant de se demander si la densification a apporté ou va apporter les bénéfices environnementaux escomptés, et permettre aux villes et à ses habitants de se réinscrire dans les limites planétaires (climatiques entre autres), il convient de préciser ce qu'on entend par densité.

La ville dense : de quoi parle-t-on ?

Les différentes notions de densité

La densité la plus simple à appréhender est la *densité de population*. Elle se mesure en nombre d'habitants par unité de surface, généralement des kilomètres carrés ou des hectares[I]. Ne cherchez pas le top 10 des villes les plus denses du monde, ou même de France : il existe à peu près autant de classements que de sources. Au-delà des incertitudes statistiques sur la taille des populations, ce sont surtout les surfaces qui font varier les chiffres, car les aires urbaines prises en compte sont à géométrie variable. Si l'on parle des très grandes villes, on trouvera souvent Manille (Philippines) et Dacca (Bangladesh), flirtant avec ou dépassant les 40 000 habitants au kilomètre carré (hab./km^2), soit deux fois plus que Paris – environ[II] 21 000 hab./km^2 – qui trouve toujours une place très honorable dans le classement. Si de plus petites villes sont aussi incluses, on peut voir surgir dans le classement mondial Malé (Maldives) ou même un Levallois-Perret avec ses 27 000 hab./km^2... Si l'on descend à l'échelle d'un quartier de ville, les chiffres record grimpent (on peut monter allégrement au-dessus de 150 000 hab./km^2 à Dacca ou Dubaï), et le score parisien reste honorable grâce aux 84 000 hab./km^2 du 3e arrondissement. D'autres chiffres peuvent être utilisés par les géographes ou les urbanistes, comme la *densité résidentielle* (on calcule alors le nombre de logements par hectare), ou la *densité d'activité humaine* (on ajoute au nombre d'habitants le nombre d'emplois, ce qui permet d'appréhender la vie des quartiers denses en bureaux et autres activités économiques en journée).

Les "fabricants" de la ville utilisent d'autres types d'indicateurs, liés aux bâtiments construits. Le premier est le *coefficient d'emprise au*

I. 1 km^2 = 100 hectares.
II. Nous prendrons l'habitude d'arrondir les chiffres de densité, toujours instables.

L'île de Malé (110 000 personnes pour un peu moins de 2 km²) :
record mondial (non homologué) de densité urbaine.
Ici pas d'erreur possible sur le périmètre de l'aire urbaine prise en compte...

sol (CES), soit le pourcentage de sol bâti (il peut varier de 5 % pour des "grands ensembles" des années 1960-1970, constitués de tours et barres éloignées les unes des autres à 75 % dans les centres-villes) ; le deuxième est la *densité bâtie*, soit le rapport entre les surfaces construites et la surface de la parcelle considérée. La densité bâtie est donc, en pratique, égale au coefficient d'emprise au sol multiplié par le nombre moyen de niveaux[1]. On considère en général qu'une densité est faible entre 0 et 1, moyenne entre 1 et 2, et forte au-dessus de 2.

1. Note pour les utilisateurs inconditionnels de l'ancien coefficient d'occupation du sol (COS) : la base de calcul pour le calcul de la densité bâtie est donc l'emprise au sol du bâtiment, plutôt que sa surface réglementaire (surface de plancher [SDP], ou anciennement la surface hors œuvre nette [SHON]), qui exclut les épaisseurs de murs, les cages d'escaliers, d'ascenseur, ainsi que d'autres surfaces non habitables déduites administrativement (comme les garages), ces surfaces étant pourtant pertinentes pour appréhender la densité dans sa dimension "volumique".

Enfin, pour ceux qui souhaitent devenir master 2 en densité, on distingue également la *densité brute* (qui se calcule en prenant en compte l'ensemble des surfaces de la ville ou du quartier, y compris espaces verts, voiries, infrastructures, équipements collectifs, etc.) et la *densité nette* (qui se mesure à l'échelle de l'îlot considéré : les bâtiments, les cours et voies de desserte internes uniquement). Enfin, il y a la *densité vécue*, qui fait intervenir les questions de perception, car les différentes configurations urbaines, à densité égale, ne créeront pas les mêmes impressions, par exemple si les espaces

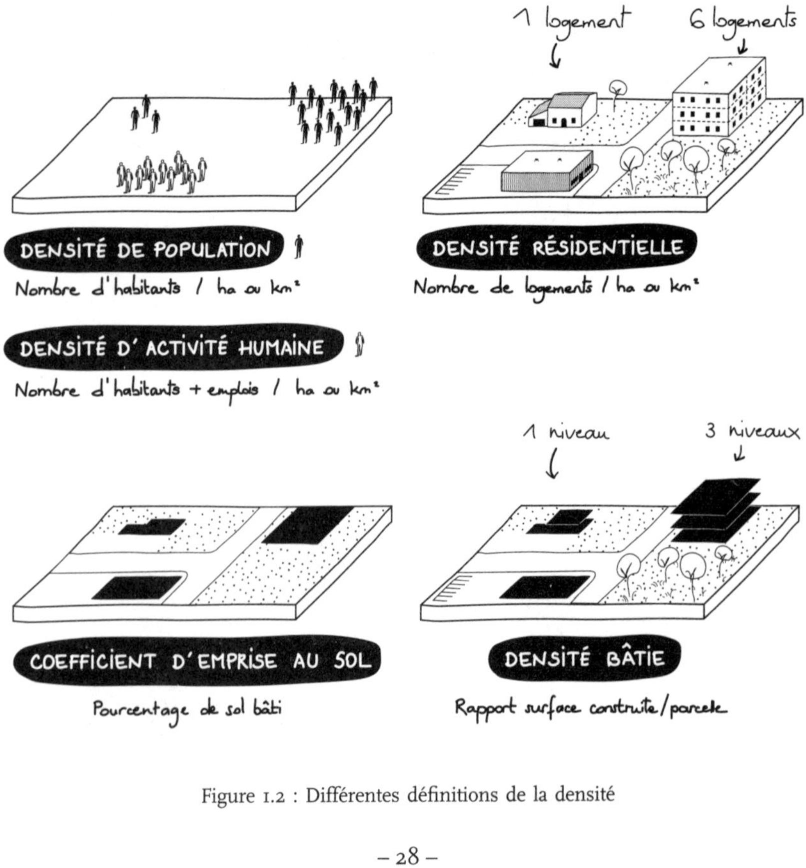

Figure 1.2 : Différentes définitions de la densité

verts sont publics et accessibles, ou privatifs et en fond de parcelle, dissimulés au passant par un front bâti[12].

Idées reçues sur la densité

Il ne s'agirait pas d'affirmer qu'on peut modéliser une ville par le seul truchement de la densité : les villes, au contraire, admettent de nombreuses variations de forme autour du seul paramètre de densité, ce qui fait une partie de la richesse de nos paysages urbains !

À partir des années 2000, constatant une appétence généralisée pour des formes urbaines peu denses (les pavillons) dans les agglomérations, les agences d'urbanisme vont s'intéresser au rapport entre formes urbaines et densité[13]. Elles vont réaliser un gros travail de collecte et de pédagogie pour montrer la très grande variété des tissus urbains "hérités" : habitats collectifs "continus" des tissus traditionnels, collectifs "discontinus" des grands ensembles des années 1960-1970, tissus mixtes, habitat intermédiaire (lorsque les logements sont superposés, mais bénéficient chacun d'une entrée individuelle), habitat individuel "continu" (maisons de villes, maisons en bande), habitat individuel "discontinu" (pavillons), produisant des référentiels de densité et de formes urbaines qui servent encore aujourd'hui.

Au passage elles vont déconstruire quelques idées reçues sur la densité, montrant par exemple que les grands ensembles ont des densités faibles, proches du pavillonnaire, alors que l'habitat haussmannien, avec une densité supérieure à 4, est de loin le plus efficace, plus encore que le collectif récent de huit ou neuf étages, alors que la densité "perçue" n'y est pas forcément oppressante...

La question qui vient immédiatement pourrait être : pourquoi alors a-t-on construit ces grands ensembles, et pas des maisonnettes ouvrières comme au début du XXe siècle, ou un peu plus d'immeubles d'inspiration haussmannienne ? Pas pour économiser le sol, en tout cas. La réponse est multiple – nous ne prétendons pas en maîtriser

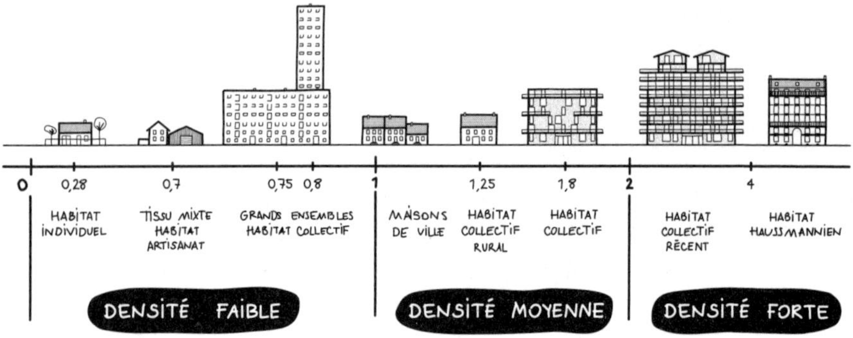

Figure 1.3 : Densités comparées de différentes formes de bâtis[14]

tous les tenants et aboutissants. L'influence de Le Corbusier, des "urbanistes modernes", de la charte d'Athènes[I], l'obsession de créer une ville libérée des contingences historiques (rues étroites et sinueuses) et laissant une large place à la voiture (sous forme de larges voies, de parkings autour des immeubles d'habitation, etc.) ont sans doute été déterminantes ; en France, la prédominance du béton armé comme système constructif, à la sortie de la guerre 1939-1945, a certainement aidé[II] ; des considérations de coûts, de rapidité, de facilité d'industrialisation (planchers préfabriqués et "chemins de grues[III]"), de quantité de main-d'œuvre – rare à l'époque, on manque de bras – mobilisée, du type de matériaux disponibles ont pu jouer ; c'était probablement bon pour la croissance économique (fabrication de grues, de banches, etc. plutôt que de l'autoconstruction de maisons individuelles) ; enfin, d'autres facteurs plus

I. Résultat du IVe Congrès international d'architecture moderne (CIAM), tenu sous l'égide de Le Corbusier et consacré à la "ville fonctionnelle". Elle a été largement "adoptée" dans la reconstruction et l'extension des villes après la Seconde Guerre mondiale.
II. Nous reviendrons sur la prégnance du béton au chapitre 4.
III. Sur les grandes opérations, les grues étaient montées sur rail, ce qui permettait de les déplacer linéairement, selon l'avancement, le long des ouvrages à construire.

sociologiques et moins avouables, peut-être, ont pu jouer : à une époque où le financement des partis politiques n'était pas aussi encadré qu'aujourd'hui, il valait mieux faire de grosses opérations qu'une multiplicité de petites ; un manque de considération pour les populations à loger, pas forcément les plus favorisées, a pu également jouer...

Ne nous méprenons pas sur le propos : nous ne disons pas que la construction d'immeubles d'habitation isolés, de grande hauteur, a été systématiquement une erreur ; même si leur réputation est parfois sulfureuse, même s'ils concentrent aujourd'hui les efforts de renouvellement urbain, les grands ensembles ne sont pas tous "ratés", et beaucoup de logements, un peu partout en France, situés dans des résidences ou des tours entourées de parcs arborés, avec vue imprenable dans un esprit tout à fait corbuséen, sont absolument agréables à vivre. Simplement, à l'heure où la question de l'étalement urbain devient prégnante, et où une partie importante de la population reste attachée au logement individuel avec jardin, considérer les différentes façons de construire avec densité est particulièrement important.

Densité à l'échelle du pays : métropolisation et mégapolisation

Si la densité s'analyse à l'échelle locale, à l'échelle de l'îlot, du quartier, de la ville, de l'aire urbaine, elle peut donc, aussi, s'analyser à l'échelle régionale ou à celle du pays. La densité moyenne de population, fruit de l'histoire démographique, varie évidemment entre les pays – disons de quelques dizaines à plusieurs centaines de personnes par kilomètre carré, voire plus d'un millier, pour le Bangladesh ou certains États insulaires, comme les Maldives[1] ; mais la question la plus intéressante est celle de la distribution des habitants

1. Environ 1700 hab./km^2, inclus les moniteurs de plongée mais sans les touristes (quantité négligeable dans le calcul d'ailleurs).

au sein de ces pays, qui évolue, sous l'effet de l'urbanisation (surtout dans les pays dits "émergents") et de la concentration de la population dans des aires urbaines toujours plus populeuses.

C'est la logique de métropolisation, portée par les opportunités liées à l'activité économique et politique, mais aussi à l'attractivité sociale, culturelle ou symbolique. La métropole (μητρόπολις/*mētrópolis*, "ville-mère") est une dénomination ancienne : ville d'origine par rapport à ses colonies chez les Grecs (notion qu'on retrouve encore dans l'expression "France métropolitaine", par rapport aux territoires d'outre-mer), capitale de province chez les Romains, elle désigne maintenant les aires urbaines d'importance régionale. Les métropoles peuvent être mondiales (les "villes-mondes"), européennes ou régionales ; elles peuvent même, à condition de dépasser 10 millions d'habitants (selon la définition de l'Organisation des Nations unies), devenir mégapoles *(megacities)*[I] – à ne pas confondre avec les mégalopoles *(megalopolis)*, conurbations de centaines de kilomètres, "espace[s] urbanisé[s] formé[s] de plusieurs agglomérations dont les banlieues et couronnes périurbaines s'étendent tellement qu'elles finissent par se rejoindre[15]", un club encore plus fermé, réservé à quelques zones comme un pan de la côte Est des États-Unis, le Grand Tokyo ou la "banane bleue" européenne[II].

La France n'échappe pas à la règle : nous avons notre mégapole, Paris et ses banlieues (11 millions d'habitants selon la définition de l'ONU), et nos métropoles régionales voire à "dimension européenne", qui ne cessent de grandir et de vouloir rivaliser les unes avec les autres, ou de se faire une place au soleil dans la compétition

I. Pour les amateurs de chiffres, la Division de la population des Nations unies recensait, en 2018, 1860 agglomérations urbaines de plus de 300 000 habitants (regroupant au total 2,5 milliards de personnes), dont 34 ou 35 mégapoles. À prendre avec prudence et sérénité tant les périmètres (définition des aires urbaines) restent mal maîtrisés.

II. Aussi appelée dorsale européenne, zone densément peuplée s'étendant de Londres à Milan, via le Benelux et l'Allemagne rhénane.

mondiale. Depuis la loi du 16 décembre 2010 sur la réforme des collectivités, la métropole est un statut administratif et le Code général des collectivités territoriales est explicite sur les objectifs, en faire des moteurs de croissance et d'attractivité des territoires :

> Une métropole est un établissement public de coopération intercommunale (EPCI) qui regroupe plusieurs communes "d'un seul tenant et sans enclave" qui s'associent au sein d'"un espace de solidarité pour élaborer et conduire ensemble un projet d'aménagement et de développement économique, écologique, éducatif, culturel et social de leur territoire afin *d'en améliorer la compétitivité* et la cohésion".
>
> La métropole a pour objectif de valoriser les fonctions économiques métropolitaines et ses réseaux de transport et de développer les ressources universitaires, de recherche et d'innovation. Elle assure également la *promotion internationale* du territoire.
>
> Constitué sur la base du volontariat, le statut de métropole est accessible aux ensembles de plus de 400 000 habitants dans une aire urbaine de plus de 650 000 habitants[16, I].

Malgré l'adjectif écologique discrètement glissé entre économique et éducatif, les 22 métropoles[II] ne sont donc pas nées sous des auspices particulièrement verts. La loi de modernisation de l'action publique territoriale et d'affirmation des métropoles du 27 janvier 2014, dite loi Maptam, est venue amender la définition première et y ajouter un peu de "développement durable" :

> La métropole est un établissement public de coopération intercommunale à fiscalité propre regroupant plusieurs communes d'un seul tenant et sans enclave au sein d'un espace de solidarité pour élaborer et conduire ensemble un projet d'aménagement et de développement économique, écologique,

I. Nous soulignons.
II. En fait 21 + 1, la métropole de Lyon ayant un statut particulier ; mais ici peu importe.

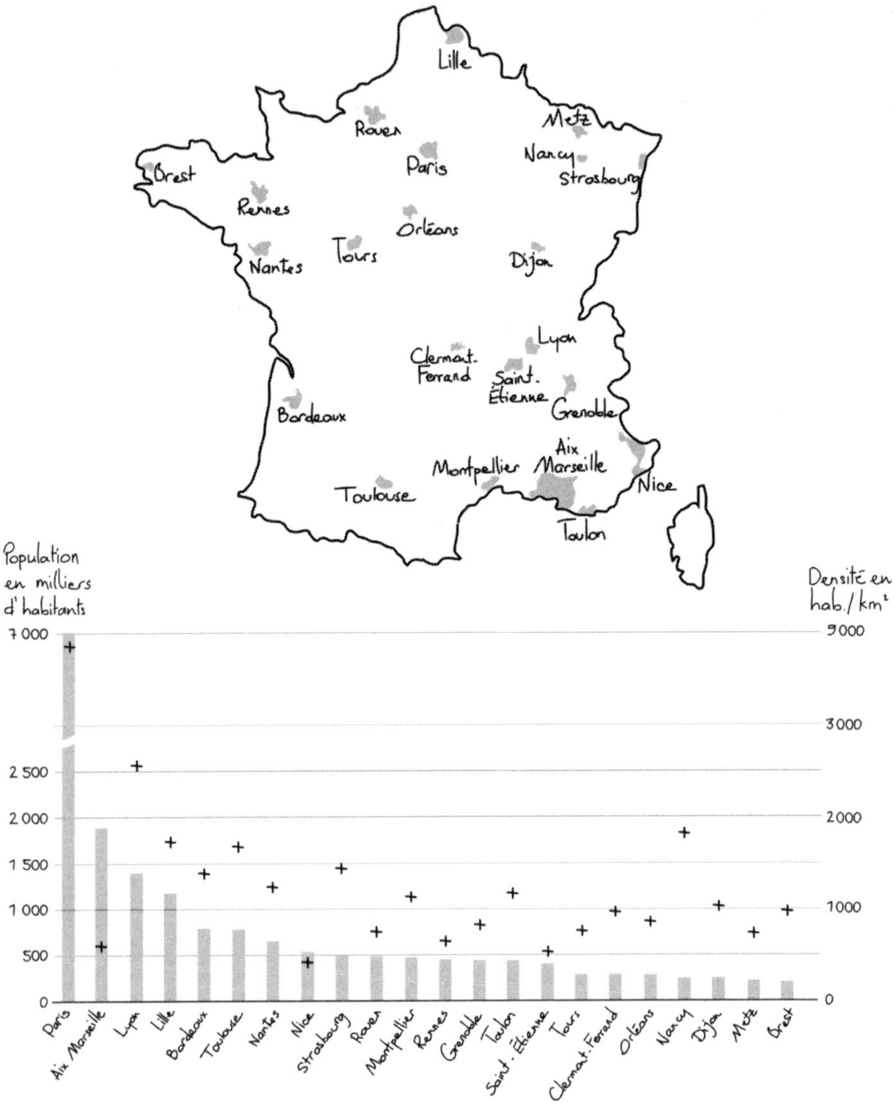

Figure 1.4 : Les 21 + 1 métropoles françaises[17]

> éducatif, culturel et social de leur territoire afin d'en améliorer la cohésion et la compétitivité et *de concourir à un développement durable et solidaire du territoire régional*[18, 1].

Aujourd'hui, 3 personnes sur 10 (plus de 19 millions sur 67 millions d'habitants) habitent sur le territoire d'une des 22 métropoles administratives, avec une densité moyenne de 1400 hab./km², ou 940 hab./km² hors Grand Paris (qui regroupe 7 millions d'habitants avec une densité moyenne de 8600 hab./km²), soit 8 à 12 fois plus que la densité moyenne du pays (120 hab./km²). Mais les chiffres moyens sont toujours trompeurs, car en ne prenant que les 30 départements les plus peuplés, la densité moyenne est déjà de 300 hab./km².

Vers des métropoles "vertes" ?

On n'a donc pas "fait" (administrativement) les villes-métropoles pour les rendre denses et écologiques. Leur vocation compétitive et économique est d'ailleurs régulièrement rappelée, comme dans le pacte État-métropoles de juillet 2016, qui "définit une stratégie nationale de développement des métropoles fondée sur l'innovation" :

> Il vise à construire les métropoles de demain et à relever trois défis majeurs :
>
> – permettre aux métropoles d'affronter la *concurrence entre métropoles mondiales*. C'est en s'appuyant sur leurs projets marqués par l'exigence de l'excellence qu'elles pourront être pleinement reconnues dans le concert urbain européen et mondial ;

1. Nous soulignons à nouveau, pour t'éviter, lectrice, lecteur, le jeu des sept erreurs.

– favoriser leur rôle de *locomotive de l'économie nationale.* Les métropoles doivent devenir des *catalyseurs du développement* régional et soutenir le développement des territoires ruraux et périurbains ;

– donner aux métropoles les moyens de répondre aux besoins de leur population. Économiquement fortes, les métropoles sont socialement fragiles. Elles doivent répondre à des enjeux essentiels pour leur équilibre comme la crise du logement, les congestions urbaines, les quartiers sensibles, la paupérisation du milieu étudiant, *l'accueil régulier de nouvelles populations*[19, I].

Qu'on se le dise, les métropoles sont là pour se développer, innover, attirer les talents et les populations, croître pour ne pas se laisser distancer par les autres – comme les entreprises avec leurs concurrents, ou les universités et les écoles obnubilées par le classement de Shanghai[II]... Ainsi va notre monde de croissance et de progrès : comme l'explique la Reine rouge dans la suite des *Aventures d'Alice au pays des merveilles*, ne pas avancer (mais vers où ?), ce n'est pas faire du surplace, c'est reculer : "Ici, vois-tu, on est obligé de courir tant qu'on peut pour rester au même endroit. Si on veut aller ailleurs, il faut courir au moins deux fois plus vite que ça. [...] Allons, allons, plus vite, plus vite[20] !"

Mais l'attractivité territoriale a aussi ses effets désagréables pour les populations en place, nous en parlerons au chapitre suivant. Et sans doute, la vague "verte" des élections municipales de 2020 a fait basculer plusieurs grandes villes vers d'autres réflexions et mis la transition environnementale au cœur de leur agenda. Mieux structurées, disposant de moyens financiers et humains plus importants que les petites communes ou intercommunalités, les grandes villes et métropoles peuvent établir des diagnostics, construire des plans

I. Nous soulignons, une dernière fois.

II. Classement académique des universités mondiales par l'université Jia tong de Shanghai.

d'action, dédier du personnel, parfois même annoncer, à l'image de la ville de Paris, leurs objectifs de neutralité carbone à l'horizon 2050[21].

Avec l'urgence climatique qui ne faiblit pas, les "engagements" ou les déclarations d'intention se multiplient. Plus de 1 000 villes[I], par exemple, ont rejoint l'initiative mondiale "Objectif zéro" – littéralement *Race to Zero*, la course au zéro –, lancée par la Convention-cadre des Nations unies sur les changements climatiques (organisatrice des désormais fameuses conférences des parties, les COP) en juin 2020, où les acteurs s'engagent à diviser par deux leurs émissions d'ici 2030, et atteindre la neutralité carbone à temps[22]. Face à une certaine "inaction" ou procrastination des gouvernements, les villes sont d'ailleurs tentées de "prendre en main la lutte contre le réchauffement du climat". On a vu ainsi, après la décision de juin 2017 de Donald Trump de retirer les États-Unis de l'accord de Paris, des centaines de villes rejoindre l'alliance We Are Still In ("nous sommes toujours dedans")[23].

Les maires, bras armés de la lutte contre le climat ? Des villes écologiques, "neutre en carbone" en 2050 ? L'objectif est évidemment louable, mais c'est sans doute loin d'être gagné avec des villes – mégapoles ou vénérables métropoles, souvent – qui vont continuer à grandir et/ou se densifier pour poursuivre leur développement (économique et physique). Sans compter, en France du moins, qu'il faut aligner les planètes politiques entre villes et intercommunalités[II] : les maires n'ont, en effet, qu'un pouvoir d'agir marginal sur les questions environnementales, les grandes villes ayant délégué la plupart de leurs compétences clefs à des services intercommunaux ou métropolitains (déchets, mobilité, réseaux, espaces verts, etc.). Pour agir concrètement, mieux vaut être président ou présidente de métropole que maire…

I. En novembre 2021.

II. Si certaines villes ont basculé "vert", les métropoles non… sauf à Lyon, doté d'un statut particulier avec suffrage direct.

La consommation des villes

C'est devenu un lieu commun quand on parle de villes et de changement climatique : consommatrices, au niveau mondial, des deux tiers de l'énergie et consécutivement émettrices de 70 % du CO_2[24], les villes font naturellement partie "du problème". Les métropoles seront aussi les premières exposées aux conséquences de l'évolution du climat (épisodes de chaleur, montée des eaux, etc.), en particulier les nombreuses villes côtières. Mais, heureusement, elles font aussi partie "de la solution", grâce à la panoplie des mesures qu'elles peuvent mettre en œuvre, atténuation (rénovation des bâtiments, transports à faible empreinte carbone, énergies renouvelables, etc.) ou adaptation. Un exemple parmi tant d'autres d'une prose bien rodée :

> Parce qu'elles concentrent 50 % de la population mondiale [...], parce qu'elles émettent 70 % des gaz à effet de serre mondiaux, les villes sont tout à la fois les premières responsables et les premières victimes du changement climatique. Ce sont aussi les creusets où s'inventent les solutions qui permettront de l'enrayer et de s'adapter à ses effets inéluctables[25].

Certes, comme nous allons le voir, "la ville[1]" consomme et pollue... Mais cette rhétorique nous semble cependant à manier avec précaution. D'abord, sur l'aspect méthodologique : que faut-il compter dans les émissions d'une ville ? Celles, directes et indirectes, générées sur son périmètre géographique, bien sûr. Mais faut-il aussi compter les transports qui permettent d'y venir ou d'en repartir, et d'acheminer les marchandises ? Sans doute. Faut-il intégrer les émissions des industries implantées sur son sol, si celles-ci produisent

1. Évidemment, le terme "ville" recouvre des réalités bien différentes : les constructions elles-mêmes, les flux de matières, les habitants eux-mêmes et l'ensemble de leurs interactions sociales... À forme urbaine équivalente, on peut avoir des profils de consommation différents.

aussi pour d'autres habitants (ce qui est forcément le cas) ? *Quid* des émissions aéroportuaires, incluant le plein des avions ? Le Parisien est-il "responsable" du jet fuel qui sera consommé par un Nancéen venu prendre son vol international à Roissy ?

Même si ce sont les bases des négociations internationales, on sait déjà que les émissions de gaz à effet de serre de chaque pays sont des chiffres à manier avec précaution, car il faut tenir compte, dans l'empreinte environnementale de chaque citoyen, des effets induits par le commerce international : énergie "grise" importée ou exportée sous forme de matières premières, de produits semi-finis ou finis, déforestation induite par l'importation de produits agricoles, etc. À l'échelle d'une ville seulement, l'équation vire au casse-tête.

Que nous apprend finalement le fait que "les villes" émettent (un peu) plus, en proportion, que la quantité d'habitants qu'elles recèlent[1] ? Pas grand-chose sans doute, à part que les industries énergivores sont souvent (mais pas toujours) proches des aires urbaines, ou que les habitants des villes sont souvent (d'autant plus dans les pays du Sud) plus riches, et que les émissions de CO_2 sont très corrélées au niveau de vie. "La ville" n'est que la somme de ses habitants, et s'ils habitaient à la campagne avec des revenus équivalents, ils ne consommeraient sans doute pas bien moins.

Ensuite, sur l'aspect opérationnel : mettre en avant l'action des villes (donc de leurs municipalités), afficher leur future neutralité carbone – avec les limites méthodologiques précédemment évoquées... –, cela part évidemment d'une bonne intention, démontre un engagement politique, qui peut permettre la mise en œuvre de projets tout à fait utiles et pertinents ; mais c'est aussi dangereusement se bercer d'illusions, faire croire que "les villes" peuvent effectivement, par les "outils" à leur disposition, à condition d'être

1. Un peu plus pour les villes à l'échelle mondiale, un peu moins pour les métropoles à l'échelle française.

suffisamment volontaristes, atteindre cette neutralité. Or, sans l'appui et la cohérence des autres échelons politiques (intercommunal bien sûr, régional et national *a minima*, international sans doute), sans impulsion profonde, sans inflexions réglementaires, normatives, fiscales, entre autres, ce qui peut se faire et se décider à l'échelle de la ville reste limité à quelques sujets précis, des menus bios à la cantine aux composteurs de quartier, en passant par l'isolation des bâtiments municipaux ou l'établissement de zones à faibles émissions (ZFE)... encore une fois, des choses très utiles, pragmatiques, entraînantes, mais d'un ordre de grandeur bien inférieur aux enjeux à traiter.

Métabolisme urbain

Mais oui, convenons-en, la ville "consomme" et pollue, et étudier ces mécanismes à l'échelle territoriale présente un grand intérêt. Cela fait longtemps, au moins depuis Frank Lloyd Wright et le courant de l'architecture organique[I], que les praticiens du bâtiment et de la ville filent la métaphore de l'être vivant ; plus tard, des urbanistes ont vu les artères et les voies de circulation comme le système sanguin alimentant la ville – système sanguin de plus en plus thrombosé aux heures de pointe, d'ailleurs. C'est dans les années 1960 qu'Abel Wolman, un ingénieur travaillant dans le domaine de l'eau potable et de l'assainissement, utilise pour la première fois la notion de métabolisme[26]. Son article fondateur donnera lieu à de nombreuses recherches ultérieures, surtout à partir des années 1990 et 2000 où l'on relie le bilan métabolique des villes aux questions de durabilité et à la nécessité de mieux "reboucler" les flux de matières, dans une logique d'économie circulaire[27].

I. Né aux États-Unis, il vise à exprimer (via les formes, les matériaux, etc.) les relations entre les bâtiments, les humains qui l'occupent et l'environnement naturel. L'architecte Frank Lloyd Wright en est l'initiateur (cf. *An Organic Architecture: the Architecture of Democracy*, 1939).

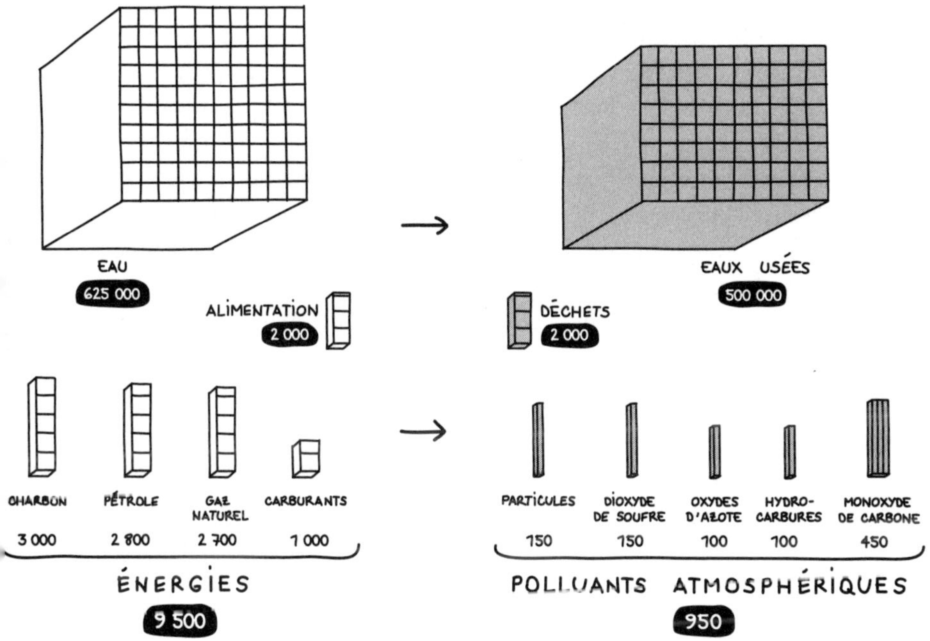

Figure 1.5 : Le métabolisme urbain (d'après Abel Wolman, "The Metabolism of Cities") ; ici, en tonnes par jour, les flux entrants et sortants d'une ville hypothétique de 1 million d'habitants aux États-Unis[28]

Le fonctionnement "physique" du monde urbain se fonde sur un ensemble de flux de matières, de produits et d'énergies, flux entrants qui sont transformés et dégradés en flux sortants par une "unité métabolique" complexe que constitue la ville, ses habitants et ses dispositifs techniques variés. Les flux entrants sont composés de matériaux de construction (pour les routes, les bâtiments, les infrastructures, les réseaux, etc.), de biomasse (pour nourrir les habitants, les animaux domestiques, etc.), de produits manufacturés, semi-finis ou finis, d'énergie (combustibles fossiles, auxquels on peut ajouter la circulation des électrons dans les réseaux électriques, dont la masse est faible mais l'importance cruciale !), d'eau potable ou industrielle. Après "métabolisation", les flux sortants sont composés de déchets de chantiers, industriels et ménagers, d'autres produits manufacturés (transformés ou fabriqués par l'industrie locale), de déchets gazeux et de gaz à effet de serre, d'eaux usées et d'effluents divers... et de chaleur – la forme ultime de dégradation de l'énergie. L'empreinte écologique des villes dépasse donc largement l'activité de ses habitants, et se raccorde à des systèmes logistiques complexes et souvent internationaux.

Chaque territoire, chaque ville peut ainsi établir son bilan métabolique ; l'estimer, du moins, car si l'énergie et l'eau sont des flux assez concentrés et maîtrisés par un nombre d'acteurs limité, c'est une autre paire de manches pour les produits manufacturés. Entre les deux, les grands flux de matériaux du secteur de la construction (ciments et granulats pour les bétons, asphalte et granulats pour les routes...) et de déchets (déchets de chantiers) peuvent être relevés correctement, car là aussi le nombre d'acteurs (sites de production, décharges ou sites de traitement, etc.) est relativement faible.

Figure 1.6 : Le métabolisme urbain

Concentrons-nous, à titre d'illustration, sur quelques paramètres seulement, les plus emblématiques des activités de construction, les granulats (sables et graviers) et le ciment – plus que sur l'acier, l'aluminium, le cuivre, le verre, etc., dont la consommation est partagée avec d'autres secteurs industriels. Nous nous contenterons d'ordres de grandeur, car les chiffres varient un peu d'une année sur l'autre – quand le bâtiment va, tout va !

En France, on extrait chaque année[29] environ 320 millions de tonnes (Mt) de granulats (significativement moins que dans les années 2000, où l'on pouvait flirter, ou même dépasser, selon les millésimes, les 400 Mt), extraites d'environ 2 300 carrières réparties sur le territoire (et 6 Mt de granulats marins car, à force de bétonner, on finit par manquer de sable dans certaines zones, comme en région parisienne...). Il arrive même que les carrières de sable rognent, elles aussi, des terres agricoles. S'y ajoutent environ 120 Mt de granulats dits de "recyclage", majoritairement issus des déchets inertes du BTP qui sont, essentiellement à ce jour, réutilisés en sous-couches dans les travaux publics. Ce qui donne un total de 440 Mt, soit 6 à 7 tonnes par habitant et par an, ou 16 kilos par jour. 80 % de ces quantités sont utilisées dans les travaux publics (ponts, etc.) et les VRD[I], les travaux routiers et ferroviaires, etc., et 20 %, environ 80 Mt, pour le bâtiment – 1,2 tonne par habitant et par an. Évidemment chaque Français ne bétonne pas son arrière-cour (s'il a la chance d'en avoir une) chaque année. En moyenne ces quarante dernières années, le parc de logements a augmenté de 325 000 unités par an[30], soit une construction un peu supérieure en comptant les démolitions (de l'ordre de 10 000 par an). Chaque Français construit donc à peu près 1/200e de logement neuf chaque année – ce qui est cohérent avec les chiffres de consommation, puisqu'un logement consomme de l'ordre de 100 à 300 tonnes de granulats, et qu'une part de la construction se fait aussi dans le non-résidentiel.

I. Voiries et réseaux divers.

Quant au ciment, sa consommation annuelle est d'environ 18,5 millions de tonnes, cette fois utilisées à 63 % dans le bâtiment et 37 % dans les travaux publics. Le ciment pose une colle environnementale. En effet, sa fabrication à partir de calcaire (80 %) et d'argile (20 %) nécessite de la chaleur pour "cuire" le clinker (c'est le nom du résultat de la cuisson de ce mélange) avant de le broyer finement, mais surtout émet du CO_2 de manière inéluctable, car il s'agit de passer du calcaire – du carbonate de calcium, formule chimique $CaCO_3$ – à la chaux (CaO), avec un CO_2 en moins au passage, donc[31]. Actuellement un tiers des émissions de la fabrication du ciment sont liées à la dépense énergétique, et deux tiers à ces émissions dites "de procédé" (chimique). À moins d'apprendre à s'en passer, difficile donc de réduire l'empreinte carbone de la construction sur ce poste. Nous y reviendrons au chapitre 4 sur l'écoconstruction.

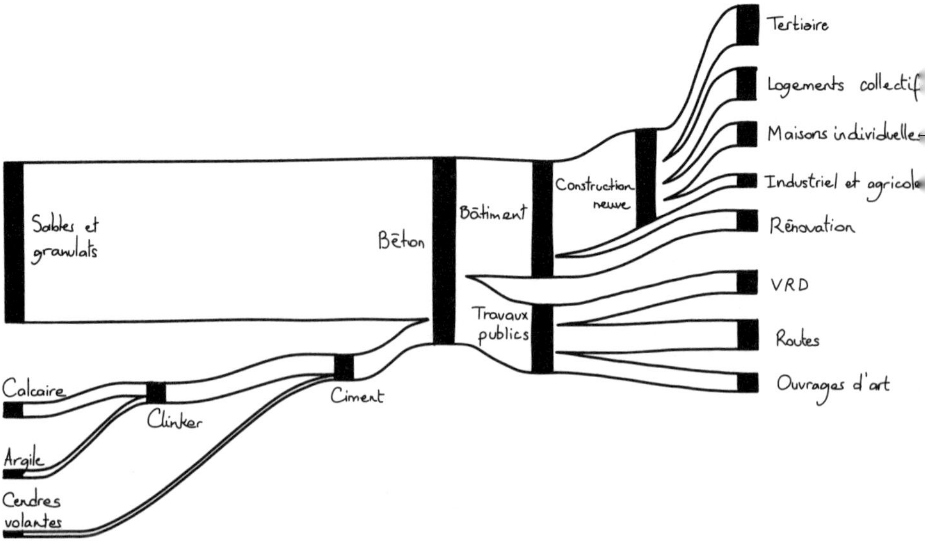

Figure 1.7 : L'utilisation du béton en France[32]

Effets de la hauteur (et de la profondeur) : la loi des rendements décroissants ?

Mais revenons à notre question de densité, ou de densification. Celle-ci permet de consommer moins d'espace, comme on l'a vu, ce qui ne peut qu'être vertueux du point de vue environnemental, et on aurait intérêt à densifier le plus possible, du moins jusqu'aux limites socialement acceptables – si c'est bien réalisé, on peut, on l'a vu, monter assez haut en densité. Qu'en est-il des matériaux et de l'énergie que les bâtiments incorporent ? La densité apporte-t-elle un gain de ce point de vue aussi ? Ici le bilan est potentiellement plus mitigé.

Les recherches sur la consommation des matériaux en fonction des différentes formes urbaines sont encore balbutiantes[1]. Si la manière d'économiser la matière, en fonction des différents procédés constructifs, intéresse certains architectes – comme Richard Buckminster Fuller – dès les années 1930, les cas d'applications restent cantonnés à la maison individuelle – dont on cherche aussi, par là même, à industrialiser la fabrication et le montage.

À surface habitable égale, on imagine aisément qu'il faut mobiliser plus de matériaux pour la construction d'une maison individuelle que pour un appartement dans un immeuble. Dans ce dernier cas, on mutualise une partie des murs, des planchers ou des plafonds, du toit... même si on perd aussi une part de la surface utile (10 à 15 %) dans les circulations et parties communes. Les maisons mitoyennes permettent éventuellement de mutualiser les matériaux des murs communs par rapport aux maisons individuelles ; elles sont surtout avantageuses pour la consommation de chauffage, car il n'y a pas meilleur isolant thermique que le voisin... Mais en augmentant la hauteur et le nombre de niveaux, la comparaison avantageuse pour l'immeuble devient moins évidente : il faut fonder l'immeuble (bien) plus profondément, construire, souvent,

1. Avis aux bonnes âmes qui souhaiteraient pousser plus loin ces réflexions.

le parking en infrastructure, équiper la résidence d'ascenseurs, de dispositifs techniques supplémentaires (surpresseurs, réglementation incendie, etc.). À l'extrême de l'éventail, un gratte-ciel est une énorme dépense de matériaux, et un gouffre en consommation énergétique par rapport à une "simple" maison.

Dans quelles proportions ? Des chercheurs de l'université d'Édimbourg ont modélisé des scénarios urbains[33], pour comparer les émissions de CO_2 de différentes formes urbaines, immeubles de grande hauteur, avec faible ou grande densité, et immeubles de faible hauteur, avec faible ou grande densité, en prenant en compte l'ensemble du cycle de vie (et en particulier les besoins en matériaux nécessaires). Ils exposent leurs résultats dans un article du site *The Conversation* :

> Nos résultats montrent que les villes de *haute densité* et de *faible hauteur*, comme Paris, sont plus respectueuses de l'environnement que les villes de *haute densité* et de *grande hauteur*, comme New York. En examinant les scénarios à population fixe, l'augmentation moyenne des émissions carbone dans l'ensemble du cycle de vie est de 142 % [soit une multiplication par 2,4, donc] en passant d'un environnement urbain de haute densité et faible hauteur à un environnement urbain de haute densité et grande hauteur. [...] Pour réussir la soutenabilité urbaine, le monde aura besoin de plus de Paris, et de moins de Manhattan[34].

Dans leur publication, les auteurs ne précisent pas les hypothèses et les méthodologies retenues et plongent sans doute un peu trop vite sur des chiffres précis, à la tonne de CO_2 près, ce qui, quand on connaît la difficulté à établir le bilan carbone d'un simple bâtiment (bilan dépendant aussi du lieu de production des matériaux) peut inciter à la prudence d'interprétation. Il n'empêche : leurs calculs confirment l'effet "logique" (physique) de la montée en hauteur des bâtiments, et le fait qu'il y a très certainement une "valeur limite" aux formes urbaines élevées, du point de vue de l'énergie et des ressources. Par malheur, les modèles originaux des *skylines* de New York

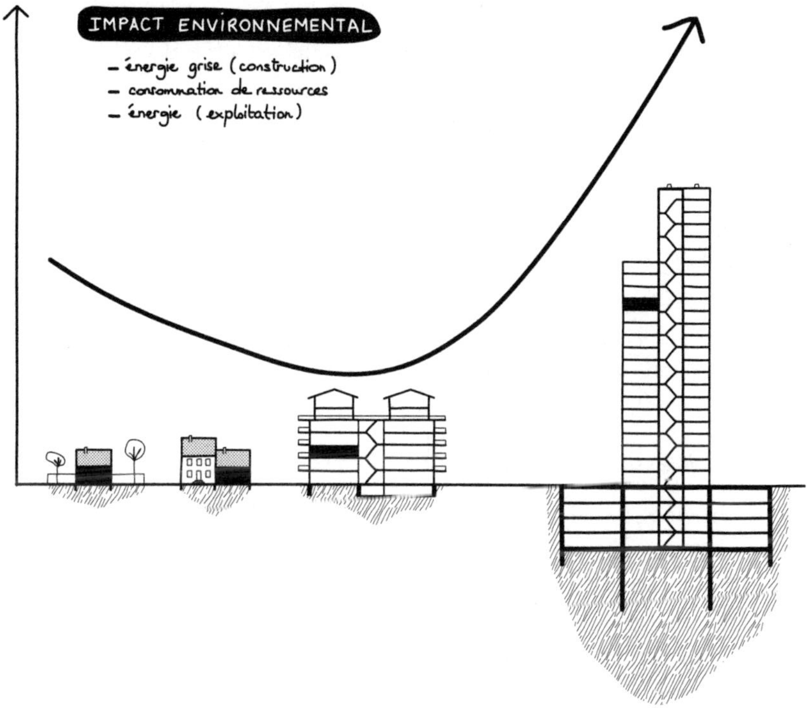

Figure 1.8 : Densité et rendements décroissants ?

et Chicago fascinent depuis plus d'un siècle et ont été copiés par les villes du monde entier...

Densifier en maillant un territoire déjà couvert de maisons individuelles ou de friches avec du "petit collectif" est sans doute plus efficace que de lotir de nouvelles zones pavillonnaires. Mais densifier en couvrant des voies ferroviaires ou un boulevard périphérique avec des dalles en béton de plusieurs mètres d'épaisseur, ou en déplafonnant la hauteur des immeubles et en construisant des tours qui tutoient les 150 ou 200 mètres de haut, cela fait probablement de beaux projets immobiliers, et une manière de rentabiliser un coût du foncier stratosphérique, mais certainement pas une manière "verte" de construire, quels que soient les arguments déployés, dans l'air du temps, sur leur caractère novateur et forcément "durable". Passée une certaine hauteur (5, 6, 7 étages ? Peut-être les 6 étages haussmanniens, justement... ou peut-être un peu plus, dans le cadre de la construction en bois), un immeuble ne peut pas être "écologique". La prochaine fois qu'on vous présente un "gratte-ciel écolo" – à l'heure où nous écrivons, la recherche sur Google fait se bousculer les candidats, souvent des bâtiments labellisés, ou produisant de l'électricité à partir de panneaux solaires –, pensez aussi à l'énergie qu'a nécessitée la construction, pas seulement à l'énergie, peut-être optimisée, d'exploitation.

Contraintes de la ville (trop) dense

La problématique des matériaux mobilisés, de leur énergie "grise" (incluse dans la fabrication de ces matériaux), ne concerne pas que les bâtiments qui gagnent en hauteur. En glissant vers la ville "hyper-dense", quartier d'affaires ou immeubles de logements trop hauts et/ou trop concentrés, de nouvelles contraintes apparaissent : sur les réseaux techniques, sur les équipements, sur les flux physiques de personnes et de marchandises, sur les dispositifs de transports en commun... Le gigantisme des villes crée des besoins en infrastructures démesurés et complexes... qui engendrent ensuite leur propre complexité (ruptures urbaines par les infrastructures en surface, lignes de transport enterrées toujours plus profondément, besoin d'automatisation pour augmenter les fréquences, etc.). Plutôt que la "loi des rendements décroissants", il faut plutôt invoquer, alors, le concept de "contre-productivité", mis en exergue par le philosophe Ivan Illich dans ses écrits dès les années 1970[35] : passé un certain seuil critique, les dispositifs techniques finissent par poser plus de problèmes qu'ils n'en résolvent.

La densification continue, surtout en zone déjà "tendue", engendre des besoins d'adaptation permanente, peut même frapper d'obsolescence des systèmes techniques – par exemple les systèmes d'évacuation et de traitement des eaux usées qui se retrouvent sous-dimensionnés par rapport au nombre de logements collectés. Ajoutez-y la fibre, la 5G et quelques autres raisons d'ouvrir les trottoirs et les rues, et vous avez la ville en travaux permanents. Que ceux qui habitent une grande ville et ne se sont pas fait la remarque nous jettent la première pierre !

Un dernier doute enfin. La ville dense est-elle réellement si efficace pour lutter contre l'étalement urbain et l'artificialisation des sols ? Certes, les ménages de l'hyper-centre sont dans l'absolu moins "consommateurs de mètres carrés" pour leur habitat et les fonctions immédiates liées à leurs activités sociales. Mais il faut bien installer quelque part les "espaces servants" de la ville, techniques, logistiques, commerciaux, industriels, culturels, qui sont déportés à l'extérieur de la ville dense et conquièrent son "arrière-pays". Cet effet "déporté" avait bien été saisi, par exemple, dans *La Tentation du bitume*[36]. Les citoyens hyper-urbains prennent peu de place mais mobilisent des mètres carrés à l'extérieur par leur profil de consommation (pour les métropoles, ce sont d'ailleurs, en moyenne, des citoyens plus riches et qui consomment plus) : magasins d'ameublement ou d'électroménager, entrepôts logistiques pour leurs commandes sur internet, salles de sport, traitement des déchets, tout un "écosystème" coûteux en espaces s'installe (s'est déjà installé, de fait) à la périphérie de la ville... tandis qu'un peu plus loin, les espaces servants, invisibilisés pour la plupart des habitants, deviennent centrales électriques, raffineries et dépôts pétroliers, carrières, mines, décharges...

La ville-centre artificialise bien au-delà de ses limites (poreuses) ; elle *contribue*, voire *incite* à l'étalement urbain. D'ailleurs, à ce jour, il faut bien constater que densification et étalement ne sont pas contradictoires : dans les métropoles, on densifie et on étale *à la fois*. Cela ne veut pas dire qu'il ne faut pas densifier, du moins jusqu'à un certain point. Mais les effets escomptés de la densification en matière d'efficacité et d'optimisation de ressources naturelles, énergies, matériaux, sols, méritent d'être relativisés, ou du moins questionnés.

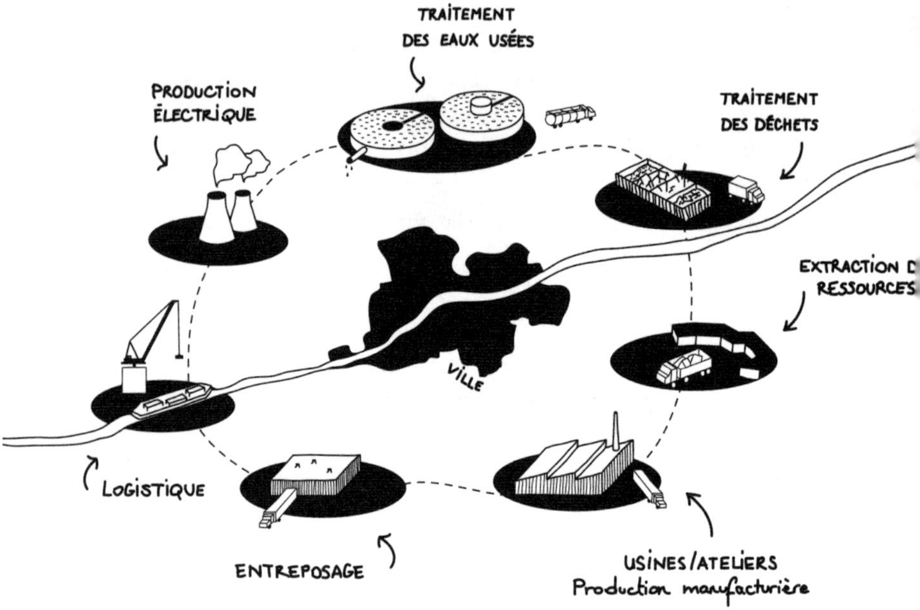

Figure 1.9 : Les besoins déportés de la ville

Ville dense, ville verte ?

Avouons que nos métropoles n'ont pas froid aux yeux. Non contentes de promettre la neutralité carbone à l'horizon 2050, quitte à "compenser" un peu, d'imaginer l'arrêt de l'étalement grâce à la densification, elles ambitionnent également de devenir (physiquement) plus "vertes", d'accueillir (ou de réaccueillir) "la nature en ville", de se "renaturer". Encore une fois, ne nous méprenons pas, les intentions sont parfaitement louables et les envies des décideurs politiques probablement sincères dans une grande majorité des cas, sans parler de celles de nombreux habitants. Il s'agit de traiter l'autre grande urgence, à côté du changement climatique : l'érosion – en fait l'effondrement – de la biodiversité.

D'ailleurs, la biodiversité en ville a le vent en poupe. Depuis une petite décennie, ne dit-on pas que les abeilles, mises à mal par les plus récentes pratiques agricoles[37], se réfugient dans les villes ? Cette abeille-urbaine-mania n'a pas eu que des conséquences positives, cela a conduit à un boom des ruches sur les toits de bureaux – voilà une ligne de plus à inscrire dans le chapitre biodiversité des rapports RSE[1] – qui finit par menacer les centaines d'autres espèces de pollinisateurs, malgré la pose ici et là de quelques "hôtels à insectes" : là aussi, il y a une densité raisonnable à ne pas dépasser ! Que la vie est complexe, décidément, pour ne pas dire compliquée... Renseignements pris, il semble que les espèces sauvages affectionnent surtout les jardins privatifs, et moins la ville très dense ou les bords de route. On les comprend.

Toujours est-il que le sujet est pris en compte, et c'est heureux. Mais peut-on densifier et renaturer à la fois ?

Villes et écosystèmes

Par construction (littéralement), l'espace urbain met à mal les écosystèmes, ou, comme il est coutume de dire depuis le milieu de la décennie 2000, les *services écosystémiques* que nous rendent les systèmes naturels[38]. On pourrait critiquer cette vision très utilitariste, anthropocentrée, et pour tout dire un peu technocratique de la "nature" (mais qu'est-ce que la nature, diront les plus puristes...), dont on ne voit pas très bien pourquoi elle devrait démontrer son utilité et sa serviabilité pour ne pas être saccagée ou bien retrouver...

1. Responsabilité sociale d'entreprise. Rapport obligatoire pour les sociétés cotées en Bourse (depuis 2001), ou au chiffre d'affaires supérieur à 100 M€, ou de plus de 500 employés (depuis 2010).

droit de cité. Mais le coup est parti, et si cela permet d'en prendre un peu plus soin à l'avenir, faisons avec.

Les services écosystémiques recouvrent "les biens et services que les hommes peuvent tirer des écosystèmes, directement ou indirectement, pour assurer leur bien-être". Ils incluent les services d'approvisionnement (les ressources qu'on en tire, eau, aliments, matériaux, etc.), de régulation (climat local, régulation des inondations, qualité de l'air, pollinisation, etc.), de soutien (grands cycles de l'eau, du carbone, formation des sols, etc.) ou socioculturels (fonctions esthétiques, éducatives, artistiques, récréatives, etc.). Plus récemment, le concept de "solutions fondées sur la nature[39]" (SfN pour les intimes ; le fait qu'il y ait déjà usage de l'acronyme est preuve du côté un peu techno de tout ça...) développé par l'UICN[I] est venu compléter cette notion, pour valoriser les bienfaits de la nature pour le développement des sociétés humaines et comme outils de lutte contre le changement climatique.

En milieu urbain évidemment, tout cela est plus limité, compte tenu des sols couverts ou artificialisés, de la quantité de végétaux et d'animaux plus faible. On peut faire une croix sur les fonctions d'approvisionnement, sauf à y inclure un peu d'agriculture urbaine éventuellement, et sur les fonctions de soutien aux grands cycles biogéochimiques, auxquels la contribution des villes est marginale par rapport aux surfaces agricoles et naturelles. Mais les fonctions de régulation restent particulièrement intéressantes (climat local, réduction des effets d'îlot de chaleur, qualité de l'air et de l'eau par épuration des polluants, réduction des risques naturels, notamment inondations...) ainsi que les fonctions socioculturelles. Les espaces arborés en ville (haies, alignement d'arbres, arbres isolés, forêts urbaines, etc.) par exemple, constituent ainsi des espaces "multifonctionnels", accueillant la biodiversité, régulant les précipitations et fournissant de l'ombre, épurant l'air et l'eau, mais aussi améliorant globalement le cadre de vie, l'offre d'activités récréatives et le paysage.

I. Union internationale pour la conservation de la nature.

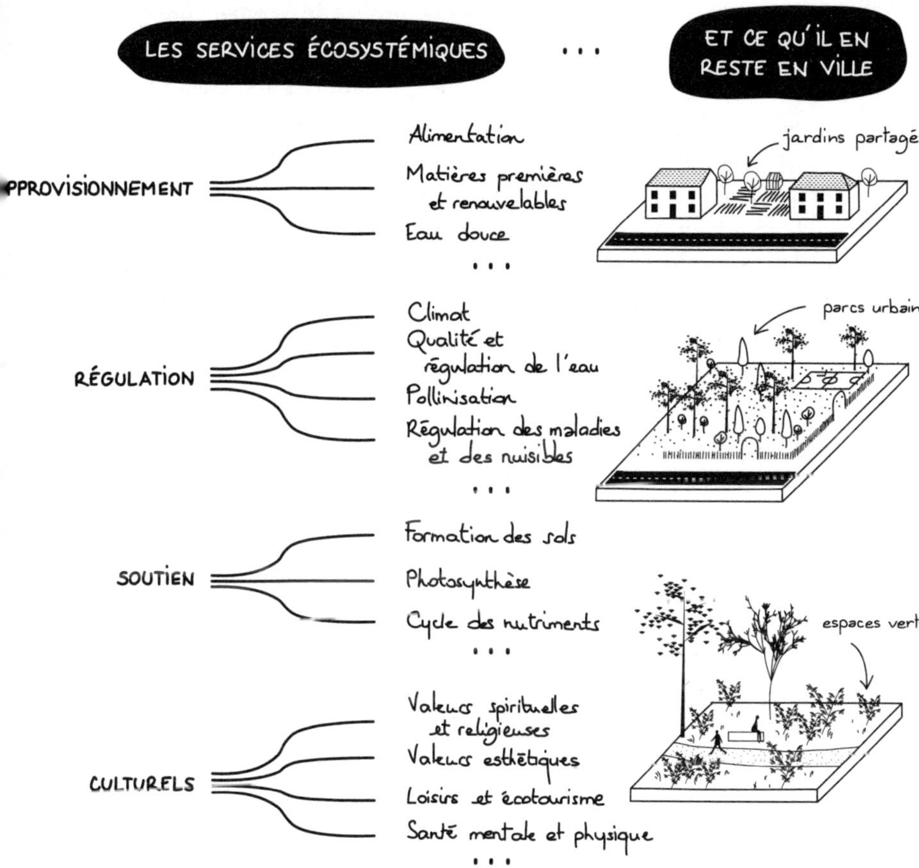

Figure 1.10 : Les services écosystémiques dans et hors de la ville

Pourtant, ne rêvons pas trop. Si la “nature en ville” a bien une existence, à travers les jardins, les parcs, les arbres d'alignement… ceux-ci sont considérés avant tout comme espaces d'agrément, enchâssés et fragmentés, à l'échelle du quartier ou de l'îlot. Sans continuités écologiques – un sujet crucial, que le dispositif réglementaire des "trames vertes et bleues[I]" s'attache à préserver et même restaurer – leur intérêt "écosystémique" est en réalité limité, sans remettre en cause le fait que ces espaces "naturels" sont pourtant nécessaires à l'équilibre urbain... une continuité, même dégradée, de corridors écologiques... c'est toujours mieux que rien[40, II].

S'il y a bien un "écosystème urbain" – c'est même un des six écosystèmes pris en compte par l'Évaluation française des écosystèmes et des services écosystémiques[III] –, la ville efface certaines fonctionnalités écologiques. Son fonctionnement est déséquilibré, la biodiversité y est soumise à des pressions fortes dans un espace contraint. Or, la densification dégrade et efface progressivement les "restes" des fonctionnalités naturelles, les restes de corridors, lorsqu'elle s'opère sur de grands fonciers peu ou pas imperméabilisés, objets de grands projets urbains, ou de manière plus diffuse dans les fonds de parcelles, les "dents creuses" et les parcelles peu construites. Encore une fois, franchi un certain seuil, la densité devient problématique : nous sommes prêts à parier – même si nous n'avons pas décortiqué de papiers scientifiques sur le sujet – qu'il y a quand même un peu moins de chances de croiser une chauve-souris sur la place de la République à Paris que sur les places éponymes de Nevers (33 000 habitants, aire urbaine 100 000 habitants) ou Châlons-en-Champagne (44 000 habitants, agglomération 80 000 habitants)[IV].

I. Issu du Grenelle de l'environnement, et visant à enrayer la perte de biodiversité par un maillage de corridors écologiques et d'aires protégées (cf. Wikipédia, article "Trame verte et bleue française"). Sur le même modèle les expressions "trame brune" et "trame noire" ont également été forgées, pour désigner les corridors écologiques liés aux sols et à l'obscurité.

II. La continuité des "espaces verts" a été pensée dès le XIXe siècle, par exemple dans le Paris haussmannien, avec l'articulation, à l'échelle de la ville, entre les parcs, les squares, les avenues plantées...

III. Un programme engagé en 2013 par le ministère de l'Écologie, du Développement durable et de l'Énergie (ouf).

IV. Avis aux observateurs de chiroptères, nous jetons cette affirmation comme hypothèse !

Entendons-nous bien, le développement des villes n'est pas, tant s'en faut, l'unique cause de l'érosion de la biodiversité. À l'échelle mondiale, l'IPBES[41] pointe l'ensemble des activités humaines, et en premier lieu les changements d'usage des sols au côté d'autres facteurs comme la surexploitation de certaines ressources, le changement climatique, la pollution et les espèces exotiques envahissantes, en précisant que

> la forme la plus répandue de changement d'utilisation des terres est l'expansion agricole, plus d'un tiers de la superficie terrestre étant utilisée pour les cultures et l'élevage. Cette expansion, en même temps qu'un doublement de la surface occupée par les zones urbanisées depuis 1992 et un développement sans précédent des infrastructures lié à l'augmentation de la population et de la consommation, s'est principalement faite aux dépens des forêts (en grande partie des forêts tropicales primaires), des zones humides et des prairies[42].

En France, le Commissariat général au développement durable (CGDD) fait état "de multiples pressions d'origine anthropique [qui] fragilisent l'état de la biodiversité [...], parmi lesquelles l'artificialisation des territoires, la fragmentation des milieux naturels, l'intensification des pratiques agricoles, la prolifération d'espèces exotiques envahissantes, la pollution lumineuse, le changement climatique[43]". Les villes, lorsqu'elles sont très denses ou étendues, constituent des ruptures dans le "continuum" écologique ; mais ce sont aussi les grandes infrastructures, routes goudronnées en premier lieu, voies ferrées, carrières, barrages, etc. qui fragmentent toujours plus les milieux naturels. Si les villes sont "coupables", elles le sont aussi, voire avant tout, du fait de leurs infrastructures servantes, comme les contournements routiers...

Densité et rebond de la mobilité ?

Il nous reste à aborder un dernier point. La ville dense permettrait de réduire la quantité de déplacements de ses habitants – dans une ville plus concentrée les distances à parcourir sont plus petites –, sans compter qu'une proportion plus grande de ces déplacements peut s'effectuer en modes "actifs" (marche, vélo, etc.) ou en transports en commun. Cette vision est pourtant questionnable car la grande ville, la ville concentrée pourrait générer un "effet rebond" sur la mobilité.

D'abord sur la mobilité du quotidien, à commencer par les déplacements domicile-travail, les plus structurants. L'enquête *Mobilité et modes de vie* du Forum Vies Mobiles semble montrer, encore une fois, qu'il y a un optimum et non une relation linéaire entre densité et quantité de déplacements :

> Contrairement aux hypothèses souvent formulées dans le domaine de l'urbanisme – qui voudraient que quand on vit dans une ville plus dense, on se déplace moins – l'enquête montre qu'il n'existe pas de relation entre la densité d'un territoire (nombre d'habitants par kilomètre carré) et l'importance des déplacements réalisés chaque semaine par ses habitants.
>
> L'importance des déplacements s'explique avant tout par la taille de la ville au sein de laquelle on réside : c'est dans les villes de taille moyenne, entre 10 000 et 50 000 habitants, que les temps et les distances de déplacement sont les plus courts à structure sociodémographique égale. Ces résultats remettent en question l'idéal d'un modèle métropolitain qui, organisé autour d'une ville dense, permettrait de réduire les déplacements de ses habitants[44].

À partir d'un certain seuil, donc, plus l'aire urbaine est grande, plus les déplacements domicile-travail sont importants, et plus on y consacre de temps. À bien y réfléchir, rien de si surprenant. L'efficacité des transports en commun ne compense pas les congestions routières ; et pour des questions économiques et/ou d'opportunités d'accession à la propriété, on habite de plus en plus loin (de la ville-centre et/ou de son travail), d'autant plus que la métropole est grande… et coûteuse. La généralisation d'une part significative de télétravail pourrait changer les choses en soulageant un peu la congestion aux heures les plus tendues de la journée. En France, 30 % environ des postes sont éligibles au télétravail ; cette proportion monte à 60 % en Île-de-France. Nul ne sait ce qui sortira, *in fine*, de la crise sanitaire. Pour l'instant, il semble que les heures de pointe se transforment en jours de pointe, car il y a une propension compréhensible à télétravailler davantage les lundis et vendredis, tandis que les mardis restent à fréquentation nominale[45].

Deuxième type d'effet rebond, sur les déplacements du week-end ou des vacances cette fois. Moins "ancrée dans les territoires", la ville dense générerait aussi des citoyens ultra-mobiles, plus consommateurs de *trips* de fin de semaine pour se mettre au vert, se ressourcer, ou tout simplement rejoindre leur proche résidence secondaire, sans parler des vacances lointaines.

> Ainsi, lorsque les urbanistes calculent non plus seulement les transports par habitant dans la ville, mais l'ensemble des déplacements des habitants de cette ville dans l'année (vacances et loisirs y compris), alors les villes les plus denses s'avèrent donc un peu [à peine, donc][1] moins énergivores que les villes moyennement denses. Car les habitants fuient souvent loin de ces villes trop denses, métalliques et bétonnées, afin de se détendre dans la nature à la sortie de la ville ou dans d'autres régions[46].

Cette tendance, encore mal étudiée, mal maîtrisée et qui fait donc débat chez les urbanistes et les sociologues, est appelée "l'effet barbecue[47]" : les habitants des pavillons resteraient (plus souvent) dans le jardin près de la plancha le week-end, invitant des amis, et seraient donc moins tentés de fuir leur appartement le week-end pour respirer l'air de la campagne. Une autre pierre dans le jardin de la ville dense et de l'habitat groupé… par rapport au "méchant" habitat pavillonnaire qui, au-delà de coller aux envies d'une majorité de la population, pourrait aussi présenter, parfois, quelques avantages. À suivre.

1. Précision des autrices et auteur.

Que conclure de ce premier voyage dans les espoirs de la grande ville "soutenable" ? D'abord, que ce serait une erreur de se laisser porter paresseusement par l'équation "ville plus grande et plus dense = moins de voitures et plus de transport en commun = ville plus écologique", même si, certainement, il y a du pain sur la planche et des opportunités à saisir, à toutes les échelles. Ensuite, que le chemin vers la ville "durable et désirable", durable surtout, est complexe, multifactoriel : pour ne rappeler qu'une injonction contradictoire parmi d'autres, l'arbitrage entre renaturation et densification promet des choix douloureux. Enfin, que la métropole (en croissance, qui plus est) ne doit pas être l'horizon indépassable. Plus les villes seront grandes et/ou denses, plus leur métabolisme sera difficile à faire "atterrir" dans les limites compatibles avec la biosphère, plus les fonctionnalités écologiques en seront dégradées. D'ailleurs, le modèle de la ville-monde attractive et dynamique qui attire à elle les populations est lui-même en train de se fissurer.

2

DE L'ATTRACTIVITÉ TERRITORIALE À LA VILLE REPOUSSOIR

Obsédés par un légitime souci de création ou de maintien d'emplois dans une économie toujours plus mondialisée, en mutation permanente et parfois brutale, les élus de tous bords mènent une politique volontariste de marketing territorial, d'attractivité économique et touristique et de course aux infrastructures dans les grandes agglomérations. De fait, nos 22 métropoles, pensées comme telles, sont bien des "locomotives" économiques et démographiques : alors qu'elles ne représentent que 2,5 % de la superficie du territoire national, elles concentrent 29 % de la population et 36 % des emplois[1] du pays, même si elles enregistrent une croissance assez hétérogène selon leur histoire, leur appartenance régionale et leur niveau de spécialisation économique.

Mais, au-delà des considérations environnementales abordées précédemment, cette concentration – progressive – de population et de richesse économique, ce phénomène de métropolisation (à la fois présenté comme inéluctable et âprement désiré par des territoires en compétition pour attirer la fine fleur des actifs les plus aisés et des initiatives entrepreneuriales créatrices d'emplois) est-il si heureux ? Il y a trois décennies, la "mondialisation heureuse[2]" succédait à la "fin de l'histoire[3]" provoquée par la chute du contre-modèle soviétique. Le résultat est aujourd'hui bigarré et certaines promesses ont tourné à l'aigre. Le doux commerce de Montesquieu – ou, dans une version modernisée, les doux flux d'investissement direct à l'étranger – n'a pas apaisé les tensions internationales, qui reviennent en force ; la sortie de la pauvreté des uns s'est faite parallèlement à la précarisation des autres ; les conséquences environnementales s'en font aussi sentir…

Va-t-on au-devant de graves désillusions en concentrant des populations toujours nombreuses sur des territoires toujours plus dynamiques mais étriqués ? Évidemment, la crise sanitaire du Covid-19 est passée par là, et le sujet est devenu un marronnier journalistique[1] :

1. Sujet récurrent plutôt, car le marronnier ne fait ses fruits qu'une fois par an… Ici le rythme est bien supérieur.

les inégalités de confinement entre les habitants des grandes agglomérations – spécialement l'Île-de-France – et les autres, le renouveau des villes moyennes, le dynamisme des territoires ruraux et des biens immobiliers "au vert" mais éligibles au télétravail, le pavillon où-investir-pour-tirer-parti-de-la-crise-nos-pages-spécial-immobilier, etc. Certes, avec le coronavirus, l'attractivité territoriale des (très) grandes villes a sans doute pris un coup ; au-delà du besoin d'air frais, d'espace et de nature exprimé par les habitants, entre autres attentes, la question de la vulnérabilité accrue aux crises potentielles s'est invitée à l'agenda politique[I].

Cependant, certains effets indésirables ou contre-productifs de la métropolisation ont commencé à faire débat bien avant la crise sanitaire. Avant d'en parcourir quelques-uns, deux remarques liminaires nous semblent nécessaires.

Premièrement, il ne s'agit pas de "diaboliser" les métropoles, ni de fantasmer le fait que leur croissance actuelle ne serait basée que sur des politiques publiques visant à et fondant leur attractivité. Cela fait quelques siècles, *a minima*, que la grande ville, et en particulier les capitales nationales ou régionales, attire les populations les plus jeunes, à la recherche d'opportunités de travail, de carrière, de commerce, d'interaction sociale – Paris n'a pas eu besoin d'un service de marketing territorial pour attirer les porteurs d'eau auvergnats au XVIIIe siècle et bien d'autres. Pendant longtemps d'ailleurs, au gré des évolutions démographiques du pays, la (grande) ville aux conditions de vie et à l'hygiène déplorables, sujette aux épidémies, où la mortalité est significativement plus forte, a servi d'organe "régulateur" pour les campagnes prolifiques qui les alimentaient, aux côtés d'autres mécanismes comme les recrutements de la marine et les départs pour diverses aventures coloniales[II]. Schématiquement, quand on n'a pas la possibilité de reprendre la ferme familiale, on monte à la ville, souvent pour y mourir (plus) jeune, ou on s'engage après

I. Cf. chap. 5.

II. Solution préconisée par Thomas More dans son *Utopie* (pour réguler la population d'un pays).

une soirée arrosée dans une taverne… Plus tard, aux opportunités économiques et aux possibilités d'ascension sociale s'ajoutent les avantages de la grande ville, l'anonymat et l'émancipation, par rapport à une structure villageoise au contrôle social, voire patriarcal, un peu trop pesant peut-être, comme le raconte bien, par exemple, le sociologue Jean-Pierre Le Goff dans *La Fin du village*[4], ou Jane Jacobs, dans *The Death and Life of Great American Cities* :

> Le fait de préserver son intimité lorsqu'on habite une grande cité est à la fois inappréciable et indispensable. C'est probablement vrai partout, mais il n'en demeure pas moins qu'ailleurs c'est le plus souvent un idéal inaccessible car dans les petites communautés tout le monde est au courant des affaires de tout le monde. Dans une grande cité au contraire, tout le monde les ignore et seuls ceux à qui vous avez décidé de faire des confidences en savent long sur vous. C'est là un des privilèges offerts par les villes[5].

Deuxièmement, même si nous devrons nous contenter de généralités, reconnaissons l'extrême diversité de situation de chaque ville, à commencer, en France, par la différence entre la mégapole parisienne et les métropoles régionales. L'écart d'ordre de grandeur saute aux yeux, avec un Grand Paris de 7 millions d'habitants[1] à presque 8 700 habitants par kilomètre carré et des métropoles régionales cinq à quinze fois plus petites, et dix fois moins concentrées (900 habitants par kilomètre carré en moyenne). Paris exerce donc une énorme attraction (l'Île-de-France absorbe la moitié de l'excédent démographique annuel), évidemment avant tout économique, mais est aussi, depuis longtemps, une mégapole repoussoir : en moyenne, un Francilien sur deux aimerait déménager[6] ; s'il ne le fait pas, évidemment, c'est que l'emploi (à même niveau d'intérêt, de rémunération, de perspectives, de sécurité, etc.) ne suit pas, ou que les deux emplois nécessaires à un nouveau projet de vie familial ne suivent pas !

1. Et 12 millions pour toute l'Île-de-France.

Malgré toutes les critiques des dernières années, on n'en est naturellement pas là dans les métropoles régionales. Si les expériences vécues de la croissance urbaine ne sont pas toujours heureuses, si certaines tensions sont palpables, si elles peuvent provoquer de l'agacement, de l'aigreur ou de la contestation, on n'atteint pas un désamour des habitants à la hauteur de l'Île-de-France. Parce que le questionnement a émergé dans les régions (tandis qu'il est installé de longue date pour Paris et ses banlieues), notre propos se concentrera sur celles-ci.

Les promesses "non tenues"

Prix du foncier : relégation et ségrégation spatiale

La croissance des métropoles s'est accompagnée progressivement d'une tension de l'offre immobilière, d'une rareté des emprises foncières disponibles, et d'une forte augmentation des prix des terrains bâtis ou non bâtis en milieu urbain et périurbain. Entre 2000 et 2018, en France métropolitaine, alors que le coût de la construction n'a progressé "que" de 50 % (soit une inflation moyenne de 2,3 % par an sur la période), les prix des logements neufs et anciens ont augmenté de 110 à 120 %[7]. Bien sûr, cette hausse moyenne et la décorrélation subie par les ménages, ces deux dernières décennies, entre les coûts nécessaires pour se loger et les revenus réels[8, 1], ont différents facteurs explicatifs, notamment la baisse des taux d'intérêt, qui permet d'emprunter plus sur une durée plus longue, mais aussi l'augmentation du prix moyen du foncier : celui-ci a triplé pendant que le prix des logements doublait.

C'est la dure loi du marché, l'offre de terrains est inférieure à la demande, en particulier dans les zones littorales très prisées, dans et à proximité des grandes agglomérations urbaines attractives, à moins

1. L'immobilier ancien est resté stable, en prix réel, entre 1978 et 1998.

que la puissance publique ne mène une action offensive de réserve foncière et/ou de régulation des prix[I]. Dans les opérations immobilières, l'augmentation de la charge foncière[II] et des dépenses entraîne "mécaniquement" une dégradation de l'équilibre économique : pour le rétablir, il faut augmenter les recettes (soit en vendant plus cher les mètres carrés construits, soit en construisant davantage de surface de plancher) ou diminuer les dépenses (en réduisant en premier lieu les coûts de construction et les coûts des aménagements). La pression foncière et immobilière en zone "tendue" contribue donc "naturellement" à l'augmentation des prix de vente et de location des logements neufs, mais aussi des logements anciens qui y sont *in fine* corrélés, à une construction moins qualitative, à la production de petits logements moins adaptés aux familles, mais dont les rendements locatifs sont meilleurs…

Malgré les obligations au titre de la loi SRU[III], construire des logements sociaux devient aussi plus difficile. Se loger à proximité des grands centres urbains devient inaccessible aux revenus les plus modestes, contraints progressivement de résider en périphérie dans des zones de plus en plus éloignées et de consacrer plus de temps et plus de budget carburant à leurs trajets ; la pression foncière s'étend à la périphérie des métropoles.

La croissance et la densification des villes aggravent les inégalités sociales et territoriales, provoquent une relégation spatiale, "le grand clivage entre [ce que le géographe Christophe Guilluy a nommé]

I. Différents mécanismes sont possibles, en particulier pour les grandes opérations d'aménagement : zone d'aménagement concertée (ZAC), organismes et outils d'action foncière tels que les établissements publics fonciers (EPF), le droit de préemption urbain (DPU), ou encore les zones d'aménagement différé (ZAD)… à ne pas confondre avec les "zones à défendre" contre les "grands projets inutiles" !
II. Charge foncière : coût d'achat du terrain auquel s'ajoutent les coûts de viabilisation.
III. La loi n° 2000-1208 du 13/12/2000 relative à la solidarité et au renouvellement urbains, couramment appelée loi SRU, est une loi française qui a modifié en profondeur le droit de l'urbanisme et du logement en France. Son article 55 oblige certaines communes à disposer d'un nombre minimum de logements sociaux, proportionnel à leur parc résidentiel.

la France périphérique[9], rassemblant les perdants économiques et culturels du modèle globalisé, et la France des grandes métropoles, composée par les gagnants de la mondialisation[10]".

Au-delà de la problématique du logement, la pression foncière fragilise la mixité fonctionnelle des pôles urbains. Les fonctions (loisirs, commerces spécialisés, artisanat, activités productives ordinaires, industries, etc.) qui nécessitent des assiettes foncières importantes ou qui peuvent difficilement être intégrées dans un programme résidentiel ou tertiaire sont rejetées vers les périphéries ou en entrées d'agglomérations. Les villes-centres deviennent de plus en plus des quartiers résidentiels ou des quartiers d'affaires, tandis que les PME, les PMI, les artisans, les stations-services, les clubs de sport... sont progressivement contraints de s'installer en périphérie, hors agglomération. Censées être "inclusives" et offrir une multitude de services et de fonctions mis en réseaux, les grandes agglomérations deviennent, de manière contradictoire, sélectives et inégalitaires, provoquant l'étalement urbain et générant des besoins de transport accrus qui vont se heurter aux capacités des infrastructures routières (cf. *infra*).

Les affres de la densification

Pendant ce temps, la densification urbaine et l'accueil de nouveaux habitants se heurtent de plus en plus à l'appréhension et à l'opposition des résidents établis, qui craignent une dégradation de leur environnement urbain de proximité, voire, particulièrement en zone pavillonnaire, une dévalorisation de leur propre bien immobilier. Les revendications portent notamment sur la perte d'ensoleillement ou de vue, liée à la hauteur et à l'implantation des projets, sur la suppression d'espaces verts ou d'arbres matures, sur le manque de continuité et de cohérence urbaine et architecturale entre le bâti ancien et neuf. Le phénomène "Nimby[1]" ne concerne donc pas que les implantations d'éoliennes !

1. *Not in my backyard*, littéralement "pas dans mon arrière-cour".

Pour être rentables, on l'a vu, les opérations immobilières visent une constructibilité maximum, qui impose des hauteurs de plus en plus importantes, des plans de plus en plus "efficaces" et standardisés, des espaces extérieurs collectifs ou individualisés de plus en plus résiduels. Les architectes ont beau déployer talent et professionnalisme, les promoteurs faire preuve d'une relative sincérité, la logique économique des projets en milieu urbain dense et en zone tendue laisse peu de marge et de souplesse à la conception. Conserver un massif boisé sur la parcelle, ou un élément de patrimoine bâti préexistant, travailler une volumétrie en référence à l'existant proche ou lointain, introduire un jeu de hauteur et de recul vis-à-vis du voisinage, offrir des espaces extérieurs collectifs et individuels généreux : autant de principes qui peuvent contribuer largement à l'acceptabilité et à la désirabilité de programmes immobiliers dits "denses"... mais qui ne peuvent être que partiellement appliqués, surtout si le règlement d'urbanisme est permissif. L'architecte autrichien Camillo Sitte le disait déjà, et mieux que nous, à la fin du XIXe siècle !

> Le prix élevé des terrains pousse à les utiliser le plus possible : aussi, bien des formes d'architecture charmantes ont-elles disparu peu à peu. Chaque parcelle bâtie tend à se rapprocher toujours davantage du cube moderne. Les saillies, les avant-cours, les perrons, les arcades sont devenus, pour nous, des objets d'un luxe exorbitant ; même s'il construit des bâtiments publics, l'architecte peut à peine laisser libre cours à sa fantaisie en faisant saillir des balcons et des encorbellements, et en dessinant des toits de silhouette intéressante. À hauteur du sol, il ne doit pour rien au monde s'éloigner de l'alignement prévu[II].

De la même façon, l'optimisation des procédés constructifs, nécessaires pour "tenir les coûts", contribue à une "standardisation" des constructions neuves, en milieu dense comme dans le résidentiel diffus : même morphologie bâtie, même typologie de logement qui tendent à uniformiser les quartiers résidentiels neufs des agglomérations et à effacer progressivement leurs identités territoriales, autre élément de clivage possible avec les populations en place.

Les maires et les élus d'agglomération se retrouvent devant une belle injonction contradictoire : la volonté de tenir une place dans le palmarès des villes ou métropoles dynamiques, en accueillant toujours plus d'habitants et d'emplois, et celle de sécuriser leur électorat en garantissant aux électeurs (essentiellement la population établie) le maintien d'une certaine qualité de vie. Le "maire-bâtisseur" n'a plus le vent en poupe... car la saturation guette, qui vient largement compenser (négativement) un éventuel effet d'aubaine sur la satisfaction à court terme de voir la valeur (virtuelle) de son bien immobilier augmenter.

Saturation et congestion

Oui, les métropoles les plus attractives "saturent" face à leur croissance démographique. Derrière un imaginaire fait de fonctions urbaines multiples (logements, emplois, services, commerces, enseignement, loisirs, culture, etc.) et facilement accessibles, interconnectées par les réseaux de transport public, mais aussi les connexions rapides au reste du territoire national et au-delà (aéroport, autoroutes, ligne ferroviaire à grande vitesse), la réalité est moins rose. Malgré de nombreux investissements dans les transports en commun et des réseaux routiers toujours plus efficaces, la congestion automobile reste omniprésente.

Il ne s'agit évidemment pas d'un phénomène bien nouveau, en particulier pour la région parisienne ; mais sur les rocades des métropoles dynamiques, les heures de pointe deviennent toujours plus impraticables. L'expérience accumulée finit par tourner au théorème : quels que soient les déploiements supplémentaires réalisés, ceux-ci saturent rapidement, pour ne pas dire immédiatement (quand les travaux d'infrastructure permanents ne participent pas eux-mêmes aux difficultés de circulation), du fait de la croissance de la population, mais aussi de la quantité de kilomètres parcourus en augmentation. En fluidifiant le trafic, ou en permettant de circuler à une vitesse moyenne supérieure, toute nouvelle infrastructure autorise en effet à habiter plus loin et à parcourir plus de kilomètres pour un même budget-temps[I].

Le taux de congestion de plusieurs centaines de villes dans le monde est publié, sous forme d'indice, par le fournisseur de GPS TomTom sur la base des données de ses utilisateurs[II]. Il est d'ailleurs assez remarquable que, pour la France, à peu près toutes les grandes villes – malgré des densités territoriales très différentes – se situent dans une fourchette très proche de 30 % de "temps perdu" et de 80-90 jours particulièrement chargés ; preuve qu'il y a une forme d'autorégulation par les automobilistes qui gèrent leurs trajets et/ou par la puissance publique qui réalise les infrastructures...

Tout comme pour les infrastructures routières et de transports collectifs, le déploiement de nouveaux équipements publics (écoles, établissements d'enseignement supérieur, centres hospitaliers, services administratifs, équipements sportifs, parcs et jardins, etc.) a également du mal à suivre le rythme d'accroissement de la population en milieu urbain dense. Excepté dans les opérations d'aménagement d'ensembles – qui anticipent les besoins en équipements et espaces publics générés par les nouvelles populations –, les besoins n'ont pas forcément été planifiés, ni en termes de réserves foncières, ni en termes de moyens humains et financiers par les collectivités. Pour certaines activités, particulièrement consommatrices d'espace (espaces verts et certains sports typiquement), l'ajustement est matériellement impossible. On ne construit pas de nouveaux terrains de tennis ni de larges espaces verts dans des zones tendues en foncier !

I. C'est la "conjecture de [Yacov] Zahavi", énoncée en 1979 : l'augmentation des vitesses de déplacement ne se traduit pas par une baisse des durées de déplacement, mais par des distances parcourues plus longues.
II. Après approbation des conditions générales d'utilisation, merci.

INDICE DE CONGESTION EN 2019

Paris	39 %
Marseille	34 %
Bordeaux	32 %
Grenoble	32 %
Nice	31 %
Lyon	30 %
Toulon	29 %
Toulouse	28 %
Strasbourg	28 %
Nantes	27 %

Figure 2.1 : Indice de congestion (temps de déplacement supplémentaire[1] mesuré par chaque conducteur) dans quelques villes françaises[12]

L'arrivée de nouvelles populations et la densification urbaine sont alors, à raison, associées par les populations établies à une dégradation de leur cadre de vie et de leur environnement urbain.

Dans les villes-mondes

Puisque nous en sommes à lister les méfaits potentiels de la métropole "ville-monde", il nous reste à aborder deux points, et enfoncer

1. Par rapport à un temps de trajet standard sans congestion.

des portes ouvertes sans doute, par acquit de conscience : le procès en uniformisation et l'accélération des rythmes de vie.

Uniformisation

Sous les mêmes injonctions, les "villes-mondes", interconnectées avec leurs homologues étrangères, forcément à la pointe de la "modernité", s'uniformisent et se standardisent. Le géographe Guillaume Faburel en fait, dans son ouvrage *Les Métropoles barbares*, un portrait assez grinçant :

> standardisation architecturale (immeubles de standing aux toits végétalisés, tours d'affaires dessinées par de "grands" noms, micro-fermes urbaines...) et patrimoniale (muséification et piétonnisation des quartiers, "city tours" et petits trains ou bateaux-mouches, illuminations polychromes des façades...), standardisation paysagère (grandes pelouses entretenues et surveillées, berges fluviales aménagées pour le jogging matinal des catégories affairées...) et "naturelle" (mêmes essences d'arbres, mêmes graminées, mêmes compositions florales), standardisation sociale et culturelle (scènes de spectacle et festivals, grands musées et galeries d'art contemporain, boutiques de mode et restaurants d'ambiance...)[13].

Ce qui est intéressant dans cette description au vitriol, c'est que ce ne sont pas (plus) les entrées de ville de la "France moche" à la sauce *Télérama*[I], avec leurs zones commerciales, leurs parcs d'activités, leurs "boîtes à chaussures", leurs enseignes criardes, leurs zones pavillonnaires sans arbres et sans âme, qui sont critiquées. C'est ici le cœur de la coolitude de la ville "boboïsée", avec ses populations branchées et actives, la *creative class*[14] aux avant-postes de la *start-up nation*[15] qui ont investi (ou réinvesti) les cœurs des métropoles.

I. Cf. chap. 1.

Ce sont aussi les centres-villes qui s'uniformisent. Les pieds d'immeuble abritent les mêmes enseignes que partout ailleurs. Les procédés constructifs ne permettent que des écarts marginaux[I]. Et il ne s'agit pas d'attirer seulement les habitants, il faut aussi faire venir les touristes, dans la grande compétition européenne voire mondiale. Or le touriste, sans doute un peu depuis l'apparition des guides de voyage, mais surtout depuis qu'il prépare son séjour grâce à toutes les (res)sources numériques, a horreur de la surprise : il voyage pour vivre l'expérience qu'il a prévu de vivre (et prendre les selfies dûment autorisés). Réciproquement, les services touristiques des métropoles lui donnent et "markettent" ce qu'il attend, et trouvent forcément ce qu'il attend... dans la comparaison avec les autres villes.

Accélération

Battant au rythme de l'économie-monde et de ses flux de personnes et de marchandises, les mégapoles et les métropoles martyriseraient aussi leurs populations en leur faisant subir l'accélération conjuguée des flux techniques, des changements sociaux et des modes de vie, pour reprendre l'analyse du sociologue allemand Hartmut Rosa[16]. Selon ce penseur de la "modernité tardive[II]", nous serions en effet soumis à une triple accélération sociale : une compression *technique* de l'espace et du temps (transports plus rapides et plus efficaces, moyens de communication instantanés... mais aussi culture du juste-à-temps et organisation de la fabrication dans l'industrie...) ; une accélération du *changement social*, à la fois à l'échelle d'une vie entière (nombre d'emplois occupés, recompositions familiales, mobilité résidentielle, etc.) et de la vie de tous les jours (évolution des valeurs, des rapports sociaux, des modes, etc.) ; et une accélération du *rythme de vie*, marqué par l'augmentation du nombre

I. Un phénomène qui ne date pas d'hier, soyons justes.
II. Quelle expression pourront bien utiliser nos descendants ?

d'activités (multitâche facilité par les outils numériques, opportunités plus nombreuses) mais aussi, paradoxalement compte tenu de la multiplication de machines et d'outils censés nous faciliter la vie, l'impression, plus que jamais, de manquer de temps, d'où une "recrudescence du sentiment d'urgence".

Pour les habitants de cette modernité tardive (et urbaine) que nous sommes, l'analyse d'Hartmut Rosa tape dans le mille. Celles et ceux qui, contraints par les temps de transport, bloqués dans les embouteillages ou les couacs des transports en commun, obligés de passer un temps (trop) important au travail (pour faire carrière, pour gérer les urgences ou les clients, pour gagner un peu mieux leur vie grâce aux heures supplémentaires...), jonglent avec l'organisation familiale et les emplois du temps des enfants, les obligations sociales, les courses, les activités ménagères – toujours si mal réparties, encore aujourd'hui – lui donneront certainement raison.

Pourtant, il n'est pas impossible que nous soyons un peu abusés par l'idée que nous nous faisons de nos vies quotidiennes. D'abord, le phénomène n'est pas nouveau, chaque génération vit cette impression d'accélération. Voyons par exemple ce que Le Corbusier en disait en 1924 :

> Le rythme s'est accéléré au point de mettre les hommes (qui l'ont provoqué avec leurs petites inventions précises, comme l'on provoque un immense incendie avec une précise petite allumette et quelques litres de pétrole), dans un état d'instabilité, d'insécurité, de fatigue, d'hallucination grandissantes. Notre organisation physique et sentimentale violentée, broyée dans ce torrent, gémit et elle craquerait si, par une action énergique, clairvoyante et rapide, l'ordre n'était apporté au sein de ce déferlement[17].

Si l'on peut contester la méthode, plutôt radicale, qu'il préconisait pour répondre à cette accélération (provoquée, notamment, par l'irruption des automobiles dans des villes conçues au Moyen Âge ou avant), et pour introduire par "une action énergique" de l'ordre dans le “déferlement” – à savoir, en un mot, raser puis reconstruire la ville en béton armé, gratte-ciel et lotissements de diverses formes –, son jugement reste pertinent sur les petites inventions techniques qui sont venues secouer une relative stabilité séculaire. Une génération plus tard, l'historien Lucien Febvre, cofondateur avec Marc Bloch de l'École des Annales, porte le même regard :

> que la cadence même, si furieusement accélérée, des révolutions techniques engendrant tous les quinze ou vingt ans dans nos sociétés de véritables mutations psychologiques, correspondant chaque fois à de nouveaux changements : chemins de fer, puis automobiles, puis avions, et la peau de chagrin se rétrécissant par secousses ; vapeur, puis force électrique, puis énergie atomique en voie de domestication – et tout le reste, qu'il faudrait des pages pour énumérer, tout ce qui affecte le genre de vie, le comportement individuel ou collectif, les réactions sensorielles des hommes ; que cette cadence même, que cette accélération prodigieuse des bouleversements creuse chaque fois davantage le fossé qui sépare les générations et rompe les traditions : voilà qui n'est point à démontrer longuement[18].

Si des humains des années 1950, certes vieillissants, avaient déjà du mal avec la cadence infernale des changements techniques et sociaux, où devrions-nous en être, soixante ou soixante-dix ans plus tard, s'il y avait vraiment *accélération*, et même, ces derniers temps, *accélération des accélérations* ? Subissons-nous aujourd'hui une accélération technologique plus forte que nos ancêtres du XIXe et du XXe siècle ? Toute génération a tendance à voir midi à sa porte et se sentir, justement, au moment crucial de grands changements (pour le meilleur et pour le pire)... L'historien des techniques Maurice Daumas – qui, mort en 1984, n'a certes connu ni le micro-ordinateur pour tous, ni le smartphone – contestait cette vision nombriliste des choses :

> Malgré tous les points de repère que l'on peut déceler dans l'histoire des techniques modernes, la perception d'un phénomène d'accélération peut

> être, d'une certaine façon, subjective. Elle est indéniable pour notre époque au cours de laquelle la technique semble avoir créé presque continuellement de nouveaux faits de société. Mais est-ce que la transformation du mode d'existence de notre génération a été plus profonde que celle des générations qui nous ont précédés ? Pensons à celle qui vécut entre 1850 et 1920, par exemple. [Chemin de fer, téléphone, presses rotatives pour les quotidiens, appareils photos portatifs, cinéma, TSF, électricité, gaz, bicyclettes, automobiles…] Toutes ces innovations, et beaucoup d'autres, transformèrent plus radicalement le mode d'existence, au niveau de l'individu, que ne le fit, aujourd'hui, l'arrivée d'un homme sur la Lune ou la sortie du système solaire d'une sonde spatiale[19].

Le smartphone a-t-il plus profondément modifié les rapports sociaux que la télévision ? Le métavers de Mark Zuckerberg ou la voiture autonome d'Apple[I] seront-ils des "révolutions" plus importantes que le téléphone ou l'électricité ? L'ubérisation du monde a-t-elle bousculé le rapport au travail plus fortement que l'émergence du salariat dans une économie de la subsistance ? Les tensions géopolitiques actuelles surpassent-elles les recompositions qui ont suivi la Seconde Guerre mondiale ? Peut-être. Il ne s'agit pas de minimiser les changements à l'œuvre – indéniables – ni de nier les changements anthropologiques profonds qu'ils entraînent. Comme disait l'écrivain Jaime Semprun :

> C'est pourquoi, quand le citoyen-écologiste prétend poser la question la plus dérangeante en demandant : "Quel monde allons-nous laisser à nos enfants ?", il évite de poser cette autre question, réellement inquiétante : "À quels enfants allons-nous laisser le monde[20] ?"

Bref, le sujet est potentiellement délicat. Il vaut mieux laisser la responsabilité de l'accélération à la société, et reprocher à la ville un

I. Tous deux annoncés, ou promis, aux alentours de 2025… Nous verrons bien.

environnement probablement plus stressant (bruit, foule, circulation automobile) – à moins de considérer que la grande ville, comme lieu d'accumulation capitaliste, est nativement "coupable" de l'accélération sociale, mais cela nous entraînerait un peu trop loin pour le cadre de cet ouvrage. Et puis, tout est peut-être une question d'âge, et de caractère : il y a un âge où l'on recherche la vie trépidante (et où on s'ennuyait à mourir dans les villages, attendant le passage du colporteur, du rétameur ou l'arrivée du dernier catalogue d'achat par correspondance), et un âge où toujours courir dans la rue finit par fatiguer... un âge où l'on est souvent ochlophile et ouvert aux expériences, un autre où l'on tourne ochlophobe[1]... des envies différentes aux moments où l'on fait des études, où l'on se met en couple, où l'on a des enfants, où l'on prend sa retraite...

Vers le "démarketing" territorial ?

Les métropoles, victimes de leur succès et de leur croissance, donc ? Le sujet est suffisamment complexe pour ne pas se risquer à apporter une réponse définitive, ou générale. Une chose est sûre en tout cas, plusieurs métropoles, à commencer par les plus grandes, ont entamé un "virage sur l'aile" dans leurs stratégies de communication politique.

Le marketing territorial est une machine d'une grande inertie, au fonctionnement incertain. La croissance d'aujourd'hui est sans doute, entre autres, le fruit d'années d'effort pour attirer des sièges sociaux d'entreprise, accueillir une ligne grande vitesse ou un opérateur aérien low cost, apparaître dans le classement des villes "où il fait bon vivre", investir dans des lignes de métro et de tramways supplémentaires ; elle est peut-être aussi le simple résultat d'une concentration "naturelle" des populations dans et autour des grandes

1. De ὄχλος, la "foule", la "multitude".

villes, favorisée par notre fonctionnement économique – puisque cette concentration se constate dans la plupart des pays du monde.

Il n'empêche que, pour les populations en place, compte tenu des effets induits pas toujours agréables, accéder au statut de "métropole millionnaire" ou se "hisser au rang des métropoles européennes" ne fait pas ou plus rêver. La polémique surgie à Toulouse, en 2020, en pleine crise du secteur aérien provoquée par le Covid-19, en est un bel exemple. Plusieurs organisations cosignent une tribune intitulée "Toulouse, le syndrome Detroit ?" alors que la commission Toulouse, territoire d'avenir reste obnubilée par une stratégie de croissance (portée par le boom aéronautique, évidemment à l'avenir plus "vert"). Pascal Gassiot, membre de la fondation Copernic (cosignataire de la tribune), ne prend pas de pincettes :

> Le rapport anticipe l'arrivée de 550 000 habitants en plus dans les trente ans à venir. Avec la crise ce n'est pas du tout évident. Leur logique est de faire en sorte que Toulouse soit une métropole qui rentre en concurrence avec Bordeaux, Barcelone ou d'autres. Qu'elle joue dans la cour des grands... Mais nous, que Toulouse devienne la troisième ville de France, *on n'en a rien à cirer*. On veut que les gens habitent bien et que la ville soit prête au changement climatique[21].

Difficile pour les élus de ne pas être déstabilisés par ces réflexions du "monde d'après[22]" et beaucoup restent encore scotchés aux vieux schémas néokeynésiens : investissement-croissance-emploi, recherche-innovation-investissement, etc. Signe des sujets à la mode, ou évolution profonde, on constate néanmoins une véritable évolution sémantique, au gré des rapports d'activité métropolitains et des discours. Dans le "monde d'avant", la métropole se doit d'être (avant tout) attractive, active, ouverte, dynamique, innovante, "puissante économiquement", bref, un "pôle urbain majeur".

Peu à peu, les valeurs de coopération viennent s'ajouter ou se substituer aux valeurs de compétition – ne nous en plaignons pas.

La métropole n'est plus attractive, mais accueillante et hospitalière ; on y parle un peu moins d'Europe, mais plus de proximité et de coopération renforcée avec les territoires proches, périurbains et ruraux ; elle reste innovante, bien sûr, mais elle est aussi citoyenne, inclusive, solidaire, durable, écologique et, forcément, résiliente[I].

En arrivera-t-on, pour freiner la croissance des villes et réussir à les rendre effectivement écologiques et désirables, à faire du *démarketing* territorial[II] ? Ce concept absolument ébouriffant[23], mais tout à fait intéressant, a été utilisé pour la première fois en France par le parc national des Calanques, victime d'une surfréquentation chronique et très dommageable pour l'environnement. Difficile d'estimer, pour l'instant, l'efficacité des commentaires glaçants sur la foule qu'on y rencontrera en allant à la plage[24], ou les photos postées sur le site. Dans le domaine touristique, le concept est sans doute appelé à un bel avenir, sous différentes formes – *a minima* pour conseiller d'éviter des périodes de pointe. Pensons à Barcelone, Venise, l'île de Porquerolles ou le Mont-Saint-Michel...

La métropole de Bordeaux finira-t-elle par lancer des campagnes de communication pour expliquer aux Franciliens que non, décidément, contrairement à une réputation frelatée, Bordeaux N'EST PAS au bord de la mer, mais sur les bords d'un début d'estuaire pas particulièrement ragoûtant (pour la baignade au moins), soit à une bonne soixantaine de kilomètres des plages (bref, pas mieux que Nantes...), et à PLUSIEURS HEURES compte tenu des transhumances automobiles et des embouteillages désormais légendaires ? On en est encore fort loin[25, III], mais qui sait, dans ce monde en *accélération* ?

I. Nous y reviendrons au chapitre 5.

II. À l'heure où nous écrivons, le concept est tellement jeune qu'il n'a pas encore sa page Wikipédia.

III. Dans certains articles qui frisent le publireportage, on parle de "Bordeaux-sur-Mer", on use de distances à vol d'oiseau, on apprend que "De Bordeaux à la plage, il n'y a que *quelques dizaines* de kilomètres". [Nous soulignons.] Quelques dizaines de kilomètres, oui, mais à quelle vitesse moyenne ?

Marketing et démarketing territorial, appliqué à la célèbre calanque d'En-vau[26]

3

LES PROMESSES DÉLÉTÈRES DE LA *SMART CITY*

Les villes actuelles sont donc tout sauf "écologiques" ; elles le sont d'autant moins qu'elles sont grandes et populeuses, étalées et/ou denses. Pourtant, c'est un poncif des discours sur les enjeux du développement durable au XXIe siècle, la population mondiale va continuer à s'urbaniser. Comment alors faire face aux défis environnementaux et sociaux à venir ?

Depuis une dizaine d'années émerge la notion de *smart city* (ou ville intelligente). Les nouvelles technologies numériques, basées sur des dispositifs électroniques permettant de récolter des données, de surveiller et d'agir sur la ville (caméras, capteurs, objets connectés), et sur le traitement de ces données massives *(big data)* par des logiciels d'intelligence artificielle (IA), permettraient d'optimiser le fonctionnement futur des villes et de les rendre plus efficaces, mais aussi plus transparentes, "inclusives" et démocratiques. Il y aurait là, par exemple, un "vivier extraordinaire d'usages potentiels que ce soit pour la gestion de l'énergie, de la mobilité, de l'eau ou encore des déchets[1]".

Le déploiement de tout un arsenal technologique s'avérerait même incontournable, certes pas forcément suffisant à la conversion écologique des villes, mais *a minima* nécessaire. Stéphane Richard, patron de l'opérateur de télécommunications Orange, soutenait ainsi le déploiement de la cinquième génération de téléphonie mobile (5G), au plus fort du débat à l'automne 2020 – au moment des enchères pour l'attribution des fréquences : "La 5G, c'est aussi une promesse de développement des objets connectés, indispensables pour les *smart cities* : les municipalités auront besoin de la 5G pour réaliser leur transition écologique[2]."

Pourtant, il y a encore loin de la coupe aux lèvres ; et derrière l'indéniable effet de mode – tout territoire se doit d'avoir un projet *smart*[3] –, les "cas d'usage" de la *smart city*, les exemples concrets et effectifs, restent, dans le domaine environnemental, peu nombreux et pas tellement convaincants. Comme nous allons le voir en effet, la *smart city* n'est pas née pour des raisons écologiques.

Brève histoire d'un concept flou

Quand tout ce qui nous entoure a-t-il commencé à devenir *smart*, un adjectif que nous traduisons généralement par "intelligent" dans des expressions comme ville intelligente ou objets intelligents ? D'après le dictionnaire Oxford-Hachette, *smart* peut se traduire par élégant *(you look smart!)*, futé, dégourdi ou habile (un *smart cookie* est un petit malin, en langage familier, pas – encore ! – un gâteau connecté), chic (ne vous attendez pas à un menu sur tablette tactile dans un *smart restaurant* ou un *smart hotel*, donc), et enfin intelligent, pour un système technologique. Bref, la petite SMART (Swatch Mercedes Art Car) sortie en 1994 se voulait probablement plus élégante (ou utilisée par les malins ou les malignes pour se garer en ville dense...) qu'intelligente. Puis est venu le smartphone, dont le terme apparaît dans les années 1990, semble-t-il, mais ne se répand réellement qu'à partir de l'avènement de l'iPhone en 2007 puis de ses modèles concurrents.

Quid des villes ? La *smart city* naît sous l'étoile de grandes sociétés technologiques. En 2005, Cisco[I] lance le programme de recherche Connected Urban Development Program sous l'égide de la fondation Clinton[4], avec des projets pilotes à San Francisco, Séoul et Amsterdam dont le but est de rendre les villes "durables grâce à l'innovation[5]". La firme commercialise aujourd'hui des solutions de "connectivité, productivité et sécurité" auprès des "villes et communautés". IBM lance sa "Smarter Planet Initiative" fin 2008, puis le "Smarter Cities Challenge", et son président de l'époque, Sam Palmisano, décrète en 2010 la "décennie du *smart*" dans un discours à la Chatham House. Le but est "d'aider les grandes villes à fonctionner plus efficacement, à économiser de l'argent et des ressources et à améliorer la qualité de vie des habitants[6]".

I. Société américaine spécialisée dans les équipements de réseau, en particulier les routeurs, les indispensables "nœuds" du réseau internet.

L'expression *smart city* fait rapidement florès ; les colloques, les études, les articles, les livres, les intentions affichées et les projets, un peu partout dans le monde, se multiplient. Dans les années suivant la crise financière de 2008-2009, dont les économies "avancées" peinent à se remettre, beaucoup d'acteurs privés voient alors dans le futur internet des objets (IoT pour *Internet of Things*) et dans la fourniture de nouveaux services digitaux un relais de croissance de leurs activités ; tandis que les décideurs publics sont à la recherche d'économies – donc de productivité et d'efficacité des opérations urbaines[1], entre autres – mais y voient aussi matière à développement local et à attractivité territoriale. La création de Sidewalk Labs en 2015 par Alphabet, la maison mère de Google, achève de convaincre les plus indécis qu'il y a là – dans les villes et leurs services publics – matière à marchés juteux et à potentielle *disruption* par les géants du numérique.

Quelques cas d'école

Bien que l'expression soit utilisée à l'envi, la définition reste floue, ou du moins très large. Selon la très neutre encyclopédie en ligne Wikipédia, une *smart city* est "une ville utilisant les technologies de l'information et de la communication (TIC) pour améliorer la qualité des services urbains ou réduire leurs coûts[7]". On en trouve des plus lapidaires, ou plus prosaïques, comme "La *smart city* ou ville intelligente consiste globalement en l'optimisation des coûts, de l'organisation, du bien-être des habitants[8]". Celle de la CNIL (Commission nationale de l'informatique et des libertés) est plus explicite :

> "La ville intelligente est un nouveau concept de développement urbain. Il s'agit d'améliorer la qualité de vie des citadins en rendant la ville plus

1. Gestion des réseaux de distribution, des flux, maintenance et entretien des infrastructures, etc.

> adaptative et efficace, à l'aide de nouvelles technologies qui s'appuient sur un écosystème d'objets et de services", concept qui concerne "les infrastructures publiques (bâtiments, mobiliers urbains, domotique, etc.), [les] réseaux (eau, électricité, gaz, télécoms) ; [les] transports (transports publics, routes et voitures intelligentes, covoiturage, mobilités dites douces – à vélo, à pied, etc.) ; les e-services et e-administrations[9]".

Malgré le covoiturage et les mobilités douces, et la possible promesse d'économies dans les réseaux, on peine à trouver, dans cette définition, les références écologiques. L'ADN de la *smart city*, c'est, d'abord, la recherche d'*efficacité* (nous aurions même envie de dire de *productivité*, cf. la mention systématique de la réduction des coûts d'opérations) dans la gestion de la ville, et par là même de *rentabilité*. Rien de bien nouveau dans l'idée de mettre les technologies au service d'une gestion en temps réel des systèmes complexes. Les pré-urbanistes progressistes du XIXe siècle font déjà, dans leurs descriptions de villes utopiques, l'apologie du machinisme et du *rendement* qu'il permet[10]. Et dès la fin des années 1940, le "père fondateur" de la cybernétique, le mathématicien Norbert Wiener, théorise l'utilisation de l'électronique et de l'informatique naissantes pour automatiser le fonctionnement et le contrôle des systèmes techniques[11], grâce à des dispositifs d'acquisition (capteurs) et de traitement de l'information (calculateurs) : exactement comme le font les êtres vivants – comme lorsque vous vous mettez à frissonner "automatiquement" pour réchauffer votre corps.

Le concept va s'avérer diablement efficace à petite échelle, celle des usines où l'automatisation de nombreux procédés va permettre, de concert, un bond dans le niveau de qualité et une substantielle réduction des besoins en personnel. À une échelle plus grande, appliquée à l'environnement urbain, voire à un pays entier, la mise en œuvre se heurtait, entre autres et jusqu'il y a peu de temps, à la possibilité de capter, transmettre (en temps réel) et traiter des quantités d'information gigantesques. Dans le Chili socialiste de Salvador Allende (1970-1973),

Op-room (ou *opsroom*) du projet Cybersyn, à Santiago.
Photo du designer allemand Gui Bonsiepe

une expérience originale est fugacement tentée avec le projet Cybersyn[12]. Il s'agit de mettre en place une gestion et une planification de la production industrielle à toutes les échelles, basée sur un réseau de transmission par télex des données des entreprises, le tout supervisé à partir d'une salle de contrôle centralisée, une futuriste *op-room* (salle des opérations) au design très *seventies*, à sièges pivotants, digne des films de science-fiction de l'époque ou de l'espion *Austin Powers*[13]. L'expérience s'interrompt avec l'assaut de la junte militaire sur le palais présidentiel, mais aurait probablement fait long feu compte tenu des moyens limités de l'époque.

Pas très raisonnable techniquement dans les années 1970, l'utopie de la gestion automatisée et optimisée, d'une sorte de "machine à gouverner", reprend donc du poil de la bête aujourd'hui. Et de fait, les équipements électroniques se sont miniaturisés, leurs prix se sont effondrés, la chimie des batteries pour les alimenter a fait des progrès ahurissants (la batterie lithium-ion commercialisée au début des années 1990[I]), les capacités de communication ne sont plus une contrainte depuis longtemps, quant aux capacités de calcul, la loi de Moore aidant[II], elles ne font plus peur à personne non plus. Normal, donc, que les entreprises de technologie et leurs commerciaux avisés se penchent sur ce marché encore non conquis, celui de la gestion urbaine, comme ils ont lancé l'offensive sur quelques autres secteurs, par exemple celui de l'éducation[14].

La recette commerciale est toujours plus ou moins la même : publier quelques rapports sur le futur (c'est toujours apprécié par les décideurs, qui ne se remettent pas de ne plus avoir de diseuses de bonne aventure à disposition), trouver quelques cas emblématiques, mener quelques "pilotes" avec les plus volontaires, faire rêver le chaland, puis jouer de la rivalité mimétique, grâce à une armée de consultants et stratèges divers qui réaliseront des "benchmarks[III]", internationaux idéalement. Dans le rayon *smart city*, les exemples s'appelaient – jusqu'à récemment, nous allons y revenir – Songdo et Toronto. Alerte préliminaire : lorsque ce sont *toujours les mêmes* exemples qui sont mentionnés, année après année, par les bonimenteurs, pardon les "experts", c'est qu'il y a anguille sous roche, et sans doute un peu d'esbroufe de consultant. Quelques exemples à la volée, dans d'autres domaines touchant à la transition environnementale : l'écologie industrielle (le site de Kalundborg au Danemark[15]), l'économie de la fonctionnalité, qui permet de payer à l'usage et donc aux entreprises de faire vertueusement durer leur matériel (les photocopieurs/imprimantes Xerox facturés mensuellement ou à la copie, les pneus de camion Michelin facturés au kilomètre)...

I. Qui vaudra le prix Nobel de chimie 2019 à ses inventeurs...
II. Lois empiriques, énoncées par Gordon E. Moore, un des fondateurs d'Intel, postulant le doublement de la densité des transistors tous les deux ans environ, permettant de construire des machines toujours plus puissantes et moins coûteuses.
III. Exercices de comparaison.

Songdo, l'éternel exemple

Pour la "ville du futur", la "ville de demain", la *smart city*, donc, c'est Songdo, en Corée du Sud, la patrie de Samsung, un pays à la pointe de la modernité. L'histoire commence donc plutôt bien. La "ville internationale de Songdo" est un quartier nouveau d'Incheon, une métropole portuaire (2,9 millions d'habitants, un peu plus de 3 000 au kilomètre carré) à une cinquantaine de kilomètres à l'ouest de Séoul[I], 610 hectares gagnés sur la mer Jaune, qui commence à être aménagée à partir de 2003. Songdo ne démarre donc pas en mode *"smart city"* (le mot n'a pas encore été inventé) mais en mode *"u-city*[16]*"* – *u* pour *ubiquitous* (comme *ubiquitous computing*, l'"informatique omniprésente", une expression qui a le vent en poupe dans les années 1990 et a été frappée d'obsolescence depuis[17]).

Plus qu'une ville, Songdo est donc un quartier, construit par un consortium privé formé d'un promoteur immobilier, d'un producteur d'acier et de la banque d'affaires Morgan Stanley. Côté écolo, les immeubles sont tous "à haute qualité environnementale" ; côté *smart*, caméras de surveillance, lecteurs de plaques d'immatriculation, quelques robots d'accueil dans des bâtiments administratifs et, luxe suprême, réfrigérateur connecté (et intelligent !) dans les appartements, qui gère son stock et les dates de péremption – un serpent de mer qu'on essaie de nous refiler ici depuis quelques décennies, avec quelques autres avatars de la domotique ou de la "maison du futur". Quant à la gestion des déchets, elle se réalise à travers des conduits souterrains, de "gigantesques tubes", comme dans *Brazil*[18]!

Relativisons la critique : les habitants n'y sont pas forcément malheureux, la densité plutôt bien gérée semble-t-il (elle doit quand même atteindre les 10 000 habitants par kilomètre carré à terme[II]), la voiture garée chassée de l'espace public (99 % des parkings en souterrain)... Mais qu'a-t-elle à nous apprendre sur la transformation

I. Wikipédia, que ferait-on sans toi...
II. Soit l'équivalent de Lyon, ou la moitié de Paris.

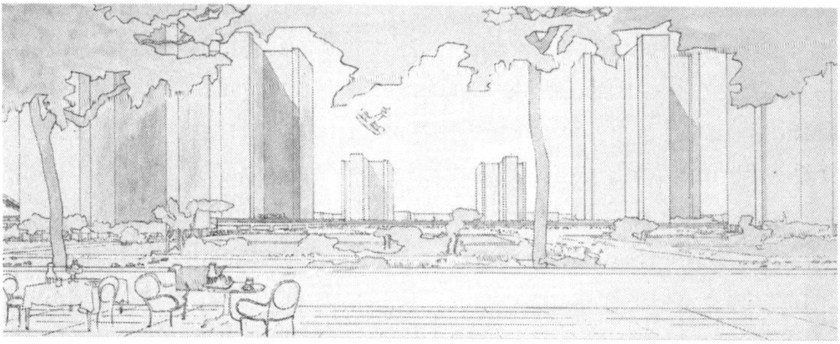

La *smart city* de Songdo, Corée du Sud
vs Ville contemporaine de 3 millions d'habitants, Le Corbusier, 1922[19]

de nos propres villes ? Pas grand-chose sans doute. "On" (mais qui, il faudrait mener l'enquête... Cisco peut-être, qui est partenaire du projet) est juste venu plaquer le "label *smart*" sur un gros projet immobilier, aux appartements high-tech truffés de gadgets électroniques. *So what ?* Une promenade virtuelle dans Songdo en *Google Car* donne d'ailleurs la mesure du projet : si le stationnement est dissimulé dans les parkings souterrains, la place des infrastructures routières reste énorme, et la forme urbaine n'est pas bien originale, avec ses tours plantées et ses grandes avenues, qui rappellent les utopies urbaines un peu datées désormais, comme les projets de Ville radieuse de Le Corbusier.

Google à Toronto

Changement de continent, et changement de braquet, car cette fois, c'est Google qui s'y colle, et on sait qu'avec leurs moyens financiers, quand ils se mettent à quelque chose... Il s'agit du développement de la friche industrielle de Quayside, un programme de transformation sur cinq hectares en 2 500 logements, centres de recherche et développement, commerces, le tout desservi par un réseau de transports autonomes, pour un investissement de 1,25 milliard de dollars canadiens (essentiellement injectés par la ville de Toronto et la province d'Ontario, Sidewalk Labs ne mettant "que" 50 millions de dollars au pot). Google devait même y installer son siège canadien et ses 300 salariés[20]. Ici, quelque temps a passé depuis Songdo – on est en 2017 –, et le quartier se veut "nativement" durable :

> Il faut quand même souligner qu'il s'agissait d'un vrai projet urbain, avec des immeubles révolutionnaires dans leur conception, un système de distribution de l'énergie très sophistiqué, tout comme le traitement des déchets, de multiples capteurs IoT... Bout à bout, tout cela formait un concentré d'innovations technologiques, de conception, d'architecture absolument bluffant[21].

Las, ces dernières années, la protection des données individuelles est devenue une question de plus en plus sensible, qui pourrait remettre en cause la vision idyllique d'une gestion technologique et ultra-optimisée des villes, surtout si celle-ci est confiée à des acteurs privés, voire au petit cercle des géants du numérique. Sérieusement asticoté à Toronto, où les habitants (ou futurs habitants) étaient inquiets de l'usage monétisé qui pourrait être fait de leurs données personnelles, Google jette finalement l'éponge en mai 2020 – officiellement pour cause d'incertitude économique liée à la crise sanitaire. On attendra donc un peu pour voir sortir de terre une Google city[I].

Welcome to *The Line*

Une petite dernière pour la route, une *smart city* qui pourrait surgir du désert en Arabie saoudite, *The Line*, première brique du projet futuriste et un peu mégalo(pole) Neom (du grec *neo* et de l'arabe *mostaqbal*, futur[22]), à 500 milliards de dollars, qui pourrait se développer sur 25 000 kilomètres carrés dans le Nord-Ouest du pays. Fermes verticales, centrales solaires à concentration, transports à grande vitesse, industries futuristes, taxis aériens ou drones de livraison, la vidéo promotionnelle vaut le détour[23] ! Ici, le projet prend un tour géopolitique : il s'agit certes d'attirer investisseurs et futurs habitants de cette ville à vocation mondiale, mais aussi d'afficher un discours volontariste sur l'innovation et les technologies de pointe au service de la durabilité, alors que les pressions pour la lutte contre le changement climatique s'accentuent avec le temps. L'Arabie saoudite a d'ailleurs annoncé, en marge de la COP26 de Glasgow, viser la neutralité d'ici 2060 grâce à une (mystérieuse) "stratégie circulaire du carbone[24]"...

I. Intéressant de noter au passage que la ville, "historiquement émancipatrice" par rapport au village au contrôle social parfois étouffant, pourrait, via la surveillance électronique, changer de statut...

En bref, *The Line*, c'est une ville s'étendant sur 170 kilomètres de long, autour d'une ligne de transport ultra-rapide, de type Hyperloop peut-être (?), car la durée de transport ne devrait jamais excéder 20 minutes, que vous alliez au bord de la mer Rouge, départ de la ligne, ou au fin fond du désert pour vous ressourcer du côté du terminus ; 170 kilomètres en 20 minutes, cela fait un respectable 500 kilomètres-heure de moyenne, sans compter les freinages et les accélérations pour les arrêts intermédiaires… La ville sera organisée autour de modules communautaires d'environ 80 000 habitants chacun, où tout sera accessible à pied (y compris la station, donc) en moins de cinq minutes : la "ville du quart d'heure" chère à l'urbaniste Carlos Moreno peut aller se rhabiller ! Cette forme linéaire et ultra-optimisée rappelle les réflexions de Nikolaï Milioutine et l'urbanisme utopique russe du premier quart du XXe siècle, qui inspireront notamment Le Corbusier et sa "cité linéaire industrielle[25]" et seront mises en pratique, à plus petite échelle évidemment, dans quelques villes comme Magnitogorsk, ville de l'Oural au combinat minier et sidérurgique (autrefois) célèbre.

Dans *The Line*, on est (ultra)moderne : les services publics à l'ancienne, forcément "obsolètes", seront remplacés par de l'intelligence artificielle et des *data*. La ville se structurera en différentes strates : la couche piétonne, celle où il fait bon vivre, et où peut-être le nombre de robots humanoïdes (concierges, etc.) excédera la population humaine ; la couche de service, en sous-sol, où seront logés les espaces servants de la ville, infrastructures techniques, flux logistiques, gestion des déchets, etc. et, on l'imagine bien, quelque main-d'œuvre invisibilisée et un peu sous-payée peut-être, car tout ne pourra pas être automatique ; enfin la couche épine *(spine)* avec l'*ultra-high-speed transit* – encore une fois, rien de très original par rapport à la flopée d'utopies urbaines qui ont traversé le XXe siècle : tantôt on creuse, tantôt on décolle les villes du sol, avec toujours le même but : faire un "lieu de vie idéal", débarrassé des bruits et de la fureur des transports, des contraintes et des laideurs des espaces servants, où les "tuyaux" triviaux sont invisibilisés[1]. Mais dans la triste réalité, les tuyaux ont la vie dure, et le métabolisme urbain revient au galop… D'ailleurs, la *smart city* ne supprime pas des réseaux, mais en rajoute !

Enfin, cela va sans dire, tout cela devrait être "neutre en carbone", grâce aux énergies renouvelables… du moins si on ne compte pas la fantastique énergie "grise" embarquée dans cette titanesque construction (et la fabrication des infrastructures d'énergies renouvelables elles-mêmes). Vous l'aurez compris, il reste encore permis de douter de la faisabilité économique et technique d'un tel projet

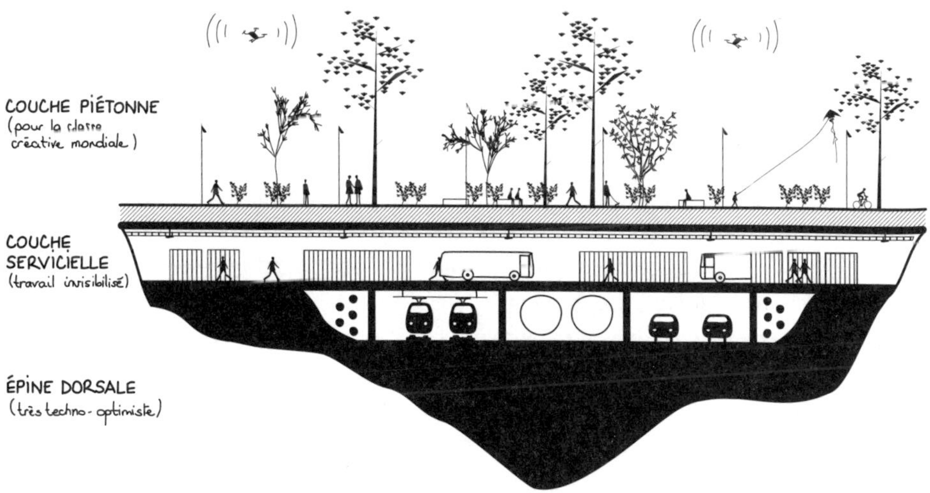

Figure 3.1 : Les strates de *The Line*

1. L'application de ces mêmes principes de séparation des circulations a donné, sous l'influence de Le Corbusier, "l'urbanisme de dalles" dont l'expérience a rarement été heureuse.

(si vous avez quelques sous à placer, des investisseurs privés sont activement recherchés !). La question "métabolique" seule pose la question : *quid* du transport des matériaux de construction nécessaires à une telle construction pharaonique ? Le sable devra-t-il encore une fois venir d'Australie ou d'ailleurs, comme pour les tours ou les îles artificielles de Dubaï – car le sable du désert, trop "rond" (nous simplifions) convient moyennement au béton armé et aux *réclamations* sur la mer[26] ? En tout cas pas de doute, en ce siècle où l'humanité doit tenter de se réinscrire dans les limites planétaires, on a encore du rêve et de l'hybris à revendre.

Quelques autres *smart cities* du même acabit (mais en milliards ou dizaines de milliards de dollars seulement), dont nous vous épargnons la description, sont en développement (comme la ville "verte" de Masdar City à Abou Dhabi) ou en cours d'émergence (divers projets au Qatar dans le cadre de la "vision 2030", etc.), qui restent elles aussi de grands programmes immobiliers, des projets de développement urbain, de villes nouvelles. La *smart city* version 2010 & 2020 ressemble étrangement à un remake de "ville nouvelle" des années 1960, inspirée par les principes des CIAM (congrès internationaux d'architecture moderne) des années 1930 et de la charte d'Athènes, évidemment remis au goût du jour en intégrant les dernières technologies – ni plus ni moins : comme l'architecture futuriste des années 1930 se devait d'intégrer les dernières possibilités constructives offertes par le béton armé et le béton précontraint.

Le Corbusier préconisait le traitement de choc de la *tabula rasa* pour permettre, entre autres, aux voitures de pouvoir enfin circuler en ville, et ses successeurs urbanistes seront plus à l'aise, dans les Trente Glorieuses, avec la construction de villes nouvelles *ex nihilo* qu'avec l'adaptation et la transformation des tissus existants. Dans leur sillage, les adeptes de *smart city* préfèrent tartiner des villes dans le désert, et sont plus désemparés face aux villes existantes, où les exemples édifiants deviennent bien moins nombreux et un peu plus nébuleux.

Écolo, la *smart city* ?

Mais revenons à nos pénates et à une échelle plus accessible à nos villes existantes et les *smart* territoires bien de chez nous. Essayons de parcourir rapidement les fonctionnalités de la *smart city* et ce qui les rend "indispensables" pour la transition écologique des villes.

Concrètement, la ville intelligente est donc une zone urbaine (du quartier au territoire) qui traite (et peut mettre à disposition) des données numériques, certaines étant collectées par différents dispositifs électroniques (caméras, capteurs), d'autres acquises par des moyens participatifs (signalement de dysfonctionnements sur base de photos et de géolocalisation par des citoyens, par exemple). Ce traitement des données doit permettre un fonctionnement et une gestion plus fluides et plus efficaces des ressources et des "actifs" (infrastructures) de la ville, une optimisation des opérations urbaines, une meilleure "connexion" aux habitants et autres usagers divers (travailleurs, visiteurs, touristes de passage, etc.).

En pratique, donc, beaucoup de services n'ont donc pas grand-chose à voir avec la transition écologique ou l'environnement, comme la vidéosurveillance et la cybersécurité, ou les services publics numériques (administrations, écoles, bibliothèques, hôpitaux, etc.). Quels sont les domaines où l'on peut trouver des "cas d'usage" pertinents ?

L'énergie d'abord, mais c'est sans doute celui qui est, pour l'instant, le plus prospectif. Il y a bien quelques applications accessibles immédiatement, comme les capteurs de présence pour optimiser l'éclairage urbain (l'éclairage par LED vient réduire les gains espérés, mais il ne faut négliger aucune piste pour la sobriété). Mais à terme, il s'agirait surtout de construire, à toutes les échelles (logements, bâtiments, quartiers…) un réseau de production, de distribution et de consommation, une sorte "d'internet de l'énergie[27]" articulant productions renouvelables, dispositifs de stockage, réseaux intelligents *(smart grids)* et pilotage fin de la demande ("effacement" de la demande aux heures de pic de consommation, incitation à fonctionner en horaires décalés, etc.). On en est encore très loin, même si les idées ne manquent pas, comme les *smart* parkings, qui permettraient d'articuler véhicules électriques (et leur capacité à stocker/déstocker l'électricité dans leurs batteries) et bâtiments consommateurs/producteurs d'énergie.

Pour les autres réseaux (eau typiquement), les applications immédiates souvent mentionnées sont les capteurs détectant les fuites ou les pertes, associés à des logiciels de télégestion permettant de visualiser en temps réel et en tout point le fonctionnement de l'infrastructure ; ici il y a un peu de marketing, car les opérateurs (publics ou privés) n'ont pas attendu la *smart city* pour détecter les fuites (nombreuses, il est vrai), et se débrouilleront très bien tout seuls, avec ou sans *smart city*. Dans la gestion des déchets, des poubelles connectées pourraient aider au geste de tri (en scannant les déchets et en indiquant les bonnes recommandations) ou à l'optimisation des tournées de ramassage (en prévenant quand elles sont pleines).

L'autre grand domaine d'application est celui des transports : les systèmes améliorés (information voyageurs, plateformes d'agrégation d'offres de service, etc.) favoriseraient l'intermodalité, l'utilisation des transports en commun, le développement du partage et des modes doux[I], tandis que, un peu plus tard (horizon 2030 peut-être, pour les plus optimistes[II]), l'autonomie des véhicules viendrait généraliser le covoiturage et fluidifier le trafic. Entre-temps, un peu d'"intelligence artificielle" permettrait de fluidifier la gestion des axes de transport en jouant sur le réglage des feux de circulation.

Mais face à ces "bénéfices" environnementaux escomptés (mais non estimés), des gains anecdotiques eu égard aux enjeux énergétiques

I. Argument fort discutable, car l'accès facilité à l'offre n'est pas suffisant, il faut avant tout que l'offre en transports en commun soit adaptée : fréquence des horaires, niveau d'équipements et d'aménagements, etc.

II. De nombreuses annonces ont été faites ces dernières années sur l'arrivée de la voiture autonome, terrain d'affrontement entre constructeurs traditionnels et nouveaux entrants comme Google, Tesla et Apple. En discuter ici la pertinence nous amènerait trop loin ; mentionnons tout au plus que de nombreux obstacles techniques, économiques et réglementaires restent à lever.

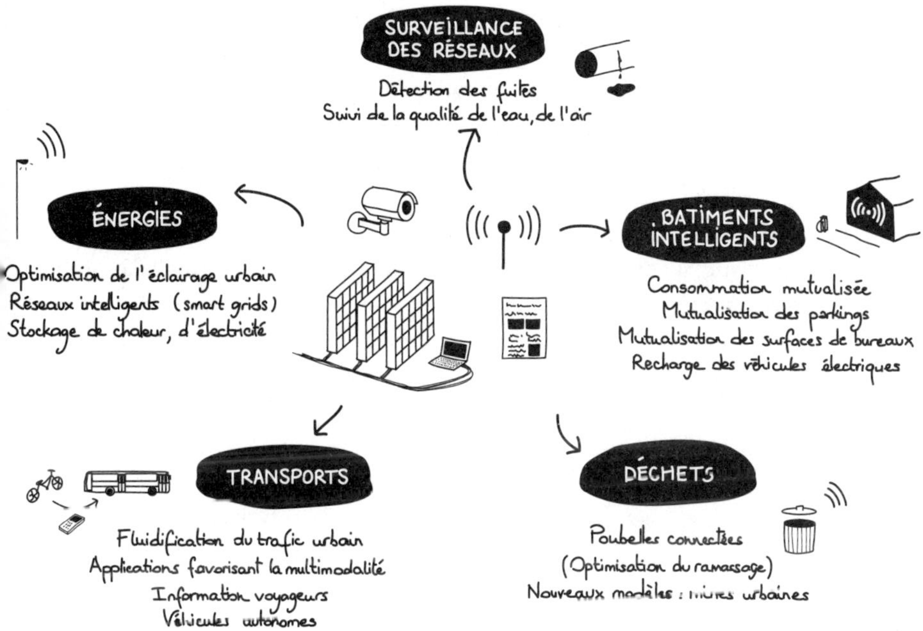

Figure 3.2 : Les applications environnementales de la *smart city*

énormes des villes ou bien projetés dans un futur encore à “inventer”, il convient de comptabiliser également les “coûts”, qui risquent d’être bien réels et plus immédiats, car la promesse de *smart cities* écologiques se heurte à bien d’autres obstacles.

Consommation et recyclage des ressources

Physiquement, la *smart city*, ce n’est pas grand-chose de plus qu’une ville à laquelle on a ajouté des objets connectés, à l’intelligence plus ou moins embarquée (voitures ou transports autonomes) ou déportée (dans des centres de données). Le premier écueil concerne donc le besoin de ressources engendré par la multiplication des objets connectés qui viendront "enrichir" habitations, infrastructures et espaces publics – mais aussi par le développement des équipements numériques (pour le stockage et le traitement des données) situés en arrière-plan.

Les progrès technologiques des dernières décennies, en matière de miniaturisation des circuits électroniques et de chimie des batteries notamment, permettent aujourd'hui d'envisager le déploiement, à moindre coût, de *milliards* d'objets connectés. Or ceux-ci sont paradigmatiques des difficultés rencontrées par le secteur numérique dans le recyclage. La complexité et la variété des objets électroniques, la multiplicité des composants et des matières incorporées[1], les quantités très faibles utilisées (et ce d'autant plus que l'objet est petit), les alliages employés, rendent les processus de recyclage littéralement cauchemardesques, et très imparfaits : actuellement, plus d'une trentaine de métaux (sur une soixantaine au total), souvent emblématiques des high-tech – comme l'indium, le gallium et le germanium, les terres rares, le tantale – sont recyclés à... moins de 1 % au niveau mondial[28]. Compte tenu de la complexité des objets, de leur diversité, de leur évolution technologique permanente et particulièrement rapide, ces taux ne peuvent que très difficilement augmenter.

Évidemment, tous les objets connectés embarquent différentes ressources en quantités variables, selon les technologies employées, les modes de communication (RFID, wi-fi, Bluetooth, GSM, etc.), leur mode d'alimentation, leur autonomie... Les quantités globales en jeu sembleront peut-être limitées face à d'autres besoins, comme les énergies renouvelables de forte puissance ou les voitures électriques ; mais à l'inverse, les objets connectés favorisent les usages jetables (faible coût, batterie conçue pour une durée de vie de l'objet de quelques années...), et leur "invisibilité" pourrait également

1. De l'ordre de 40 métaux dans un smartphone, par exemple.

être un frein à leur collecte pour un recyclage dans les conditions les plus optimales possibles.

Il est en tout cas certain que plus nous "technologiserons" nos objets, nos services, nos bâtiments, nos villes, plus nous piocherons dans le stock limité de ressources, souvent plus rares, et plus nous nous éloignerons d'une économie circulaire, accélérant, au lieu de freiner, la logique "extractiviste" actuelle. Il y aura en tout cas toujours un arbitrage à effectuer, pour chaque déploiement.

Effet et inertie "systémiques"

Le deuxième écueil vient de la nécessité de raisonner à une échelle "systémique", de prendre en compte l'ensemble de la chaîne de valeur et des effets induits. Sans doute, les voitures autonomes et les *smart cities* pourraient optimiser les consommations futures, par kilomètre-passager parcouru, par mètre carré de logement occupé, etc. Mais quels systèmes de traitement des données et de télécommunications seront nécessaires pour les faire "tourner", et avec quel impact environnemental ? Le secteur numérique exerce déjà une pression énorme sur les ressources et les besoins électriques[I], et une croissance spectaculaire, absolument insoutenable sur quelques décennies.

Il est difficile d'estimer, à ce stade, ce que consommeront les réseaux 5G, nécessaires aux applications nécessitant un temps de latence très faible (comme les véhicules autonomes[II]) ou si la densité d'objets connectés dépasse un certain seuil[III]. Cela dépendra de la stratégie de déploiement de chaque opérateur, des configurations

I. Le système numérique consomme plus de 10 % de l'électricité mondiale et émet environ 1 milliard de tonnes de CO_2 par an (à comparer au secteur aérien version pré-Covid-19, de l'ordre de 660 millions de tonnes). Voir par exemple les travaux du Shift Project.

II. Il semblerait même que les véhicules vraiment autonomes nécessitent la… 6G, attendue pour 2030 et déjà en phase de test. Ainsi va le progrès et l'obsolescence technologique…

III. La 5G permet d'augmenter fortement cette densité, jusqu'à 1 million d'objets communicants par kilomètre carré.

adoptées, du trafic effectif... Selon le Haut Conseil pour le climat (HCC), cela pourrait représenter une augmentation de 5 à 13 % de la consommation d'électricité finale du pays[29] en 2030.

Une voiture autonome pourrait générer plusieurs milliers de gigaoctets (Go) par jour – ainsi une flotte de 1 milliard de voitures roulant quelques heures par jour multiplierait par 1 000 au moins le trafic de données actuel ; rien d'infaisable techniquement, évidemment, on l'a déjà fait sans difficulté plusieurs fois, mais la question est : à quel coût environnemental ? Quant à l'habitant de *smart city*, on n'en sait trop rien (cela dépendra des fonctionnalités fournies par la *smart city* en question), mais ce pourrait être, en ordre de grandeur, quelques centaines de Go par jour. Nul ne sait la proportion de ces données qui devra être archivée (à des fins sécuritaires, assurantielles, marketing, etc.), ni pour quelle durée ; mais l'impact sur les centres de données *(data centers)* pourrait être massif – à titre comparatif, la quantité stockée actuellement dans le *cloud* ne représente encore "que" 5 000 Go par Terrien environ[1] (un chiffre qui serait donc atteint en *quelques semaines* si le Terrien devenait habitant d'une ville intelligente – on en est loin évidemment, mais cela pose la perspective et, pour tout dire, le ridicule de toute l'affaire).

Pour se rassurer on peut toujours convoquer l'ordinateur quantique, ou le stockage sur ADN, mais enfin nous n'y sommes pas encore. L'occasion de rappeler que les coûts environnementaux associés au déploiement des infrastructures interviendront nécessairement *avant*, et souvent *bien avant* le moindre bénéfice des nouveaux usages. Sans compter l'inertie inhérente à la nécessité de "faire système" pour délivrer les résultats espérés. Ainsi, l'exemple des voitures autonomes, pour lesquelles il faudra attendre le renouvellement quasi intégral du parc automobile – soit dix ou quinze ans "après

1. De l'ordre de 40 zettaoctets pour un peu moins de 8 milliards de Terriens. Lectrice, lecteur du futur : attention ces chiffres bougent très vite...

leur généralisation[I]" – pour voir disparaître accidents ou embouteillages. Ainsi, sans doute, de l'articulation à trouver entre énergies renouvelables, bâtiments et véhicules électriques – la logique *vehicle-to-grid* –, complexe à déployer et à généraliser – y compris dans son modèle économique absolument pas calé.

Effet rebond

Le troisième écueil, lié aux usages, est encore plus épineux. Certes, le déploiement technologique pourrait offrir certains gains d'efficacité, des "économies unitaires" substantielles, pour chaque service ou acte de consommation, en énergie et/ou en ressources. Mais toute la trajectoire technologique de l'humanité, depuis deux siècles, montre que cette efficacité technologique, rapidement convertie en "efficacité économique" (c'est-à-dire une baisse des prix), fait augmenter les volumes consommés, et donc la facture environnementale *totale*. L'offre, plus efficace et plus compétitive, crée sa propre demande. Cet "effet rebond[30]" a été mis en exergue dès les années 1860 par l'économiste anglais Stanley Jevons dans *La Question du charbon*[31] pour les machines à vapeur : celles-ci devenaient de plus en plus efficaces, fournissant une même quantité de travail mécanique avec de moins en moins de charbon ; mais au lieu de réduire la consommation totale de charbon, cela conduisait à déployer des machines à vapeur plus compétitives (par rapport au travail humain) dans des fabriques et manufactures toujours plus nombreuses.

Les esprits chagrins relèveront que le même Jevons s'inquiétait de la fin prochaine du charbon et, certes, nous ne sommes pas en pénurie de charbon (même si ce n'est plus du charbon anglais depuis les années Thatcher) – il faudrait même en laisser une grosse partie dans le sol si l'on ne veut pas littéralement *exploser* le système de

I. Si tant est que cela soit possible économiquement, ce qui fait largement débat ; voir la position de Carlos Tavares, PDG de Stellantis, par exemple.

régulation climatique planétaire. Il n'empêche : l'effet rebond est toujours d'actualité et concerne tous les secteurs. Le covoiturage longue distance n'a pas réduit la consommation de carburant mais développé les opportunités de transport ; les voitures ont des motorisations plus efficaces, mais deviennent plus lourdes et plus performantes, et consomment toujours autant ; dans les bâtiments rénovés et mieux isolés, la température de confort des habitants augmente, et tout ou partie des gains théoriques est perdu ; et dans le numérique, les progrès unitaires sont phénoménaux (y compris en passant de la 4G à la 5G, donc), mais l'augmentation des besoins l'est encore plus, conduisant à une empreinte environnementale croissante.

Il est à craindre qu'il en sera de même pour une grande partie des applications de la *smart city* : la voiture autonome sera-t-elle un outil au service du covoiturage du quotidien, ou un "bureau mobile" permettant à chacun (du moins ceux qui en ont les moyens) d'habiter encore plus loin de son emploi et de télétravailler confortablement dans son véhicule ?

Optimisation vs *résilience ?*

Reste enfin la question de la résilience, de la résistance aux perturbations, face à un monde au devenir plus incertain : est-il raisonnable de confier, pour des raisons d'efficacité, d'optimisation ou de praticité, notre "destin" urbain (distribution d'eau potable, d'énergie, régulation du trafic, systèmes de transports, etc.) à des dispositifs technologiques toujours plus nombreux, toujours plus interconnectés et complexes, dépendant de réseaux de production et d'approvisionnement ultra-segmentés et mondialisés – à l'heure où nous écrivons, la pénurie de semi-conducteurs, certes à vocation temporaire, perturbe de nombreux secteurs économiques –, de se retrouver ainsi plus exposés aux risques de cybersécurité, de ruptures d'approvisionnement, de contrôle par des puissances étrangères ou des opérateurs privés malintentionnés ?

Qui veut d'une *smart city* dont les données seraient stockées dans un *cloud* au Groenland (ou ailleurs), dont les logiciels d'IA seraient programmés de manière peu transparente par des multinationales californiennes (et sur la base de modèles économiques pas forcément orientés par le bien commun), exploitant des données récoltées par des capteurs et des réseaux fabriqués en Asie du Sud-Est, à partir de matériaux passant par une poignée d'usines monopolistiques et issus de trente pays différents, dont la moitié potentiellement instables politiquement ? Bien sûr, la résilience embarque bien plus de choses que la question du fonctionnement technique, et nous y reviendrons plus longuement au chapitre 5.

Bref, au lieu de rester fascinés devant les perspectives de l'innovation high-tech, il serait peut être prudent de mettre plusieurs fers au feu et de réfléchir aussi aux possibilités offertes par le "low-tech[32, 33]", visant à l'économie de ressources, à la sobriété à la source, aux réflexions sur le juste besoin et de faire preuve d'un peu plus de "techno-discernement", de faire le tri pour n'utiliser les technologies – et donc les précieuses ressources qu'elles mobilisent, l'énergie qu'elles consomment – que là où elles sont indispensables ou là où elles apportent un avantage indiscutable.

Quels seront, par exemple, les usages réels et principaux des formidables capacités de la 5G ? Sans réflexion préalable, certainement ceux qui rapportent économiquement : réalité "virtuelle" des jeux vidéos multijoueurs dans les transports, réalité "augmentée" quand on déambulera dans la ville pour voir surgir, le long des vitrines de magasins, des offres de produits ou de services furieusement personnalisées – grâce à l'exploitation des données personnelles... Tiens, qui sait, avec les bons logiciels, on pourra même masquer ou corriger une réalité urbaine trop moche et trop saturée, embellir artificiellement notre *perception* des villes, que nous pourrons donc enlaidir à loisir pendant des décennies.

Qu'est-ce qu'un besoin ou un service "indispensable" ou essentiel – sachant que les normes sociales, les référentiels évoluent profondément et en permanence ? Il y aura là matière à débats, dans l'opportunité et la manière de "trier". Pourtant, on sent bien, intuitivement, que certains usages technologiques relèvent plus du gadget que d'autres (le réfrigérateur qui fait les courses tout seul à Songdo, les interrupteurs qui obéissent à la voix, etc.), ou consistent à remplacer du travail humain (le bâtiment bardé d'automatismes, ce qui permet de se passer du concierge) ou du lien social (le distributeur connecté de croquettes pour chat qui ne nécessite pas de tisser des relations de bon voisinage)... Dans d'autres cas, lorsqu'il y a des enjeux de surveillance d'installations et de sécurité des personnes par exemple, il sera difficile de nier la véritable "utilité sociale" d'objets connectés en permanence.

Small is beautiful : smart cities *ou* smart buildings ?

Si l'échelle de la ville n'est pas pertinente, *quid* de l'échelle bâtimentaire ? Le *smart building* a lui aussi le vent en poupe. Passons sur les écarts éventuels de définition et d'utilisation du terme : par les temps qui courent, tout bâtiment neuf ou profondément rénové a de toute façon vocation à être *smart* (et forcément écolo, on l'aura compris). Disons simplement que la notion de *smart building* est l'héritière directe de la gestion technique du bâtiment (GTB), solutions qui consistent à centraliser la supervision et la commande d'un certain nombre de dispositifs : chauffage et refroidissement, ventilation, éclairage, contrôle (accès, vidéosurveillance, etc.), ascenseurs, dispositifs incendie (alarme, sprinklage[1], etc.).

En embarquant toujours plus de technologies, le bâtiment "figé" pourrait cette fois se transformer en véritable "plateforme de services", au bénéfice des usagers comme des exploitants. Comme pour la GTB, les capteurs déployés, la centralisation de l'information et le pilotage à distance permettent de gagner en efficacité (en maintenance, par

1. Installation d'extinction automatique à eau.

exemple, grâce aux données techniques stockées dans les bases de données et les outils d'intervention), en réactivité (suivi permanent et alertes en temps réel) et en productivité (plus besoin de la tournée du gardien...) ; les outils de pilotage peuvent même s'individualiser pour permettre aux usagers de piloter et programmer leur confort, sur leur lieu de travail ou dans leur logement. Le *smart* s'invite même dès la phase de conception et de construction, et peut générer des économies substantielles grâce à la maquette numérique, le “BIM” *(Building Information Modeling)*. Mais surtout on peut, désormais, imaginer un bâtiment interagissant avec le monde environnant, permettant par exemple d'optimiser le taux de remplissage des parkings en louant les places à des tiers, d'offrir des services de recharge de véhicules électriques et de participer, comme on l'a évoqué précédemment, au fonctionnement des futurs réseaux intelligents.

Dans ces listes de promesses, tout n'est pas à jeter. Certainement, quelques capteurs de température bien placés peuvent faire gagner grandement en consommation énergétique[1], au lieu de réguler par l'ouverture intempestive de fenêtre en plein hiver. Mais une trop forte technologisation pose de nombreuses questions, au-delà de celles que nous avons déjà pointées, comme le recyclage des composants numériques dispersés dans la construction... *Quid* de la prise en main effective et dans la durée par les utilisateurs ? Des difficultés d'entretien, de mise à jour permanente, des besoins d'adaptation aux usages futurs sur le temps long ? De la dépendance des gestionnaires et des usagers aux opérateurs spécialisés, jusqu'à devoir sous-traiter l'ouverture des stores ? Des gains environnementaux réels, une fois pris en compte les effets de périmètre (parcours motorisés des techniciens spécialisés, etc.) ?

1. Mais le simple thermostat a été inventé bien avant le *smart*.

Retour sur terre (et sans voitures volantes)

Sans accompagnement réglementaire, fiscal, culturel, l'efficacité technologique ne fera pas de miracle, au contraire sans doute. Contrairement aux messages qu'on nous délivre à longueur de temps (sur la ville comme sur le reste), il n'y a certainement pas équivalence entre *smart*, numérique et transition environnementale. Avec ou sans technologies, bardées ou non d'objets "communicants", biberonnées ou non au *machine learning* des logiciels d'IA, les métropoles ne seront jamais "vertes", restant vulnérables du fait d'une concentration humaine trop grande, aujourd'hui face aux crises sanitaires, demain sans doute face aux enjeux climatiques.

C'est malheureux (ou rassurant...), mais on ne résoudra pas "l'équation" climatique grâce à la *smart city*. On ne fera jamais "atterrir" les villes sur la question environnementale, et ce d'autant plus que la course à la taille, au gigantisme, à la densification (et aux constructions associées) se poursuivra.

Plutôt que de miser sur l'enrichissement technologique de nos vies et de nos métropoles – enrichissement qui, par ailleurs, pourrait mener à une société de surveillance et de contrôle encore plus infantilisante qu'aujourd'hui, ce qui n'est pas peu dire, dans notre monde post-Covid-19 – il faudrait plutôt amorcer une réflexion profonde sur nos besoins, nos usages, nos modes d'organisation, de production et de consommation, nos normes sociales et culturelles, nos exigences aussi : rapidité de livraison ou de téléchargement, non-acceptation d'absence d'information, de fonctionnement perturbé... au profit, quand c'est possible, d'une plus grande maîtrise locale, d'une proximité et d'une reconnexion aux processus naturels, d'un ralentissement au profit de rythmes de vie plus apaisés, d'une simplification au profit d'une plus grande autonomie personnelle et collective.

Certes, c'est une piste un peu chaotique, par les temps présents. Mais elle serait potentiellement enthousiasmante et demanderait en tout cas bien plus d'intelligence que pour concevoir et installer des capteurs partout, explorer les arcanes de l'intelligence artificielle et sonder les abîmes du *big data*.

4

L'ÉCOCONSTRUCTION, CACHE-SEXE DU *BUSINESS AS USUAL*[1] ?

1. Les affaires continuent.

Les promesses de la *smart city*, de ses infrastructures et bâtiments intelligents, se focalisent sur l'optimisation du fonctionnement, essentiellement les dépenses (énergétiques ou financières) liées à l'exploitation. Mais le secteur, on l'a vu au chapitre I, a un impact environnemental conséquent au stade initial de la construction, par les matériaux mis en œuvre (ressources, énergie "grise", émissions de gaz à effet de serre nécessaires à leur fabrication), puis au stade de la fin de vie, par la génération et la gestion des déchets. Pour ces deux sujets, c'est dans les démarches d'écoconstruction, ou de construction durable, que nous plaçons tous nos espoirs.

Les pistes de l'écoconstruction

Saluons d'abord la prise de conscience : les acteurs de la construction, maîtres d'ouvrage, maîtres d'œuvre (architectes et bureaux d'ingénierie), bureaux de contrôles, entreprises, fabricants de produits, utilisateurs finaux, sont sans nul doute de plus en plus conscients et actifs sur la question du poids environnemental et climatique des pratiques actuelles. Reconnaissons ensuite, avant d'en critiquer les faiblesses peut-être, que la démarche d'orientation vers la construction "durable" est tout à fait louable et indispensable.

De fait, l'écoconstruction a le vent en poupe[1], dans les guides pour grand public (construire ou rénover sa maison écologique), les publications professionnelles, les colloques comme dans les projets. Au-delà des vocations toujours plus nombreuses, en particulier des jeunes générations entrant dans la carrière (existe-t-il encore des sujets de diplôme d'architecture ne mettant pas au cœur la question environnementale ?), on voit certaines pratiques évoluer positivement : engagement des maîtres d'ouvrage sur des opérations

1. C'est vrai surtout pour le bâtiment ; dans les travaux publics et les VRD, c'est moins évident ; les impacts sont aussi potentiellement moins "visibles" par les citoyens.

pilotes, réflexions de filières, formidable "manifeste pour une frugalité heureuse et créative" signé, entre autres, par des milliers d'architectes et d'urbanistes[I], utilisation plus grande de matériaux biosourcés (isolants en laines de fibres végétales, bottes de paille, bétons de chanvre ou de lin, etc.), recyclés (ex. isolants en fibres textiles, granulats recyclés) ou géosourcés[I] (terres, pierres, bétons de site à base de matériaux excavés, etc.), réemploi d'éléments architecturaux, conceptions "bioclimatiques"...

Dans le bâtiment comme ailleurs, tout le monde rase désormais plus vert. Sous la contrainte en partie, puisque les normes évoluent : d'abord la réglementation thermique, la RT 2012 pour les intimes, qui impose aux bâtiments neufs de ne pas consommer plus de 50 kWhep[II] par mètre carré et par an pour l'ensemble des besoins énergétiques, remplacée en janvier 2022 – comme son nom ne l'indique pas, la crise sanitaire, entre autres, est passée par là – par la RE 2020 (RE pour réglementation environnementale), plus stricte et au champ d'application plus large[III].

Parallèlement, les possibilités techniques évoluent, comme dans la construction bois, par exemple. Avec l'industrialisation, par les Autrichiens à partir des années 1990, du bois lamellé croisé (aussi appelé CLT pour *cross-laminated timber*), un matériau mis au point en 1947 par un ingénieur français[IV], qui consiste à coller[V] plusieurs couches de bois de quelques centimètres d'épaisseur entre elles en les orientant perpendiculairement, les niveaux de résistance atteints sont spectaculaires et permettent des constructions en bois de grande

I. Le terme "géosourcé" pour désigner la pierre ou la terre est un abus de langage, car tout est géosourcé évidemment, à commencer par le ciment (à base de calcaire et d'argile) et les métaux...
II. kWhep = kilowattheure d'énergie primaire.
III. Nous vous en épargnons les assommants détails réglementaires, par ailleurs pas encore tous calés à la date où nous écrivons.
IV. Pierre Gauthier.
V. Avec du phénol-résorcine-formaldéhyde (PRF), du polyuréthane (PUR) ou une émulsion de polymère isocyanate (EPI), nous dit Wikipédia. Décidément, personne n'est parfait...

hauteur (plus de 50 mètres de haut pour les projets démonstrateurs) et/ou de grande portée. De façon similaire, la mise en œuvre de dispositifs techniques mêlant métal et pierre a beaucoup progressé et ouvre des alternatives au tout béton armé.

La contrainte réglementaire n'est pas le seul aiguillon. La magie du marketing, surtout dans le logement neuf, maisons individuelles et appartements, opère à plein, car la demande potentielle, par les acquéreurs ou les investisseurs, d'une plus grande qualité environnementale – et avec elle la perspective de consommer moins d'énergie à l'usage, ou de renforcer la valeur du bien en anticipant une future évolution réglementaire – est potentiellement monétisable.

Dans la jungle des labels

Comme pour les produits agricoles, où la demande en produits biologiques augmente (pour une variété de raisons sanitaires ou environnementales), il existe un marché pour le "bâtiment (un peu plus) vert". Mais – c'est Claude Lefrançois, un spécialiste reconnu en construction et isolation écologiques, auteur de nombreux articles et plusieurs ouvrages, qui en fait la remarque[2] – le secteur de la construction est atteint du même syndrome que l'alimentation, où labels et mentions divers et inégaux fleurissent, de l'appellation d'origine protégée au label rouge, du "produit fermier" au "produit à la ferme", etc.

Dans le logement neuf, il y a de quoi faire. Le BBC (bâtiment basse consommation) des années 2000, sur lequel s'est appuyée la RT 2012 ; de même que le E+C– (énergie positive et bas carbone), apparu en 2017, a servi de base à la RE 2020 ; jusque-là c'est presque simple à suivre. Mais il faut y ajouter les labels du collectif Effinergie, dont le label Bepos (bâtiment à énergie positive) ; HPE et THPE (haute et très haute performance environnementale) ; BBCA (bâtiment bas carbone) qui, contrairement aux précédents, a l'intérêt de s'intéresser à tout le cycle de vie "carbone" du bâtiment (construction,

Figure 4.1 : Dans la jungle des labels et réglementations

exploitation, fin de vie) et peut concerner les bâtiments neufs ou rénovés ; les démarches de certification qualité des promoteurs, avec le célèbre HQE (haute qualité environnementale) pour le tertiaire et NF Habitat pour le logement, où il s'agit d'atteindre un certain nombre de "cibles" sur l'écoconstruction, l'écogestion, le confort et la santé[I] ; certaines initiatives régionales, comme les démarches bâtiment durable francilien (BDF) ou méditerranéen (BDM)... Et pour les amateurs de statut international et de benchmark, il y a aussi des labels en provenance d'Allemagne (Passivhaus), des États-Unis (LEED[II]) ou d'Angleterre (BREEAM[III]).

À part que tout cela est un peu foisonnant – mais c'est le travail des spécialistes de guider les maîtres d'ouvrage –, que peut-on reprocher à cette jungle ? D'abord, qu'il s'agit toujours d'une démarche volontaire, à l'initiative des porteurs de projet, qui n'ont donc, contrairement à la norme et à la réglementation, aucun caractère obligatoire – même s'il faut reconnaître que certains labels ont inspiré, motivé et permis de tester l'évolution réglementaire. Faire certifier un bâtiment a un coût : celui de la certification elle-même (n'oublions pas que tout cela est aussi – voire avant tout ? – un business), celui des dispositifs à mettre en œuvre pour l'obtenir (plus ou moins coûteux selon les différents niveaux visés). On construira donc "vert" si on en a les moyens, ou si quelqu'un est prêt à payer pour cela, ou, parfois, si cela permet de verdir à bon compte un projet un peu décrié ou chahuté par des associations locales.

Ensuite, beaucoup de ces labels restent concentrés sur la question de l'énergie (et souvent de l'énergie d'exploitation). C'est évidemment une question essentielle. Mais obtenir d'excellents chiffres "sur le papier" ne garantit pas toujours que la réalité sera à la hauteur. La quête d'un excellent niveau énergétique peut conduire à

I. Une méthodologie assez contestée, donc, car la certification est atteignable avec des bâtiments pas particulièrement écolos...

II. Leadership in Energy and Environmental Design.

III. Building Research Establishment – Environmental Assessment Method.

consommer beaucoup plus de ressources, et donc d'énergie "grise" (isolants énergivores comme les laines de verre ou de roche par exemple), en phase de construction ; elle peut aussi conduire à un renchérissement technologique des bâtiments (jusqu'aux *smart buildings* ultra-optimisés) qui ne va pas forcément dans le bon sens. Un exemple avec la "simple" ventilation mécanique contrôlée (VMC) double flux (qui permet de réchauffer l'air frais entrant avec le flux d'air sortant) :

> Prenons [...] les VMC double flux, équipements quasi obligés dans les maisons à très hautes performances, du moins nous le dit-on, et, à ce titre, prévues dans les labels. Compte tenu de la complexité de la machine centrale, du réseau aéraulique, des caissonnages d'habillage en beaucoup plus grand nombre, de l'entretien nécessaire des gaines d'insufflation, du changement régulier des filtres et de la durée effective et réelle de vie de chacun des éléments, à commencer par la machine elle-même, ces systèmes, magnifiques sur le papier au plan de la consommation lors de l'exploitation, ne permettront jamais l'amortissement de l'énergie nécessaire à leur fabrication, leur transport, leur installation, leur entretien... [...].
>
> Parmi d'autres oublis, il n'est jamais tenu compte des déplacements de tous ceux qui œuvrent à la mise en place du système : le spécialiste installateur du réseau général, allant de la machine aux gaines, aux bouches et au raccordement électrique ; le plaquiste qui réalisera les caissonnages ; le spécialiste de l'équilibrage du système ; la visite nécessaire (au moins bisannuelle) d'entretien de ces machines (jamais ou quasi jamais réalisée, ce qui entraîne *de facto* une baisse de rendement et donc de l'amortissement) ; le changement des filtres[3, 1]...

Les regards et les choses évoluent sur la prise en compte, complexe, de tous les impacts environnementaux de la construction.

1. Bon, il faut aussi un installateur en VMC simple flux...

Le tout récent label Bâtiment frugal bordelais, "label de l'urbanisme résilient", est particulièrement intéressant de ce point de vue[I]. On y trouve une démarche globale, incitant notamment à la recherche de mutualisation d'espaces, à l'utilisation de technologies "douces et conviviales", à l'étude et l'optimisation des ressources mobilisées.

Enfin, les labels se sont longtemps concentrés sur la construction de bâtiments neufs, plus simple à maîtriser pour les ratios de performance à atteindre, et constituant l'essentiel du marché pour les promoteurs, historiquement du moins – c'est encore vrai pour l'instant. Là encore, les choses évoluent, on voit apparaître, ou se développer, des labels pour les projets de réhabilitation[II]. C'est heureux, car n'oublions pas que, pour la ville, l'effet "parc installé" joue à plein. Dans d'autres secteurs, on peut compter sur le remplacement plus ou moins rapide des objets en circulation pour atteindre en quelques années, ou une décennie, les plus hauts standards et performances techniques : dix ou quinze ans pour les véhicules, cinq à dix ans pour de l'électroménager (vivement les lave-linge filtrant les microplastiques à la source, les océans les attendent avec impatience). Mais l'essentiel de la ville du futur est déjà là[III]. Il ne s'agit pas (juste) de construire en neuf plus "vert", mais de "verdir" tout l'existant, ce qui est une autre paire de manches.

Bref, l'inflation normative ou de labels est, comme ailleurs, un signe des temps et des préoccupations qui grandissent, mais elle cache aussi un *business as usual*, et des habitudes très dures à modifier. Si tous les bâtiments du monde surgissant de terre étaient désormais certifiés, nous ne serions pas sortis de l'auberge pour autant, d'autant qu'il y a une vraie course au label le plus simple et le moins onéreux à obtenir.

I. Mais non, nous ne disons pas ça parce que nous sommes bordelais !

II. Depuis 2009 existent les labels BBC "rénovation" (max 80 kWhep/m²/an) et HPE "rénovation" (max 150 kWhep/m²/an).

III. Pour ce qui est des logements, on construit un peu moins de 1 % du parc existant chaque année (de l'ordre de 350 000 unités pour un parc de 37,2 millions).

Ce qui pénalise les bilans environnementaux, à la phase de construction, c'est l'emploi de matériaux très énergivores : ciment dans le béton prêt à l'emploi et les parpaings (les BBM : blocs de béton manufacturés, produit phare du bâtiment depuis les années 1950), acier pour les armatures et les structures et, dans une moindre mesure, aluminium, PVC, verre des murs rideaux et des menuiseries, plâtres et enduits des cloisons ou des façades.

Le ciment et l'acier sont, indéniablement, les deux poids lourds climatiques de l'industrie. Si le ciment était un pays, ce serait le troisième plus émetteur de gaz à effet de serre, après la Chine et les États-Unis, et devant l'Union européenne, avec environ 7 % des émissions de CO_2 mondiales, soit trois fois plus que le secteur aérien[4]. Il faut dire que la production et la consommation mondiale avoisinent désormais les 4 milliards de tonnes[5]. Chaque tonne de ciment émet de l'ordre de 900 kilos de CO_2, grosso modo deux tiers issus du procédé chimique lui-même[1] et un tiers pour fournir la chaleur nécessaire à la cuisson du clinker, ce qui peut donner des chiffres variables selon les pays. En France, où l'on a des idées (et un peu de pétrole importé), les chiffres sont plutôt de 800 kilos par tonne, car 43 % de ce qui est brûlé dans les cimenteries est constitué de "combustibles de substitution", comprendre tout ce qui brûle : vieux pneus, déchets industriels divers, vaches folles quand il y en a, etc. Le reste est essentiellement composé de combustibles classiques, coke de pétrole (38 %) – un résidu de raffinerie – et charbon (14 %)[6], plus un tout petit peu de gaz et de fioul lourd.

Il n'y a pas beaucoup de solutions pour décarboner tout ça, en l'occurrence trois, pour simplifier. Premièrement, optimiser certains paramètres techniques (température de cuisson plus basse, intensité du broyage, etc.) et continuer à alimenter le four en combustibles de

1. Cf. chap. 1.

substitution – comme de la biomasse, par exemple, mais attention quand même aux conséquences d'une exploitation trop systématique de la biomasse-énergie, et puis beaucoup d'acteurs vont vouloir se jeter dessus à l'avenir, puisque la biomasse, qui a l'avantage d'être "pilotable" (et non variable et dépendante des saisons et des conditions météorologiques, comme l'éolien et le photovoltaïque) et "neutre en carbone", apparaît en augmentation dans tous les scénarios de transition énergétique –, et à condition que la source de vieux pneus et de déchets industriels ne se tarisse pas trop...

Deuxièmement, miser sur d'hypothétiques "solutions de rupture", à savoir la capture et le stockage du CO_2. C'est vrai que les cimenteries seraient de bonnes candidates, puisque les émissions sont importantes et concentrées (5 % des émissions françaises pour moins d'une trentaine de sites). Mais on en est encore très, très loin, ça serait pour l'horizon 2050 – traduire : circulez, il n'y a rien à voir.

Troisièmement, une piste déjà bien utilisée, encore un peu optimisable sans doute : réduire la part du clinker dans le ciment, au profit d'autres matériaux ayant aussi des propriétés de "liants hydrauliques" (qui, avec ajout d'eau, durcissent, donc), comme les cendres volantes, résidus de la combustion du charbon dans les centrales électriques, et les laitiers de sidérurgie, des scories issues des hauts-fourneaux. On n'hésite pas alors – il faut dire qu'on hésite rarement, dans le monde du marketing écologique – à parler de "ciment vert" ou bien, après mélange au sable, au gravier et à l'eau, de "béton bas carbone". Fort bien, même si l'utilisation du terme "bas carbone" est discutable et discutée ; le béton a en tout cas, indéniablement, un contenu carbone plus faible si la quantité de clinker incorporée est plus faible[1].

1. Il y a même des développements de ciment à 0 % de clinker ; exemple des produits développés par Hoffmann Green, à base de laitier de haut-fourneau, d'argile flashée (c'est-à-dire broyée et calcinée quelques secondes) et de gypse issu de déchets de chantier (plâtre). Extrêmement intéressant ! Même si, encore une fois, les sources de laitier limitées ne permettront pas de trop monter en volume.

Problèmes : d'abord, comme pour les vaches-folles-et-vieux-pneus-combustibles (nous caricaturons), la source pourrait se tarir à l'avenir. Espérons-le du moins, au moins pour les centrales électriques au charbon, et dans une certaine mesure pour les hauts-fourneaux, sur lesquels nous allons revenir dans un instant. Ensuite, il y a un petit souci de comptabilité car les hauts-fourneaux, eux aussi, vendent les aciers correspondants comme "bas carbone", en déduisant les émissions évitées par les cimentiers grâce à leurs laitiers[7]... Diantre ! Un sujet "de périmètre" qui devrait néanmoins se résoudre prochainement. Pas sûr en tout cas qu'il y ait assez de laitiers pour servir tout le monde en béton vert[1]. Voici une belle transition avec l'acier.

L'acier est produit dans les hauts-fourneaux où la production d'une tonne génère de l'ordre de 1,8 tonne de CO_2. Mais il est également largement recyclé, dans des fours électriques ou à gaz, avec des émissions variables donc, selon le mix et le pays considéré (disons environ 0,5 tonne de CO_2 par tonne d'acier). Dans les hauts-fourneaux, les émissions proviennent du coke (produit à partir du charbon) : les oxydes de fer du minerai sont réduits par le carbone du coke (l'oxygène se lie au carbone pour former du CO_2, et un peu de CO). Même problème "chimique" donc que pour le $CaCO_3$ du calcaire qui se transforme en clinker CaO, et mêmes ordres de grandeur à traiter – avec 1,8 milliard de tonnes d'acier produit chaque année, on flirte avec les 3 milliards de tonnes de CO_2 émis, à peu près autant que le ciment, donc. Rendons justice au pauvre ciment : si l'acier était un pays, il serait aussi classé troisième au jeu des émissions de CO_2. Mais tout l'acier n'est pas utilisé dans le secteur de la construction, contrairement au ciment.

Surtout, ici une perspective technologique s'ouvre, celle de réduire le minerai grâce à l'hydrogène (l'oxygène se liant à l'hydrogène

1. Il semble même qu'il y ait déjà des importations de laitiers d'autres pays moins regardants pour l'instant.

formerait donc de l'eau) ; c'est le DRI *(direct reduced iron)* qui serait donc furieusement vert, à condition que l'hydrogène ait été produit à partir d'énergie "verte" – le propos nous entraînant trop loin dans le cadre de cet ouvrage, nous vous laisserons ici décider si cela inclut les renouvelables, le nucléaire, les deux ou aucun, en vous reportant aux débats aigus sur le sujet. Tout cela dépendra de quelques "détails" techniques à régler et de quelques milliards d'investissement (à l'échelle française) à réaliser. Donc attendons avant de crier victoire ; mais en tout cas, la perspective technique semble moins éloignée que celle du ciment, et surtout, l'acier se recycle.

Recyclage et réemploi

C'est peut-être le levier par lequel nous aurions dû commencer ; plutôt qu'injecter de nouvelles matières, particulièrement énergivores (même si nous n'en avons pas parlé, l'aluminium et le verre ne sont pas mal non plus), injecter des matières issues du recyclage est une piste tout à fait efficace pour réduire le bilan carbone des objets. Elle ne supprime pas l'impact environnemental, mais le réduit considérablement dans la plupart des cas.

De fait, l'acier employé dans le bâtiment est souvent issu du recyclage. Les "ronds à béton" pour le ferraillage du béton armé se contentent de niveaux de qualité compatibles avec les "impuretés" métalliques qui "contaminent" (en très faible proportion) l'acier recyclé, comme le cuivre, par exemple ; c'est moins vrai pour des aciers plus "techniques". Très schématiquement, l'acier "de première monte" issu des hauts-fourneaux (auquel est ajouté un peu de ferraille, mais point trop n'en faut donc, cela va dépendre de la qualité du tri en amont) va plutôt servir à faire des aciers très complexes et à haute valeur ajoutée pour la fabrication automobile ; tandis que la ferraille issue des véhicules en fin de vie, résultat d'un broyage *manu militari* (qui embarquera au passage quelques kilomètres de câbles et faisceaux électriques en cuivre, le néodyme et le cuivre des petits moteurs électriques, etc.), servira à faire les armatures pour le béton.

Le secteur du bâtiment est ici le "déversoir" final d'une boucle d'utilisation bien éloignée de l'économie circulaire qu'on nous vante souvent en parlant de recyclage : les portières de voiture deviennent des armatures mais l'inverse ne se produit que de manière très marginale. Selon les ressources, les caractéristiques techniques attendues, ces boucles qui sont surtout linéaires prennent différentes formes, suivant la possible dégradation (le *downcycling*) engendrée par le mélange des matières et la capacité de purification du procédé. Ainsi, le verre et l'aluminium issus des déchets de chantier ne redonneront pas forcément une nouvelle menuiserie ou un nouveau mur-rideau : le verre ira au mieux rejoindre la fabrication de bouteilles (où les légères impuretés ne seront pas un problème, au moins dans les verres teintés pour le vin et la bière)[1], l'aluminium servira plus facilement à faire des pièces de fonderie, où la pureté attendue est moindre que pour un profilé. Tout cela pourrait cependant changer rapidement à l'avenir, car les fabricants sont tous friands, pour abaisser leur bilan carbone, d'incorporation de matières issues du recyclage.

Comme dans tous les secteurs économiques, il y a en fait un double défi : d'une part, comment faire en sorte que les constructions incorporent le plus possible de matières issues du recyclage pour abaisser leur coût "ressources et carbone" ; d'autre part, à l'autre bout de la chaîne, comment faire en sorte que les déchets de chantier, issus des démolitions, des réhabilitations ou des chantiers de construction neuve (rebuts, chutes, etc.), soient recyclés ou réutilisés le mieux possible. Les deux points étant *in fine* liés, naturellement, mais avec des passerelles et interactions avec les autres secteurs consommateurs des mêmes matières premières.

1. Seulement de l'ordre de 3 % des environ 200 000 tonnes de verre plat sont recyclés, le reste est traité avec les autres déchets inertes (béton, terre cuite, etc.) et sert de remblai ou est mis en décharge.

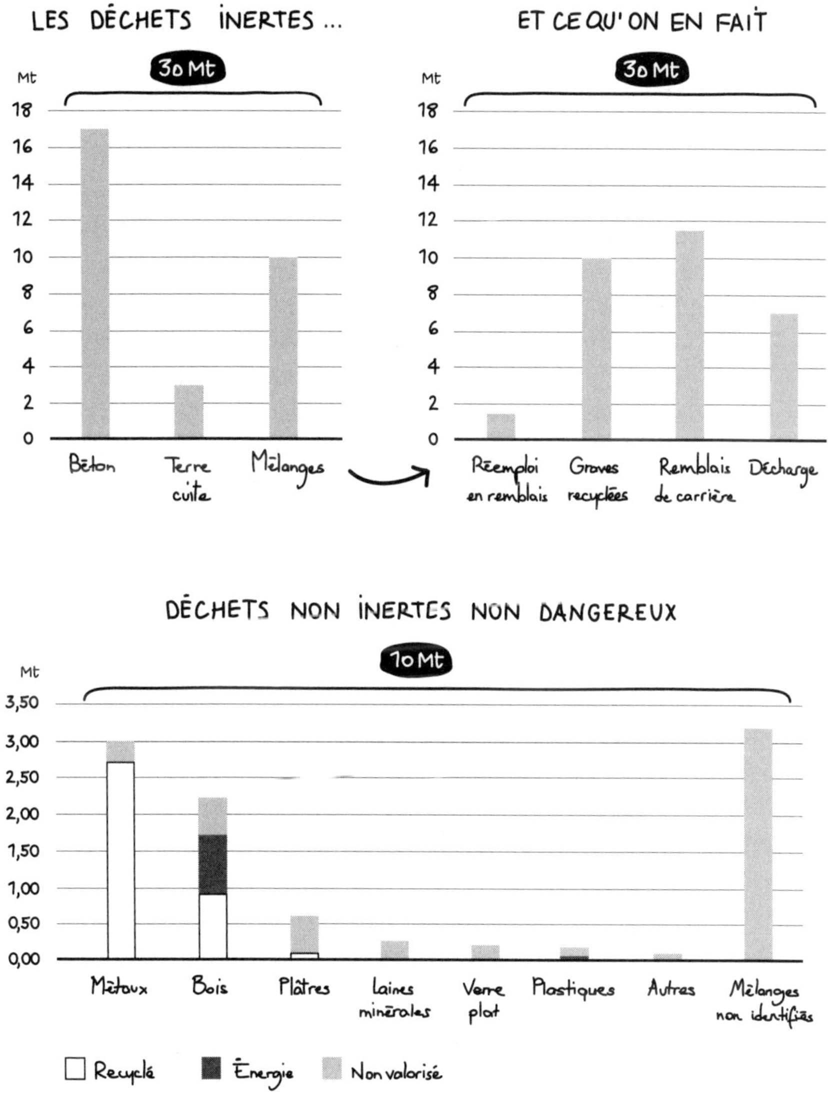

Figure 4.2 : Les déchets du bâtiment[8, 9]

Mieux traiter les déchets de chantier est un enjeu énorme, à hauteur des volumes concernés : de l'ordre de 240 millions de tonnes par an, dont 40 millions pour le bâtiment et 200 millions pour les travaux publics, à comparer à "seulement" 30 millions de tonnes de déchets ménagers chez les particuliers. Pour les déchets du bâtiment, la réglementation progresse, à l'image du décret de juillet 2021 sur le "tri sept flux", qui oblige désormais les maîtres d'ouvrage et les entreprises de travaux à trier à la source papier, métal, plastique, verre, bois, plâtre et fraction minérale, sauf dérogation – notamment lorsque la surface pour stocker les bennes manque. Un des soucis concerne le recyclage du béton (plus de 40 % des déchets du bâtiment, environ 17 millions de tonnes sur les 40 millions). Celui-ci peut être réutilisé, "valorisé", avec les autres déchets dits inertes (terres cuites, graves, etc.), en sous-couche routière, ou termine en simple décharge ; mais on voit se développer l'incorporation de granulats de béton recyclé (GBR) dans des nouveaux bétons. Les caractéristiques techniques obtenues ne permettent pas de les utiliser dans tous les types de béton, ni de substituer à 100 % les granulats de carrière – on en serait plutôt à 10-20 %. Mais la piste reste prometteuse – même si, pour le moment, les granulats recyclés ne représentent que quelques pour cent des volumes issus de la démolition[1].

Pour compléter le panorama sur les bétons "verts", citons aussi les recherches et les expérimentations sur les "bétons végétaux", où une partie des granulats est remplacée par des produits ou des déchets agricoles, comme le chanvre, le miscanthus ("l'herbe à éléphant" sur laquelle misaient aussi certains projets de biocarburants dits "de deuxième génération", non concurrents des usages alimentaires...), le colza, le tournesol, la lavande, voire le manioc, les balles de riz ou la noix de coco pour les pays tropicaux[10]... Mais ces bétons

1. Mais, selon les besoins de transport générés, le bilan carbone des granulats recyclés peut être moins bon... Rien n'est parfait.

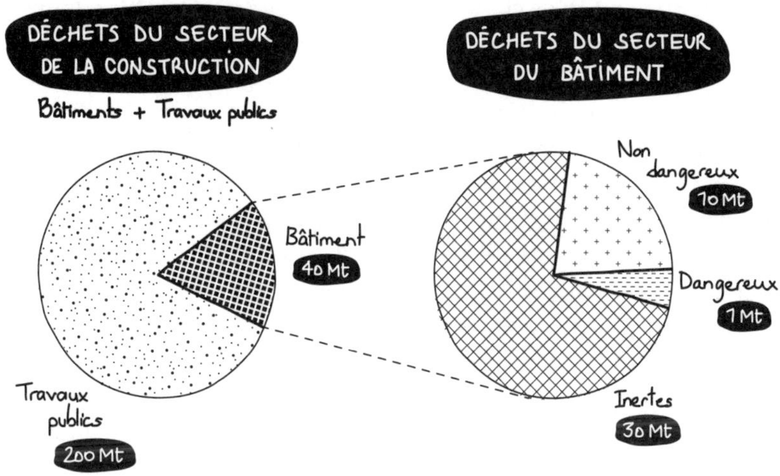

Figure 4.3 : Les déchets du secteur de la construction[11]

sont souvent réservés à des parements et non à usages structurels (murs porteurs).

Un mot enfin sur le réemploi et la réutilisation, potentiellement bien plus intéressants que le recyclage. Le réemploi est une "opération par laquelle des substances, matières ou produits qui ne sont pas des déchets sont utilisés à nouveau pour un usage identique à celui pour lequel ils avaient été conçus", tandis que la réutilisation est une "opération par laquelle des substances, matières ou produits qui sont devenus des déchets sont utilisés de nouveau[12]". Si le réemploi ne peut concerner le béton, donc (sauf à tordre un peu la définition, dans quelques cas précis, comme pour des mobiliers urbains...) les bâtiments en fin de vie comportent des tonnes de matériaux et de produits qui peuvent être récupérés plutôt que jetés dans les camions bennes, direction la décharge ou la première étape du recyclage, selon les cas : tuiles, menuiseries, faux plafonds, moquettes, dallages et planchers, portes, appareils sanitaires, luminaires, charpentes, structures métalliques, cloisons, etc.

Cette logique de bon sens se heurte pourtant à de nombreuses contraintes : freins juridiques, normatifs, réglementaires (comment assurer les performances de ce matériel d'occasion, l'étanchéité par exemple ? et *quid* des dispositifs qui ne sont plus aux normes en vigueur depuis longtemps ?) ; freins organisationnels et opérationnels (il faut une plateforme de stockage intermédiaire, organiser les échanges entre les donneurs et les potentiels preneurs, avec des quantités qui ne sont pas toujours suffisantes, des produits non standardisés...) ; difficultés économiques, car réaliser un diagnostic de réemploi, "déconstruire" correctement un bâtiment (avec plus de main-d'œuvre et moins de démolition fortement mécanisée), stocker les produits, les transporter deux fois si le réemploi ne se fait pas *in situ*, conduit la plupart du temps à des surcoûts. Encore une fois, aujourd'hui, les volumes sont très faibles (on estime que moins de 1 % des matériaux sont réemployés...) ; mais il y a une vraie envie de nombreux acteurs, privés comme publics, donc la pratique devrait tout de même se développer, et venir modifier la conception pour les bâtiments neufs ou réhabilités, en intégrant dès le départ les possibilités de réemploi d'une part, et anticiper la déconstruction de l'ouvrage d'autre part. Cela pourrait même requalifier ou booster certaines pratiques constructives : dans une logique de minimisation des déchets en fin de vie, ou de réemploi des matériaux, le bois et la pierre sont bien plus efficaces : et de fait, les habitants de Rome ont, pendant quelques siècles, réemployé avec bonheur les pierres du Colisée.

Toutes ces idées qui se développent, ces belles pratiques qui décollent ou ne demandent qu'à décoller, suffiront-elles à faire "atterrir" le secteur dans les contraintes d'une trajectoire climatique raisonnable ? Malgré l'évolution réglementaire, recyclage et réemploi progressent lentement, tant les difficultés techniques et pratiques sont nombreuses. Quant aux matériaux "classiques" à l'impact environnemental plus faible, ils vont mettre encore un peu de temps encore à se verdir suffisamment, même si les industriels producteurs auront aussi, à terme, une pression pour réduire leurs gaz à effet de serre. Reste à examiner la piste, bien plus prometteuse et déjà bien testée, depuis des temps immémoriaux dans l'architecture traditionnelle, des matériaux biosourcés et géosourcés.

Matériaux biosourcés : vers une impasse volumique ?

De quoi parle-t-on exactement ? Pour le biosourcé, d'abord du bois, bien sûr. Mais on peut utiliser bien d'autres matières premières végétales (paille, chaume, balles de céréales, miscanthus – encore eux ! –, chanvre, lin, herbe de prairie, liège, etc.), animales (laine de mouton, plumes d'oie, etc.) ou recyclées (ouate de cellulose à partir de vieux journaux, textiles, etc.), des matériaux particulièrement appréciés pour leurs qualités isolantes. Pour le géosourcé, il y a différentes façons de construire en terre, selon les ressources disponibles localement et les procédés constructifs : pisé (terre humide compactée dans des coffrages), adobe (briques en terre crue et paille séchées au soleil), bauge (terre crue empilée, liée par un mélange de fibres végétales ou animales), torchis (remplissage d'ossatures en bois), blocs de terre comprimés en alternative à la brique cuite, etc. On peut également utiliser des bétons de site (ou bétons de terre) en mélangeant du ciment au sol excavé sur place.

Non contents d'être issus de sources renouvelables, au contraire de *tous* les matériaux précédemment cités, le bilan carbone des matériaux biosourcés (à condition de ne pas être transportés de trop loin) est généralement imbattable, et on peut même considérer que les incorporer dans les bâtiments permet de stocker du carbone sur la longue durée. Tout n'est pas 100 % rose au pays des biomatériaux,

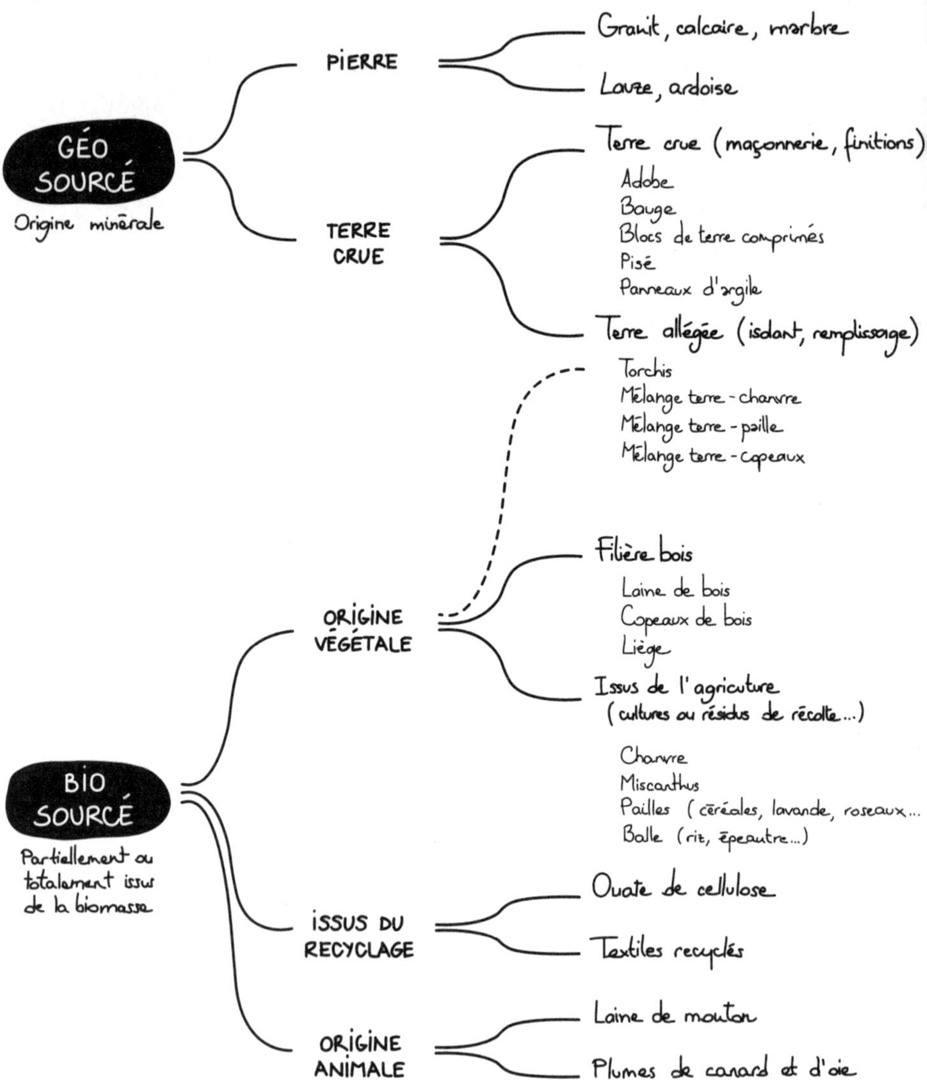

Figure 4.4 : Les matériaux biosourcés et géosourcés

car il faut souvent leur adjoindre quelques additifs pour éviter une dégradation par les organismes décomposeurs (champignons, bactéries) ou les ignifuger ; mais enfin, ne soyons pas trop puristes, rien n'est parfait et les produits qu'ils remplacent ne sont pas franchement folichons non plus. En utilisant les résidus agricoles qui retournaient traditionnellement aux champs (via l'épandage de fumier par exemple), il faut également prendre garde, selon les cas et les volumes considérés, à ne pas appauvrir les terres agricoles.

Toutes nos constructions ne pourront pas être bio ou géosourcées, notamment les infrastructures lourdes, les fondations, ou les parties enterrées réclamant une étanchéité. Mais on a vu que le bois pouvait désormais couvrir, techniquement du moins, une grande partie des besoins, sans craindre la hauteur. Pourrait-on dans un futur proche construire en bois tous les bâtiments techniquement accessibles, ou du moins augmenter très significativement le volume ? Essayons de nous faire une idée des “forces en présence”, entre l'offre et la demande dans les prochaines décennies.

Construction en bois : quelles ressources disponibles ?

Afin de simplifier le propos dans un premier temps, pour ne tester que les ordres de grandeur, nous resterons sur le périmètre français en négligeant les effets des imports/exports ; en réalité, on exporte quelques chênes – hum, en fait, quelque 35 % de la production annuelle, dont la moitié vers la Chine, le reste essentiellement vers des pays européens ; le volume d'exportation a été multiplié par dix entre 2007 et 2017 –, puis on en réimporte une partie sous forme de parquets ou autres, on importe des bois tropicaux, de la pulpe de bois sous forme de pâte à papier, le fameux CLT[1] souvent d'Autriche ou d'Allemagne où la production

1. Bois lamellé croisé ou *cross-laminated timber* ; cf. *supra*.

était jusqu'à présent plus structurée qu'en France... Dans les produits les plus nobles, dits "de sciage" (nous reviendrons sur les différentes catégories de produits bois dans un instant), on produit environ 7,9 millions de mètres cubes (Mm^3) par an, dont 1,3 Mm^3 sont exportés, pendant qu'on importe 2,4 Mm^3, portant ainsi la consommation intérieure à 8,9 Mm^3 (7,9 – 1,3 + 2,4 donc, aux arrondis près[I]).

Mais revenons à nos forêts françaises. Celles-ci, couvrant une surface de 17 millions d'hectares (France métropolitaine), représentent un joli magot estimé à 2,8 milliards de mètres cubes de bois sur pied. L'accroissement naturel est d'environ 100 millions de mètres cubes par an : nos forêts sont, globalement, assez jeunes et en pleine pousse, issues en particulier de la déprise agricole démarrée au XIXe siècle (augmentation des rendements, exode rural, abandon des terres les plus pauvres et les moins simples à travailler, etc.), et de plantations de résineux (épicéas, douglas, pins) soutenues par le Fonds forestier national entre 1947 et la fin des années 1990[13]. Le stock sur pied a augmenté de 1,2 milliard de mètres cubes entre 1970 et 2013 ; il devrait, selon les scénarios de prélèvement, augmenter encore pour atteindre 3,2 à 3,6 milliards de mètres cubes en 2035 – l'équivalent d'une petite cinquantaine de mètres cubes par habitant. C'est une bonne nouvelle : vues de l'exploitant forestier, nous avons des forêts plutôt "en forme", prêtes à jouer leur rôle de puits de carbone et de source de biomatériaux, mais à terme il faudra aussi compter avec les effets du changement climatique (réchauffement du climat, sécheresses), des maladies ou des bio-invasions[14], qui vont certainement faire fléchir les chiffres[II].

I. Des arrondis, il y en a beaucoup dans les statistiques concernant le bois... préparez-vous !

II. Et, rarement espérons-le, faire face à des évènements exceptionnels, comme l'incendie de la cathédrale Notre-Dame (2 000 chênes centenaires pour la reconstruction à l'identique de la charpente).

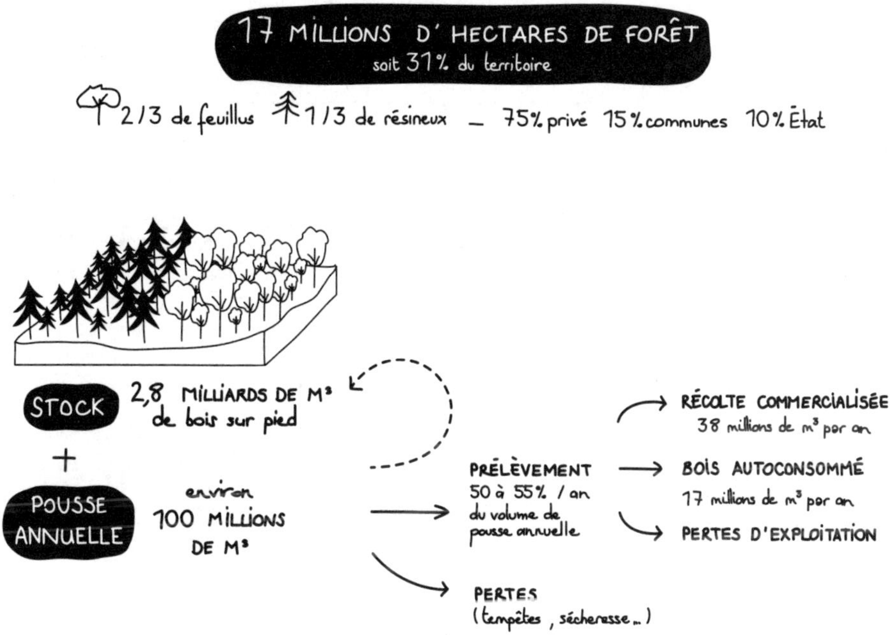

Figure 4.5 : Ressources et exploitation de bois en France[15, 16]

Sur les 100 millions de mètres cubes de pousse annuelle, un peu plus de 50 % sont prélevés[I] – d'où l'augmentation du stock à venir : environ 17 Mm³ sont prélevés directement par les particuliers, non

I. 50 à 55 %, selon les périmètres, les sources, les modes de calcul, les moyennes annuelles sur des périodes différentes... selon que l'on compte les bois tombés pendant les récentes tempêtes exceptionnelles aussi... Nous vous épargnons ces complexes circonvolutions, que nous ne maîtrisons nous-mêmes que très moyennement... La stratégie nationale bas carbone (SNBC) mentionne 125 Mm³ d'accroissement annuel sur la période 2007-2015, avec 70 Mm³ de prélèvements, soit un taux de 55 % ; France Bois Forêt mentionne un accroissement biologique annuel de 90 Mm³... L'IGN, dans son mémento inventaire forestier 2021, 88,8 Mm³ avec une incertitude statistique de 1,3 Mm³... et un prélèvement de 50,1 Mm³ avec une incertitude de 2,5 Mm³... Bref, restons-en aux ordres de grandeur.

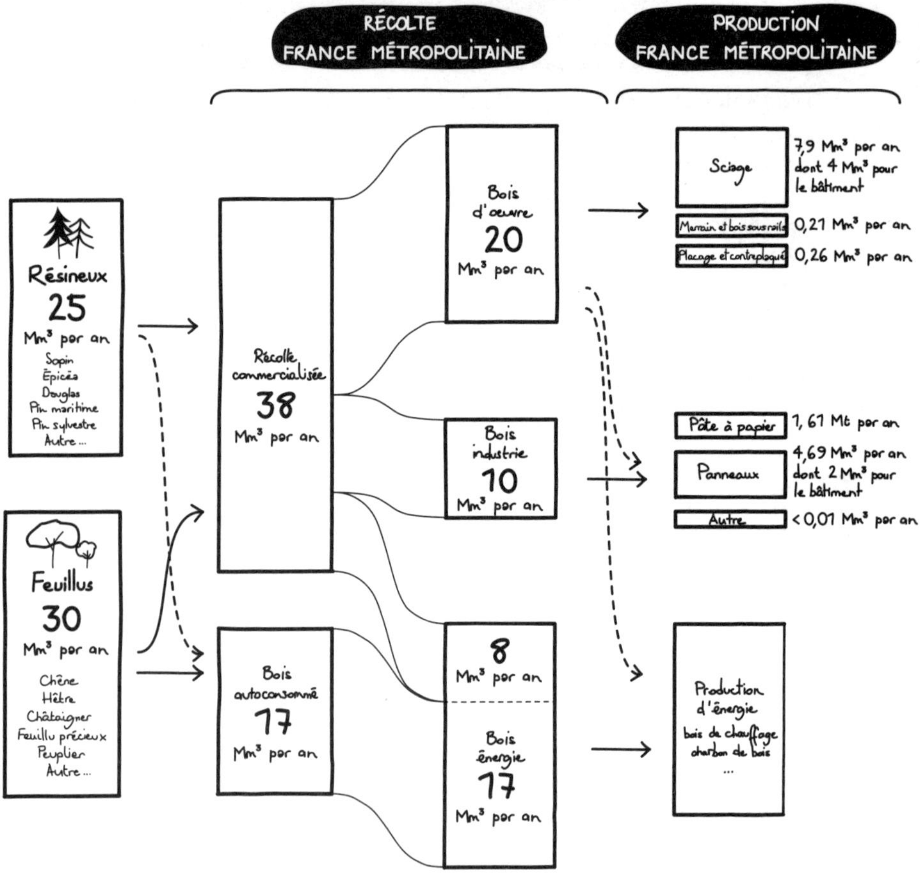

Figure 4.6 : Récolte et usage du bois en France, en 2019

commercialisés (ou alors sous le manteau, ça reste entre nous) et utilisés en bois de chauffe, c'est donc une estimation, et 38 Mm^3 entrent dans le circuit économique, qui se répartissent en bois d'œuvre (essentiellement les sciages précédemment cités, plus quelques traverses ferroviaires et les placages et contreplaqués), en bois industrie (pâte à papier et fabrication de panneaux de particules ou agglomérés), et en bois énergie. Les volumes totaux prélevés sont à 55 % des feuillus (chênes, hêtres, peupliers essentiellement) et à 45 % des résineux (sapins épicéas, pins maritimes, douglas, pins sylvestres principalement).

Peut-on mobiliser le bois non récolté actuellement ? Deux critères empêchent de récolter un chiffre proche de 100 % (hors pertes d'exploitation, petit bois laissé en place, etc.) de la pousse annuelle. D'abord, des raisons technico-économiques : selon l'IGN, presque un tiers du volume sur pied est situé en zone difficile ou très difficile d'exploitabilité physique (fortes pentes, absence d'itinéraires de débardage, etc.)[17], engendrant des coûts élevés. Ensuite, des raisons liées à la nature des détenteurs : la forêt française est très morcelée, possédée aux trois quarts par des propriétaires privés, avec 50 % des surfaces sans plan simple de gestion (PSG), soit des parcelles inférieures à 25 hectares. Dans celles-ci, le taux de prélèvement n'est que de 34 %, à comparer à des taux de 70 % dans les forêts domaniales, et même 86 % dans la forêt privée aquitaine.

Dans leur étude conjointe de 2016, financée par l'Ademe, l'IGN et le FCBA ont donc considéré deux scénarios : l'un de "sylviculture constante" maintenant les pratiques de coupes actuelles et l'autre de "gestion dynamique" mobilisant progressivement le gisement chez les propriétaires privés. De 48 Mm^3 sur la période 2011-2015, la disponibilité "technico-économique", correspondant aux volumes effectivement exploitables, passerait, à l'horizon 2031-2035 à 56 Mm^3 (+ 8 Mm^3) dans le scénario constant (résultat de la progression de la maturité des forêts – augmentation des diamètres moyens, etc.) et à 68 Mm^3 (+ 20 Mm^3) dans le scénario dynamique, la plus grande partie venant des feuillus, proportionnellement bien moins exploités aujourd'hui. En 2012, le Pôle interministériel de prospective et d'anticipation des mutations économiques (Pipame) considérait que le volume mobilisable supplémentaire était de l'ordre de 15 à 20 Mm3 par an, mais sans prendre en compte l'accroissement naturel lié au vieillissement des forêts[18].

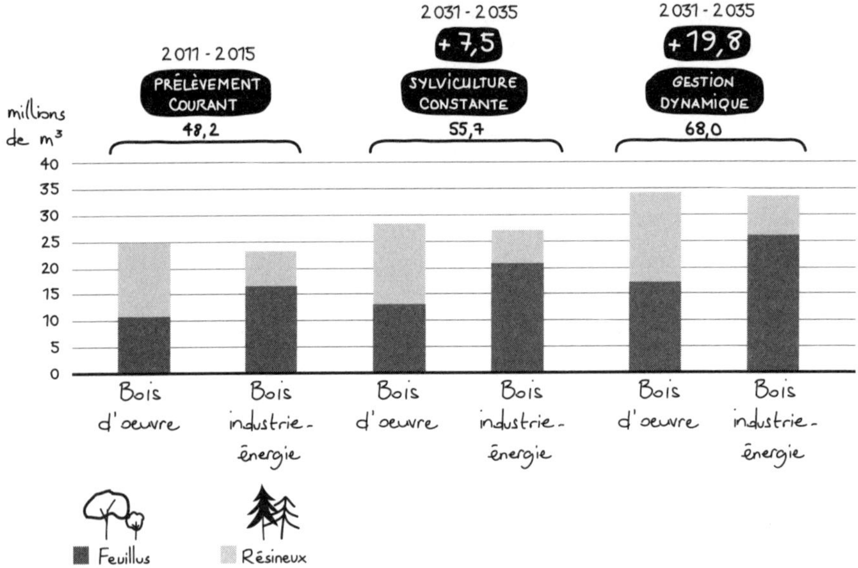

Figure 4.7 : Scénarios d'évolution de la disponibilité en bois, à l'horizon 2035

Côté offre, les chiffres paraissent donc très rassurants en première approche, puisqu'on pourrait mobiliser entre 15 % et 45 % de volumes supplémentaires, que ce soit en bois d'œuvre ou en bois industrie – bois énergie. Il faut toutefois rester prudent avec ces estimations. La fourchette haute ne sera pas simple à atteindre, car elle nécessite une forte mobilisation de la forêt privée (faudra-t-il en venir à obliger les petits propriétaires à récolter ?), une adaptation des outils industriels, des conditions économiques favorables (prix du bois permettant son exploitation et sa transformation rentables)… Elle comporte aussi des inconvénients, des impacts sur la biodiversité sans nul doute, et, de manière certaine, une réduction de l'intensité du puits de carbone des forêts, grâce au CO_2 stocké dans la biomasse aérienne et racinaire des arbres. En cas d'exploitation plus dynamique, notamment en récoltant de manière plus intense les gros et très gros bois, le puits serait d'environ 20 millions de tonnes de CO_2 ($MtCO_2$) inférieur à celui du scénario constant à l'horizon 2031-2035[19]. La neutralité carbone de la France s'éloignerait d'autant – car une forêt mature stocke plus qu'une forêt (trop) jeune –, mais les chiffres sont à mettre en regard des émissions de CO_2 qui seraient évitées par l'emploi de matériaux biosourcés au lieu de ciment, d'acier ou autres.

Construction bois : quels besoins dans le futur ?

Regardons maintenant du côté de la demande. Celle-ci est complexe à modéliser, car le bois, sous toutes ses formes, est utilisé dans de nombreux domaines constructifs différents : la structure, la couverture et l'enveloppe (ossatures, charpentes, planchers, panneaux, etc.), les ouvertures et les agencements (fenêtres, portes, volets, escaliers, etc.), les revêtements de sols et de murs (parquets, lambris, etc.), les revêtements extérieurs (bardages), les aménagements extérieurs (pergolas, terrasses, clôtures). Il faut aussi considérer, et distinguer, la construction neuve de la rénovation.

Le secteur du bâtiment mobiliserait actuellement (selon une étude prospective de l'Ademe sur les besoins en bois à l'horizon 2050) un total de 4,2 Mm^3 (chiffres de 2015 : plutôt de l'ordre de 4,8 à 5 Mm^3 désormais, compte tenu de la progression des parts de marché du bois), nécessitant – compte tenu des pertes en matière – 3,9 Mm^3 de sciages (sur un total de 7,9 Mm^3), et 1,8 Mm^3 de panneaux (sur un total de 4,6 Mm^3)[20], répartis entre la construction neuve et la rénovation. D'autres sources, par exemple le Pipame[21], citent des chiffres plus élevés : 65 % des sciages et 40 % des panneaux – des ratios

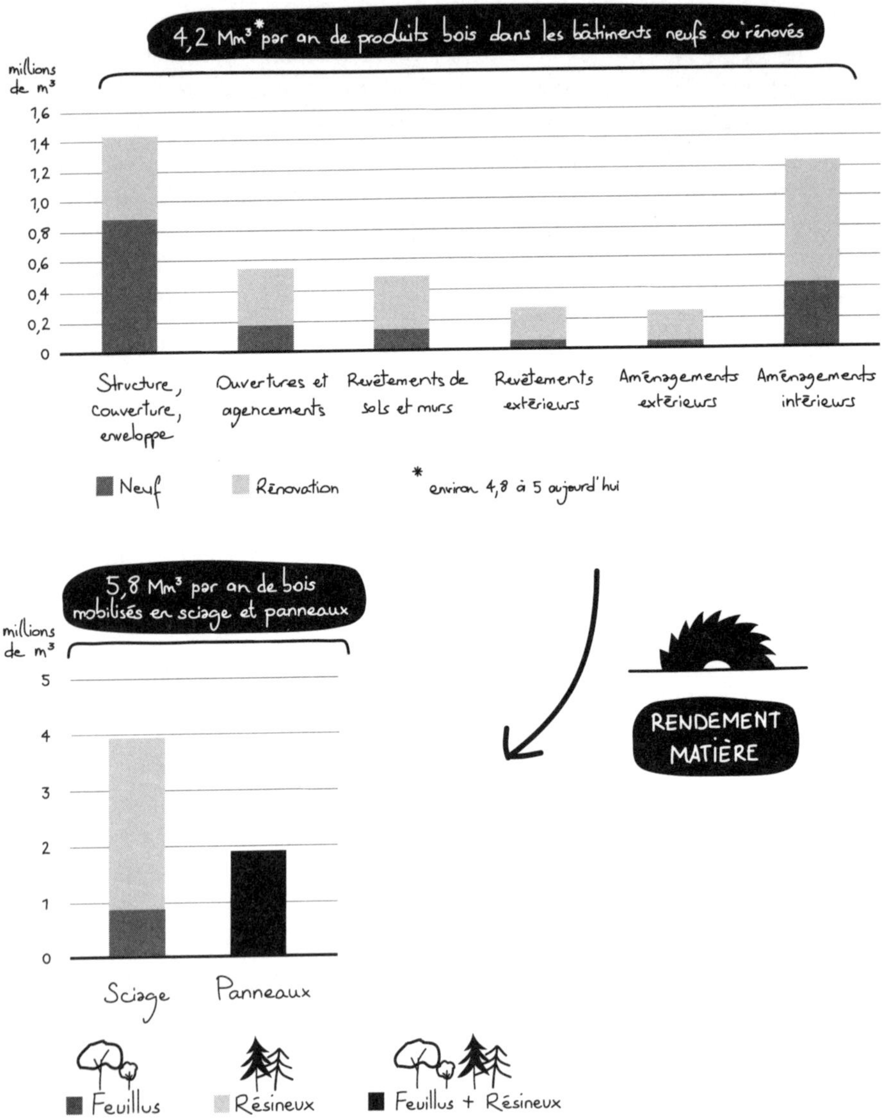

Figure 4.8 : Volume de bois consommé dans le secteur du bâtiment, en 2015

qu'on retrouve assez régulièrement dans la littérature spécialisée –, ce qui donnerait plutôt un total de 7 Mm^3... La difficulté statistique vient des canaux de distribution multiples ainsi que des exports/imports qui concernent la plupart des produits bruts ou transformés.

On pourrait s'étonner que le volume de sciages consommé soit, quel que soit le chiffre retenu, bien supérieur (8,9 Mm^3, comme on l'a vu précédemment) ; mais le bois d'œuvre est aussi utilisé dans les secteurs de l'emballage (palettes, emballages légers et industriels, tonnellerie, etc.) et l'ameublement personnel et professionnel. Les palettes, à elles seules, en consomment... 1,5 Mm^3 par an !

Aujourd'hui, même si son usage progresse, le bois reste le parent pauvre de la construction neuve en France, du moins pour la structure et l'enveloppe. Les maisons "majoritairement construites en bois" (car évidemment toutes les hybridations sont permises) ne représentent qu'environ 9 % du marché[I]. Dans le logement collectif, la proportion tombe à 4 %, tandis qu'elle est plus significative dans les bâtiments tertiaires (11 %) et agricoles (26 %), mais reste limitée dans les bâtiments industriels et les entrepôts (7 %)[22].

Pourquoi la construction bois en logement (6 ou 7 % en moyenne) est-elle si faible en France, où la maison individuelle au ciment Portland, voiles béton et parpaings, domine ? Claude Lefrançois y voit des raisons historiques, un mélange entre les conséquences du succès de l'histoire des trois petits cochons – on se souvient que dans la version originale, avant la célèbre adaptation de Walt Disney de 1933, seul le cochon ayant bâti en briques survit, tandis que sont croqués les bâtisseurs en paille et en bois –, et les mauvais souvenirs de la Seconde Guerre mondiale et ses baraquements provisoires en bois, pour loger prisonniers, déportés et travailleurs du STO (service du travail obligatoire)[23, II].

I. Mais là encore, les chiffres varient selon les sources et les enquêtes, en fonction de la définition retenue pour une maison en bois.

II. Il y a eu aussi des baraques en bois pour loger les "sinistrés" ; à Saint-Nazaire par exemple, les dernières des 400 unités construites après la guerre, coincées entre les voies SNCF et le port, ont été démolies en 1975.

Nous le suivons sans problème sur ce dernier argument[1] ; pour les trois petits cochons, c'est moins clair, car au pays natal de Mickey, comme en Scandinavie, on construit les maisons à 90 % en bois[24]... En fait, il semble que la vocation (et l'excellence !) des entreprises de construction françaises pour le béton armé trouve ses racines dans la construction du mur de l'Atlantique pendant la Seconde Guerre mondiale[25]. Il faut dire qu'il fallut s'organiser et acquérir les compétences pour construire la bagatelle de 8 000 bunkers et couler 17 millions de mètres cubes[26], soit l'équivalent d'une bonne quarantaine de centrales nucléaires de type EPR à Flamanville (400 000 mètres cubes la pièce). Plus tard, certains argumentaires marketing, comme la célèbre "maison de maçons" du groupe Bouygues (la société attaquant le marché de la maison individuelle est créée en 1979), ont sans doute contribué également à renforcer la préférence culturelle marquée pour la maison "en dur".

Dans son étude prospective à l'horizon 2050, l'Ademe se livre à une modélisation extrêmement détaillée, selon la nature des bâtiments neufs construits (résidentiel en logement individuel ou collectif, tertiaire, industriel et stockage, agricole), le rythme des rénovations, et les évolutions de part de marché des produits bois. Nous ne rentrerons pas dans les arcanes des différents scénarios et hypothèses, qui nous amèneraient dans de nombreux détails. Contentons-nous d'esquisser les paramètres principaux et les résultats du scénario "objectif neutralité carbone" :

– Les volumes à construire et la quantité de bâtiments rénovés, alignés sur le scénario de la stratégie nationale bas carbone (SNBC) : – 40 % de surfaces neuves sur la période 2046-2050 (33 millions de mètres carrés par an, Mm^2/an) par rapport à 2016-2020 (55 Mm^2/an), avec un effort particulier sur le logement (– 45 %, avec passage à 75 % de collectif, contre 65 % aujourd'hui) ; à l'inverse, croissance

1. 1,85 million de prisonniers de guerre et 600 000 à 650 000 travailleurs acheminés en Allemagne de 1942 à 1944.

progressive pour atteindre, à l'horizon 2040, un doublement des surfaces rénovées annuellement, tant en résidentiel qu'en tertiaire (de 173 Mm^2/an en 2015 à 380 Mm^2/an en 2040).

– Progression très forte de la part de marché du bois dans tous les segments : multiplication par 10 pour les systèmes constructifs (aujourd'hui 0 à 7 %), les parquets dans les bâtiments hors résidentiel (aujourd'hui 0 à 2 %), les fenêtres (aujourd'hui 0 à 18 %) ; part de marché de 100 % de charpentes en bois pour les maisons individuelles, et au moins 50 % pour les autres bâtiments (aujourd'hui 5 à 55 %) ; au moins 50 % de bardages bois (aujourd'hui 3 à 19 %), etc.

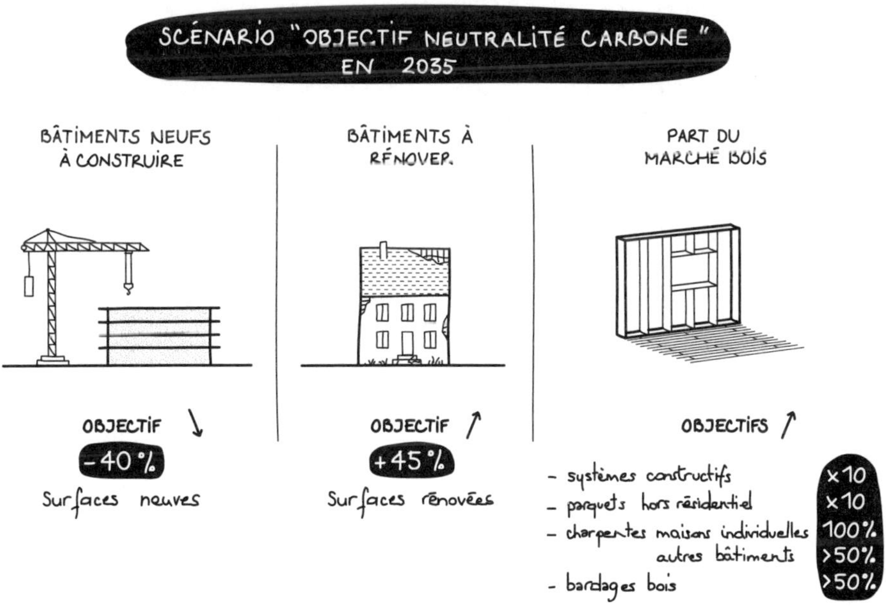

Figure 4.9 : Principales hypothèses du scénario "objectif neutralité carbone" de l'Ademe

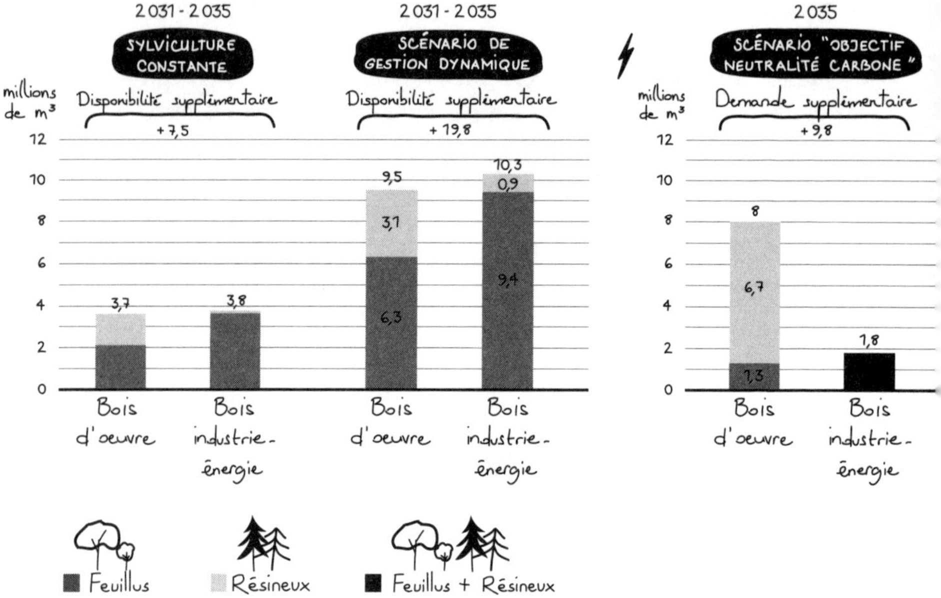

Figure 4.10 : Offre et demande en bois, à l'horizon 2035

Dans ce scénario ambitieux, la demande annuelle en sciages et panneaux passeraient de 5,8 Mm^3 à 10,9 Mm^3, avec une augmentation de 4,1 Mm^3 pour les sciages et 1,0 Mm^3 pour les panneaux. Compte tenu du facteur de "conversion", variable selon les types d'essence[I], il faudrait sortir des forêts de l'ordre de 10 Mm^3 supplémentaires de bois brut… quelque part, donc, entre le scénario de "sylviculture constante" (+ 8 Mm^3) et le scénario de "sylviculture dynamique" (+ 20 Mm^3) évoqués précédemment. À première vue, cela semble

I. 1,9 pour les résineux / 2,3 pour les feuillus / 1,75 pour la conversion des volumes de panneaux.

passer si l'on intensifie l'exploitation et à condition que l'effet du changement climatique sur les forêts ne soit pas trop violent ; dans le détail c'est moins évident, car il y aurait une forte tension sur les résineux (ce sont en effet les feuillus qui sont aujourd'hui le plus "sous-exploités"). Sans surprise, la disponibilité en bois local laisse des marges de manœuvre mais la limite est proche – à moins de réduire d'autres usages, comme l'ameublement, l'emballage, etc. Or, au risque d'insister, le scénario de l'Ademe est basé, tout comme la SNBC, sur une baisse de 40 % des mètres carrés à construire – en en s'appuyant sur des hypothèses qui réclameront déjà des changements sociétaux importants... et sur une très forte progression de la construction en bois, mais pas sur une part de marché à 100 %.

Si on voulait tout "écoconstruire", tout en bâtissant autant qu'aujourd'hui, et même en soumettant les forêts françaises à l'exploitation la plus optimisée et "industrielle" possible, celles-ci ne pourraient sans doute pas fournir la moitié des besoins. Que faire alors ? Il y a toujours la possibilité de réduire nos exports pour se réserver la production ou augmenter les imports. Certes. Mais tous les pays vont avoir besoin de mener leur transition d'ici 2050. Et tout le monde lorgne le bois, pas seulement pour ses qualités "bas carbone" dans la construction. La concurrence entre les différents usages pourrait faire rage à l'échelle internationale à l'avenir : il y a le bois pour l'énergie, chaleur ou électricité (la biomasse a l'avantage, contrairement à l'éolien et le solaire photovoltaïque, d'être "pilotable", activable à la demande), le bois pour le secteur de la chimie (certains imaginent transformer la lignine en molécules de base pour remplacer celles issues du pétrole et du gaz...). Bref, *pour construire mieux, nous n'aurons d'autre choix que construire moins.*

Retour sur les "contraintes surfaciques"

Cette conclusion n'est pas vraiment surprenante. En remontant à l'échelle mondiale, l'extraction de ressources, de toute nature, de notre environnement s'élève à plus de 90 milliards de tonnes soit un peu plus de 10 tonnes par Terrien donc, avec une dotation, comme toujours, assez inégalement répartie entre les pays et les personnes. Pour se donner un ordre de grandeur, et en considérant que nous sommes, en Europe, un peu au-dessus de la moyenne, nous consommons au cours d'une vie largement plus de 1 000 tonnes de ressources.

Conséquence des effets conjugués de la croissance démographique et du développement économique, la quantité totale a triplé depuis cinquante ans, et l'ONU (comme d'autres agences internationales, par exemple l'OCDE) estime que le chiffre pourrait doubler dans les quarante prochaines années pour atteindre entre 143 et 190 milliards de tonnes, selon les scénarios[27, 28]. Sur les 90 milliards de tonnes, un peu moins des trois quarts sont non renouvelables : énergies fossiles, minerais de métaux, et surtout minéraux non métalliques, essentiellement sables et granulats, et calcaire pour le ciment. Le dernier gros quart, environ 24 milliards de tonnes, est *théoriquement* renouvelable, produits de l'agriculture et des forêts – même si, pour l'instant, nos pratiques d'exploitation entraînent dégradation des sols et déforestations : cultures, résidus agricoles, produits forestiers, produits de la pêche. Enlevons 6 milliards de tonnes de nourriture sur les 24 milliards : restent 18 milliards, un chiffre bien inférieur aux 44 milliards de tonnes de matériaux de construction.

Soyons honnêtes, on ne peut pas tout à fait comparer les tonnes entre elles, car une maison en paille pèse moins qu'une maison en béton. Mais enfin les ressources de la biomasse, même en consacrant l'intégralité des résidus agricoles du monde entier – ce qui est évidemment absurde et surtout absolument impossible, techniquement et logistiquement –, ne peuvent suffire à nos besoins pour la construction et les biens de consommation courante.

Ce n'est donc pas pour rien que nous avons pu nous extraire progressivement, à partir du XIXe siècle, grâce au charbon, puis au pétrole et au gaz, des contraintes "surfaciques" (et temporelles : le temps de pousse !) qu'implique l'exploitation de ressources essentiellement

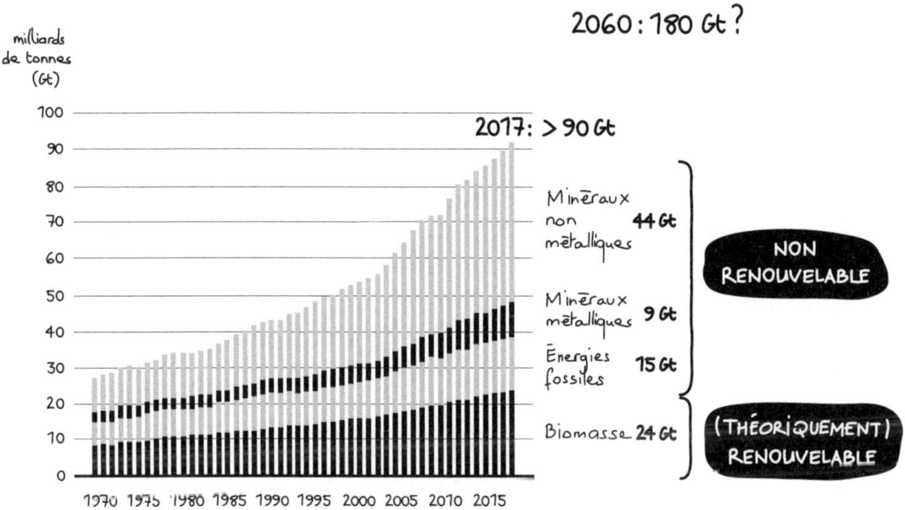

Figure 4.11 : Consommation mondiale de ressources[29]

extraites de la biomasse : soude des procédés Leblanc puis Solvay, colorants artificiels à base de résidus de charbon des "usines à gaz", invention du ciment Portland, montée en puissance de la sidérurgie au XIXe, invention des matériaux polymérisés au XX[e][30], etc. Se réinscrire dans les limites planétaires réclamera donc une grande sobriété dans nos volumes de consommation, et en particulier dans le secteur de la construction qui est un des plus gourmands.

La construction en terre : un potentiel encore (trop) négligé[1]

Si les biomatériaux ont le vent en poupe (bois pour la construction et fibres pour l'isolation), les possibilités de construire en terre restent

1. Merci à Pierre.

encore largement inexplorées, même si les publications, les recherches, les expérimentations se développent ces dernières années.

On a toujours construit en terre, partout dans le monde et à toutes les époques. En France, environ un million de logements (pour la plupart datant de plus d'un siècle) sont construits en terre – même si cela ne se voit pas car ils sont souvent enduits[31]. Les techniques varient selon les régions : adobe dans le Sud-Ouest, torchis dans le Nord, en Haute-Normandie, en Alsace et dans les Landes, bauge en Bretagne et en Basse-Normandie, pisé dans la vallée du Rhône... une partie de la ville de Lyon est ainsi construite en terre[32] !

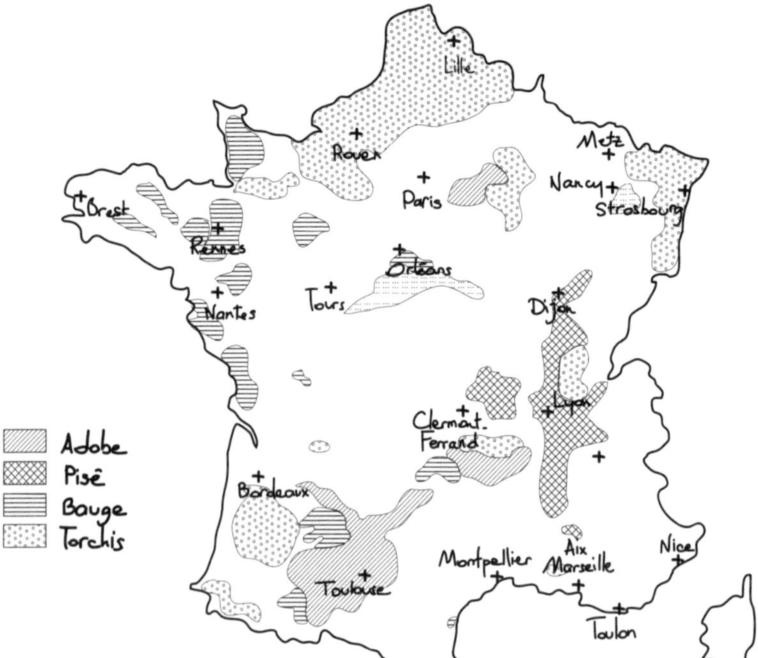

Figure 4.12 : Type et localisation des constructions en terre en France[33]

Les performances mécaniques ne permettent pas de monter très haut, mais construire en "terre porteuse" des bâtiments en rez-de-chaussée plus un ou deux étages ne pose pas de difficulté technique, ce qui permettrait déjà d'adresser l'immense marché des maisons particulières, des petits bâtiments tertiaires ou d'activités et de certains petits ensembles collectifs. Au-delà, la terre peut être utilisée comme matériau de remplissage (aux côtés du bois ou du béton), en exploitant sa très bonne efficacité thermique (forte inertie)[I], en hiver comme en été. Si le matériau n'est pas à "énergie grise nulle" (certains procédés réclament un peu d'énergie pour compresser la terre), le bilan carbone est avantageux, et surtout le matériau est *réversible*, c'est-à-dire réutilisable, sans perte de performances – encore mieux que recyclable donc.

La ressource locale est potentiellement très abondante. En région Bretagne par exemple, l'Ifsttar[II] a calculé que 23 % des terres sont utilisables pour construire en bauge. Le stock actuel de bâtiments en terre ne correspond qu'à 0,004 % de la ressource. Si tous les logements bretons avaient été construits en bauge, cela n'aurait consommé, jusqu'à présent, que 2,1 % du "stock" disponible[34]. Contrairement à la ressource bois, il y a donc de la marge !

D'ailleurs cette ressource en terre n'est pas forcément à aller chercher dans des carrières d'argile – comme celles exploitées pour les tuileries et la céramique. On peut récupérer les terres excavées par les travaux d'aménagement et de construction. Celles-ci représentent 38 % des déchets du BTP à l'échelle européenne ; en Bretagne, les 650 000 tonnes par an de terres réemployables permettraient de construire 6500 logements, soit la moitié de la demande ; en Île-de-France, le volume de déblais – boosté par les projets du Grand Paris Express – représente 20 à 35 millions de tonnes par an[35, III].

I. Même s'il reste quelques difficultés à lever pour intégrer le comportement de la terre dans les calculs thermiques réglementaires.

II. Institut français des sciences et technologies des transports, de l'aménagement et des réseaux.

III. Cf. le projet Cycle Terre pour expérimenter la réutilisation des déblais du Grand Paris dans la construction.

Comment développer cette filière si prometteuse ? Les freins restent nombreux. L'image est plutôt négative – comme la baraque en bois, c'est potentiellement un marqueur de pauvreté. Le savoir-faire s'est perdu, il n'y a pas de filière structurée et les connaissances scientifiques sont encore insuffisantes pour répondre aux contraintes réglementaires et assurantielles – même si les travaux et les échanges ont commencé sur le sujet[36]. Le coût, sans surprise, est plus élevé, car la mise en œuvre réclame plus de travail manuel que la maçonnerie standard ; il serait de l'ordre de 10 à 20 %, rien d'insurmontable donc, si on savait internaliser les impacts environnementaux.

Le dernier obstacle, non des moindres, est sans doute le fait que l'industrialisation est difficilement envisageable. Contrairement à la construction bois, qui se prête bien à une approche standardisée – réveillant au passage les vieilles lunes d'une production industrielle des bâtiments, toujours promise et jamais réalisée[1] – les procédés sont difficilement réplicables à l'identique : la technique de construction dépend des caractéristiques de la terre trouvée sur place (à moins d'accepter de transporter la terre sur de plus grandes distances ou d'utiliser des additifs, mais on y perd alors en performance environnementale), dans une logique plutôt artisanale et locale, tout à fait compatible avec les types de bâtiments qui pourraient être construits, mais intéressant peu, *a priori*, les grandes entreprises. Le rôle de soutien et de structuration de la filière par la puissance publique sera d'autant plus important, notamment par la formation, le soutien au lancement ou la mutation d'activité pour les acteurs traditionnels, l'initiative sur différents types de projets pour créer les premiers débouchés, etc.

1. Le dernier sursaut était, il y a quelques années, la promesse d'une fabrication "automatisée" grâce à des imprimantes 3D... un sujet qui semble être – déjà ! – passé de mode.

Faire flèche de tout bois...

L'écoconception ne résoudra pas tout. Sans une remise en cause des programmes et des besoins, sans une réduction substantielle de la "quantité à construire" à l'avenir, le pari est en tout cas très incertain. Il y a certes de beaux projets qui sortent, des initiatives louables et sympathiques, des programmes de recherche sur les matériaux, une réglementation qui évolue progressivement... Tout cela est sans doute nécessaire, mais certainement insuffisant.

Pour résoudre l'équation environnementale, il faudra "faire flèche de tout bois" : mieux réemployer les matériaux, dès maintenant pour ceux issus des bâtiments qu'on déconstruit, et à l'avenir pour ceux qu'on incorpore dans les nouveaux ouvrages ; mieux recycler, en augmentant les taux de recyclage, et en facilitant l'utilisation de matériaux issus du recyclage ; enfin remplacer les matériaux fossiles, non renouvelables et/ou intenses en émissions de CO_2 par des matériaux biosourcés et géosourcés. Dans cette équation, les boucles vertueuses sont partout : de nombreux matériaux biosourcés (bois) ou géosourcés (pierres) sont par exemple facilement réemployables, contrairement aux voiles et planchers béton ou aux parpaings...

Mais il faudra aussi trouver les solutions, pérennes et généralisables, pour construire globalement moins. Nous y reviendrons dans le chapitre 8.

5

LES RÉFLEXIONS EMBRYONNAIRES DU "MONDE D'APRÈS"

Cela faisait déjà quelque temps que le mot "résilience" commençait à être manié dans certains "milieux [urbains] autorisés[I]" (élus, acteurs territoriaux, chercheurs, urbanistes, etc.) lorsque la crise sanitaire a surgi, révélant, avec une violence inouïe et inédite, la potentielle fragilité de nos organisations face à des perturbations possibles : pandémie aujourd'hui, demain évènements de nature différente peut-être (attaques informatiques, risques géopolitiques, pénurie ou défaut d'approvisionnement de matières premières ou de produits manufacturés, etc.), à commencer, bien sûr, par les conséquences du changement climatique, dont le coup est irrémédiablement parti.

Depuis le printemps 2020, où les envolées lyriques et les espoirs suscités par le "monde d'après" ont fleuri, plusieurs couacs de l'économie mondiale, conséquences directes ou indirectes du Covid-19, sont venus renforcer la vigilance ou l'inquiétude : "pénuries" (ou du moins augmentation très significative des délais de livraison) de vélos, de composants électroniques, de bois d'œuvre, d'acier, de cuivre... La résilience territoriale semble être devenue le nouveau mantra des politiques publiques, balayant, à la vitesse d'un variant agressif, un développement durable dont plus personne n'ose trop parler – même s'il n'a pas toujours disparu des divers organigrammes ou dénominations. Dans un colloque consacré aux "métropoles résilientes" en janvier 2021, Rob Hopkins, le célèbre inspirateur du réseau des villes en transition, nous projette dans ce "monde d'après", dont la logique sera forcément plus englobante et "systémique" :

> Le Covid aura été un point de bascule. Il va nous amener à reconstruire notre système alimentaire et énergétique, à revoir le fonctionnement de notre économie dans une approche plus holistique, à conclure un pacte vert entre notre santé physique et mentale et la biodiversité[1].

I. Pensée pour Coluche.

Tout cela est encore un peu nouveau, de même que la prise de conscience de la réalité, de l'inéluctabilité, de l'énormité des changements qui seront induits par l'accumulation de gaz à effet de serre dans l'atmosphère. La question de l'adaptation au changement climatique occupe donc une place de choix dans les réflexions en cours : variation du régime des pluies et multiplication des épisodes météorologiques violents rejoignent la classique prévention des risques d'inondation[I], tandis que l'élévation des températures vient poser la question des (désormais) incontournables “ICU”, les îlots de chaleur urbains, où formes urbaines, matériaux, sols minéralisés/imperméabilisés et manque de végétation joignent leurs efforts pour faire grimper la température, plutôt désagréable pour les quelques dizaines de jours par an de canicule prévisibles à l'avenir[II].

Quelles en sont les déclinaisons opérationnelles, pour l'instant ? Un peu d'“urbanisme tactique”, comme la pérennisation de pistes cyclables installées à la hâte au printemps 2020, et dont le succès, au moins temporaire, a été réel. De la lutte contre les îlots de chaleur urbains (ICU pour les intimes, donc) ou de l'installation d'îlots de fraîcheur urbains[III], de la végétalisation des cours d'école – qui ont le quadruple avantage de rafraîchir, d'aider à la gestion des eaux de pluie, d'offrir un peu de nature aux élèves, ainsi qu'aux habitants du quartier quand les cours sont ouvertes le week-end –, de la plantation de “forêts urbaines” (plutôt de micro-forêts, faute de place), le *nec plus ultra* étant d'utiliser la méthode inspirée du botaniste japonais Akira Miyawaki, qui se répand comme une traînée de poudre. Sans préjuger de l'efficacité de l'approche (qui semble bien avoir fait

I. Entraînant de nombreuses questions intéressantes sur l'artificialisation et l'imperméabilisation des sols, le rôle de la végétation et des zones humides, etc.
II. Même si la nature des risques est bien différente. Les conséquences humaines des fortes chaleurs sont sans doute plus faciles à anticiper, et mieux gérables, que les inondations. Les nombreux morts de l'été 2003 ont d'abord été un problème social (personnes fragiles laissées à elles-mêmes).
III. Dont on devine qu'ils ont aussi leur acronyme, bien sûr.

ses preuves dans différentes configurations, un peu partout dans le monde[I]), la (micro-)forêt Miyawaki présente pour les municipalités ou les métropoles un bel avantage : comme la méthode consiste à planter deux à sept plantules d'arbres (en moyenne trois) par mètre carré[II], cela permet d'annoncer la plantation d'une quantité phénoménale d'arbres, en y consacrant finalement assez peu de surface – disons 2000 arbres pour l'équivalent d'un terrain de tennis[III] –, si précieuse en zone urbaine. La magie des chiffres, ça marche toujours...

Que les personnes initiant ou réalisant ces opérations ne prennent pas ombrage[IV] de ces petites piques : la végétalisation des villes est utile, nécessaire, formidable ; adapter la ville au changement climatique est un défi énorme et il faut bien démarrer quelque part. Simplement, nous alertons sur le fait que ces actions ne peuvent constituer qu'un *tout premier pas*, et qu'à côté de la question des températures en ville, se présenteront bien d'autres défis, sociaux, économiques, politiques dans les décennies à venir... Dans les pays du Sud, par exemple, des dizaines de millions de personnes pourraient être forcées à des migrations internes ; le problème des îlots de chaleur sera le cadet des soucis des dirigeants qui devront gérer ces flux... Dans les pays du Nord, la situation devrait être moins directement dramatique ; mais ces solutions techniques déployées seront sans doute un peu anecdotiques face à la "vraie" résilience, dont il nous faut explorer un peu le concept.

La résilience dans tous ses états

Le concept de résilience est d'autant plus flou qu'il est polysémique. La résilience peut se constater après la crise (réparation), mais peut

I. Un peu moins en Europe sur la longue durée, cependant.
II. Ensuite quelques-uns seulement survivront, c'est le côté cruel de la vie, comme pour les plantations de radis qu'il faut éclaircir, mais avec un ratio ici bien pire !
III. À peu près 600 mètres carrés.
IV. Désolés pour le jeu de mots facile.

aussi qualifier un processus de préparation à la crise (prévention). Elle peut être individuelle ou collective. Elle traverse désormais plusieurs champs disciplinaires : physique, écologie, psychologie, aménagement... On l'utilise même en marketing (on vend des matelas de mousse "haute résilience") et en communication politique – la mise à contribution des Forces armées dans la lutte contre le Covid-19 (utilisation du Service de santé de l'armée, déplacement aéroporté de malades, etc.) s'appelait... opération *Résilience*.

Commençons par revenir à la source. Résilience vient du participe présent du verbe latin *resilire* : sauter en arrière, revenir en sautant, se replier (d'un bond), rebondir, rejaillir ; se retirer sur soi-même, se replier, se réduire, se raccourcir ; se reculer vivement (qui a donc donné notre verbe "résilier")[I]. La première utilisation du mot dans une acception scientifique remonterait à Francis Bacon, où il désigne la capacité du son à rebondir (écho), dans l'ouvrage posthume *Sylva Sylvarum* (1626)[2], peu connu à part le petit opuscule publié en annexe : *La Nouvelle Atlantide*.

La résilience en physique

Au XIXe siècle, le terme investit le champ de la physique : on le trouve dans les travaux du polymathe[II] Thomas Young sur l'élasticité des matériaux[3], et surtout dans les recherches sur la fatigue des matériaux de l'ingénieur et physicien William Rankine[4]. La résilience désigne la capacité d'un matériau à absorber l'énergie d'un choc en se déformant, soit en mesurant l'énergie nécessaire pour le déformer puis le rompre, soit, pour les matériaux "élastiques" qui ne rompent pas, l'énergie de rebond restituée.

I. Pour les amateurs du Gaffiot, avec son supin *resultum*, le verbe est proche de *resultare* (sauter en arrière, rebondir ; retentir ; être sautillant, saccadé).

II. Il était physicien dans de nombreux domaines, médecin, égyptologue, s'intéressa aux langages, à la musique...

En 1901, le polytechnicien Georges Charpy, qui est à l'époque ingénieur à l'usine sidérurgique de Châtillon-Commentry, cherche à qualifier la résistance au choc des aciers et améliorer leur qualité. Dans le célèbre essai qu'il met au point, et qui porte son nom, on mesure l'énergie de rupture d'un échantillon de référence soumis au choc d'un "mouton-pendule". Charpy était notamment préoccupé par les explosions de chaudières, nombreuses à l'époque[5], mais son essai va trouver bien d'autres applications, par exemple dans la construction navale, où l'on attend effectivement des coques de bateaux une capacité à se déformer plutôt que se rompre (mais à basse température, l'acier a tendance à se déchirer plutôt que se déformer, d'où l'accident du *Titanic* qui manquait donc de résilience).

La résilience en psychologie

Utilisé en psychologie, le terme est popularisé en France par Boris Cyrulnik, après un passé anglo-saxon dans la recherche médicale depuis les années 1950. La résilience est alors "la reprise d'un développement après un fracas traumatique", s'appuyant sur des "facteurs de résilience" comme la force vitale (le désir farouche de vivre), le soutien (point d'accroche affective sur lequel s'appuyer pour reprendre vie), le remaniement du passé pour donner une cohérence au souvenir et le rendre supportable. Serge Tisseron élargit la notion de résilience à une dimension collective et encourage le travail de prévention – qui trouvera des applications dans la résilience des territoires. Il est notamment le fondateur de l'Institut pour l'histoire et la mémoire des catastrophes, qui a pour objet :

> de travailler sur la mémoire des événements survenus sur le territoire français qui ont été perçus comme des catastrophes, que leur origine soit naturelle, sanitaire, technologique, économique, ou liée à des actes de terrorisme, afin de favoriser leur appropriation dans la mémoire individuelle et collective, et la résilience des générations futures. Le site participe à ce

projet en renforçant la *capacité des populations d'anticiper, de résister et de se relever* après une catastrophe[6].

La résilience en écologie

La résilience apparaît en écologie à la fin des années 1960. Les frères Eugene et Howard Odum vont développer dans les années 1950 la notion d'"écologie des systèmes[7]", visant à comprendre le comportement des systèmes complexes[I] dans le temps et, pour mieux les étudier, à quantifier les flux de matière et d'énergie traversant les écosystèmes. Ayant récupéré en 1954 un financement auprès de l'Atomic Energy Commission pour étudier les effets des essais nucléaires sur l'atoll d'Enewetak, dans les îles Marshall[II], ils tireront de leur étude de six semaines sur place un article qui fera date dans l'écologie marine, montrant le rôle clef des zooxanthelles (algues symbiotiques) dans le métabolisme global des récifs coralliens[8].

On mesure alors la capacité, pour des écosystèmes censés "rechercher" avant tout la stabilité, à revenir à leur état antérieur après avoir subi une perturbation. Mais en 1973, dans l'article fondateur "Resilience and Stability of Ecological Systems", l'écologue canadien Crawford Holling pose les bases de la notion de résilience écologique. À rebours de la pensée dominante fondée sur l'existence d'un équilibre naturel, auquel tendrait tout milieu ou population ayant subi des perturbations, Holling propose une vision dynamique des écosystèmes, fluctuant sans cesse, basés sur des interactions et des interdépendances multiples et évolutives entre espèces.

Soumis à des perturbations permanentes (sécheresse, incendie, défrichage, sous l'action de l'homme ou non), les écosystèmes ont

I. Un système complexe est un ensemble constitué d'un grand nombre d'entités en interaction, par exemple un écosystème, une cellule, un organisme vivant, un cerveau humain, le système climatique terrestre, la biosphère, etc.
II. Moins célèbre que Bikini, lui aussi dans les îles Marshall, l'atoll d'Enewetak (anciennement Eniwetok) a subi de 1948 à 1958 la bagatelle de 43 essais, dont Ivy Mike, la première bombe H (10,4 mégatonnes).

la capacité d'absorber et de se remettre d'une perturbation (donc de conserver leurs fonctionnalités essentielles), non pas en retournant à leur état antérieur mais en évoluant vers une situation d'équilibre différente… et imprévisible. Holling distingue ainsi résilience et stabilité :

> La *résilience* détermine la persistance des relations [entre populations] au sein d'un système et la mesure de la capacité de ces systèmes à absorber des changements de variables d'état […] et à persister. Dans cette définition, la *résilience* est la propriété du système, et la persistance, ou la probabilité d'extinction, est le résultat. Tandis que la *stabilité* est la capacité du système à retourner à son état d'équilibre après une perturbation temporaire. Plus il y retourne rapidement, et avec le moins de fluctuations, plus il est stable. Dans cette définition, la *stabilité* est la propriété du système, et le degré de fluctuation autour d'états spécifiques est le résultat[9].

La résilience socio-écologique

La résilience écologique va connaître par la suite de nombreux développements théoriques et dépasser les frontières des sciences de l'environnement pour inclure les sociétés humaines, celles-ci étant forcément parties prenantes, à la fois dépendantes des écosystèmes et ayant un impact continu sur eux par leurs activités.

Au milieu des années 1990, Holling réunit un groupe de chercheurs interdisciplinaire (écologues, économistes, sociologues, mathématiciens) au sein du "Resilience Project", visant à développer une "théorie intégrative" sur la résilience des systèmes socio-écologiques, qui débouche sur la création de la Resilience Alliance, "organisation de recherche internationale et multidisciplinaire qui explore la dynamique des systèmes socio-écologiques", au sein de laquelle les chercheurs "collaborent […] pour faire progresser la compréhension et l'application pratique de la résilience, de la capacité d'adaptation et de la transformation des sociétés et des écosystèmes afin de faire face au changement et de soutenir le bien-être humain[10]". On trouve sur le site leur définition de la résilience :

> La résilience est la capacité d'un système socio-écologique à absorber ou à résister aux perturbations et autres facteurs de stress de telle sorte que le système reste dans le même régime, maintenant essentiellement sa structure et ses fonctions. Il décrit le degré auquel le système est capable d'auto-organisation, d'apprentissage et d'adaptation (Holling 1973, Gunderson et Holling 2002, Walker *et al.* 2004) [...].
>
> La résilience est une propriété de ces systèmes socio-écologiques. Lorsque la résilience est améliorée, un système est plus susceptible de tolérer des événements de perturbation sans s'effondrer dans un état qualitativement différent. [...] Une résilience réduite augmente la vulnérabilité d'un système à des perturbations plus petites auxquelles il pouvait auparavant faire face [...][11].

Jusque-là tout va bien. En 2001, Holling va donc synthétiser sa "théorie intégrative" dans un article (et un ouvrage[12]). Il y développe la notion de "panarchie" *(panarchy)*, "une structure dans laquelle les systèmes, qu'ils soient naturels (par exemple les forêts), humains (par exemple le capitalisme) ou combinés humains-naturels (par exemple les institutions qui gouvernent l'usage des ressources, comme les services forestiers), sont interconnectés dans des cycles adaptatifs continuels de croissance, d'accumulation, de restructuration et de renouvellement".

> La trajectoire [des systèmes] alterne entre de longues périodes d'accumulation lente et de transformation des ressources (de l'exploitation à la conservation, r à K), avec des périodes plus courtes qui créent des opportunités d'innovation (de la libération à la réorganisation, Ω à α)[13].

Dans sa volonté interdisciplinaire d'inventer une sorte de "théorie du tout", Holling devient bien difficile à suivre, et nettement moins convaincant que dans sa discipline d'origine. Tous les systèmes, en

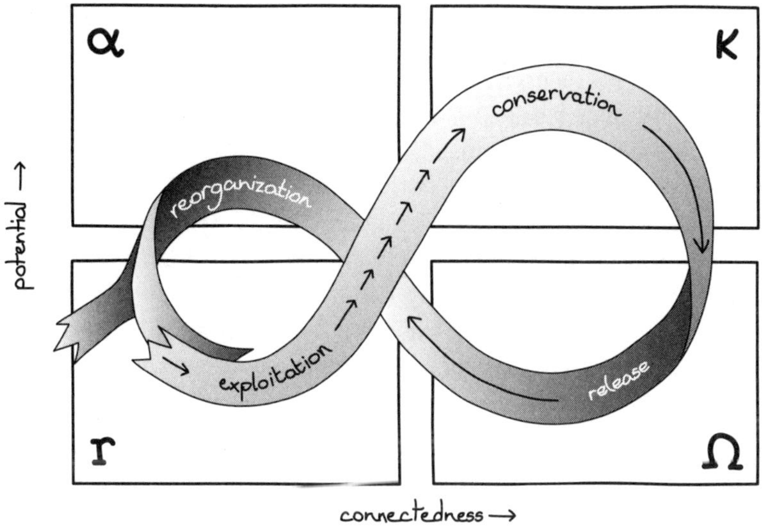

Figure 5.1 : Les quatre phases du cycle adaptatif (d'après C. S. Holling).
Si vous avez tout compris dans cette version 2D, sachez qu'il en existe des versions plus complexes, 3D et/ou tourbillonnantes, dans l'article original[14]...

effet, de la forêt tropicale à l'effondrement de l'Union soviétique, des récifs coralliens à la restructuration des groupes IBM, AT&T ou General Motors, seraient soumis à la même loi inéluctable des cycles adaptatifs, dont la "destruction créatrice" schumpétérienne ne serait plus qu'un sous-ensemble (de Ω à α pour ceux qui suivent) ; le capital s'accumulerait "naturellement", qu'il soit financier dans les sociétés ou biophysique dans les espaces naturels... Cette vision naturaliste et apolitique, faisant fi des rapports de force sociaux ou de choix d'économie politique structurants (comment modélise-t-il la Révolution française ? Ou bien l'abolition de l'esclavage ?), est évidemment loin de faire l'unanimité, et pour cause[15]. Jared Diamond, dans son best-seller *Collapse*[16], en articulant le destin des sociétés humaines aux conditions d'évolution de leur environnement, fait preuve de moins de naïveté et pour tout dire… de plus de clarté[I].

D'autres chercheurs s'intéressent à articuler résilience et soutenabilité, à explorer des domaines plus précis, comme celui de la résilience alimentaire destinée à "garantir une alimentation suffisante, appropriée et accessible à tous", incluant toutes les étapes à même de garantir la sécurité alimentaire : production, transformation, emballage, distribution, vente au détail, consommation. La question est alors moins de savoir si "un système alimentaire est résilient ou non, mais plutôt à quel point il est résilient", une logique de démarche qui peut s'appliquer à d'autres domaines plus larges, comme celui de "résilience territoriale[II]".

Construire la résilience ?

Résumons : les systèmes socio-écologiques peuvent acquérir de l'expérience et sont capables de réorganisation quitte à adopter un équilibre un peu différent du précédent, si ce nouvel équilibre leur permet "de durer". Une sorte d'agilité offerte par l'intelligence des parties (leur capacité à réagir et à apprendre de leur expérience) et par la "complexité" des interactions entre les parties : diversité, redondance éventuelle permettant aux parties défaillantes d'être remplacées par d'autres, opérationnalité à différentes échelles, etc.

Par suite, si un système est capable de se relever d'une perturbation en se réorganisant, alors il doit pouvoir se réorganiser *pour* mieux traverser une perturbation : c'est l'idée que la résilience peut aussi être "construite", dans une démarche de prévention pour réduire la vulnérabilité d'un système, lui apprendre à mieux se comporter pendant une perturbation, à mieux se relever ensuite, bref à "rebondir".

I. Même si certains arguments ont pu être remis en cause depuis, comme pour l'île de Pâques.
II. Cf. *infra*.

Les stratégies de résilience des territoires

La question de la résilience a ainsi émergé, ces dix à quinze dernières années, dans le champ de l'action publique ; d'abord à l'échelon international, par exemple avec l'initiative "Making Cities Resilient[17, I]" lancée en 2010 par l'Organisation des Nations unies – il est vrai avant tout avec un prisme "prévention des risques naturels[II]" –, ou le programme 100 Resilient Cities lancé en 2013 par la Fondation Rockefeller[18]. Peu à peu le concept se répand, à l'échelle territoriale (métropoles, régions) essentiellement, mais à l'été 2021 l'Assemblée nationale a mené une mission d'information sur la "résilience nationale", tandis que la loi partiellement issue des travaux de la Convention citoyenne pour le climat s'intitule "Climat et résilience".

Pour les territoires, il s'agit d'abord de répondre à des épisodes de "crises" déjà connues, d'ordre technologique ou naturel (imprévisibles mais limitées dans le temps et dans l'espace) dont l'intensité et/ou la fréquence pourraient augmenter : sécheresses, canicules, incendies, inondations, élévation du niveau de la mer. Mais cet horizon se retrouve aujourd'hui dépassé par un contexte de menaces persistantes et systémiques, lié aux effets de changement climatique et de l'effondrement de la biodiversité, et assimilable plutôt à une pression : sur les écosystèmes, sur les ressources vitales comme l'eau, sur la fertilité des sols... Le déclin des combustibles fossiles, les tensions sur les ressources minières, les contraintes liées à la nécessaire décarbonation de notre système de production et de consommation d'énergie, sont aussi identifiés comme ayant un potentiel fortement déstabilisateur, économiquement et politiquement[19].

Bref, un spectre très large de menaces pesant sur nos sociétés, qui invite à une conception étendue de la résilience visant non plus seulement à résister mais à acquérir une agilité, une capacité de

I. Qui vient de muter en "Making Cities Resilient 2030" (MCR2030 pour les intimes).
II. C'est le UN Office for Disaster Risk Reduction (UNDRR) qui en est à l'origine.

rebond et d'adaptation "à toute épreuve". L'Ademe, l'agence de la transition écologique, reconnaît la fragilité des territoires comme un préalable à la réflexion et donne sa définition de la résilience :

> Nos territoires sont confrontés à des crises multiples, soudaines ou chroniques, qu'elles soient climatiques, environnementales, sanitaires, économiques ou sociales... Ils doivent construire, avec l'ensemble des acteurs, leur capacité à s'y adapter, pour passer des transformations subies à des opportunités de rebond territorial. [...]
>
> [un territoire résilient] est un territoire en mouvement[I], capable d'anticiper des perturbations, brutales ou lentes, d'en atténuer ou absorber les effets, de se relever et de rebondir grâce à l'apprentissage, l'adaptation et l'innovation et, enfin, d'évoluer vers un nouvel état plus équilibré, décidé et construit collectivement[20].

Le principe de résilience sous-tend une acceptation des menaces consubstantielles à notre futur, une perspective plutôt anxiogène, mais avec l'idée en retour – qu'on voudrait "mobilisatrice" – que l'action est possible pour en diminuer les effets, pour autant que cette action soit *à la mesure des enjeux*, c'est-à-dire réformant en profondeur nos modes de vie, nos systèmes productifs, industriels, agricoles, nos institutions... dans une vision systémique (holistique) engageant tous les pans de la vie d'un territoire.

Quelles "briques" de la résilience ?

Comment se construit "une" résilience ? Peut-on "mimer" cette forme de complexité des systèmes socio-écologiques ? Les travaux s'enchaînent et différentes publications commencent à être disponibles.

L'ouvrage *Principles for Building Resilience*[21] a par exemple identifié sept principes clefs, également repris par la Resilience Alliance, qui

I. Toujours cette fatigante injonction au "mouvement".

semblent faire plus ou moins consensus : (1) maintenir la *diversité* (des espèces, des paysages, des institutions, des variétés agricoles, des gènes, des types de réponse, etc.) ; (2) gérer la *connectivité* (entre habitats, zones protégées, rivières, marchés, communautés, groupes sociaux, etc.) ; (3) gérer les *boucles de rétroaction* et (4) promouvoir la *réflexion systémique* complexe (pour ces deux derniers principes, on sent que la mise en œuvre sera moins simple…) ; (5) encourager l'*apprentissage* ; (6) élargir la *participation* (citoyenne) et (7) promouvoir des *systèmes de gouvernance polycentriques.*

Dans une publication qui sort à point – juste après le confinement du printemps 2020 où la résilience est décidément devenue un sujet incontournable –, le Cerema[I], reprenant et adaptant l'illustration d'un article de 2015 sur la résilience alimentaire[22], schématise la logique de résilience comme la capacité à résister à la perturbation (robustesse), la capacité à s'adapter et la réactivité à récupérer (flexibilité), la capacité à évoluer (adaptabilité) ; puis il propose une boussole, un cadre d'action en six principes, précisant que les actions à engager se réfèrent à une "transformation profonde des structures sociales, économiques et physiques des systèmes territoriaux, inhérente à la résilience[23]". On y retrouve des similitudes avec les sept principes (gouvernance, cohésion et solidarité, apprentissage, robustesse et redondance), mais aussi des aspects plus opérationnels, notamment la sobriété (logique de réduction de notre consommation globale de ressources) et la nécessaire "réflexion collective, participative et inclusive autour [des] besoins essentiels (santé, alimentation, logement) et des moyens de les garantir à tout moment[24]".

L'association The Shift Project[25] propose un mémento pédagogique en trois tomes, destiné à interpeller les élus et acteurs territoriaux, à fournir des éléments pour l'action… et à s'y retrouver dans le foisonnement

I. Centre d'études et d'expertise sur les risques, l'environnement, la mobilité et l'aménagement : établissement public à caractère administratif (EPA) placé sous la tutelle conjointe du ministre de la Transition écologique et solidaire et du ministre de la Cohésion des territoires.

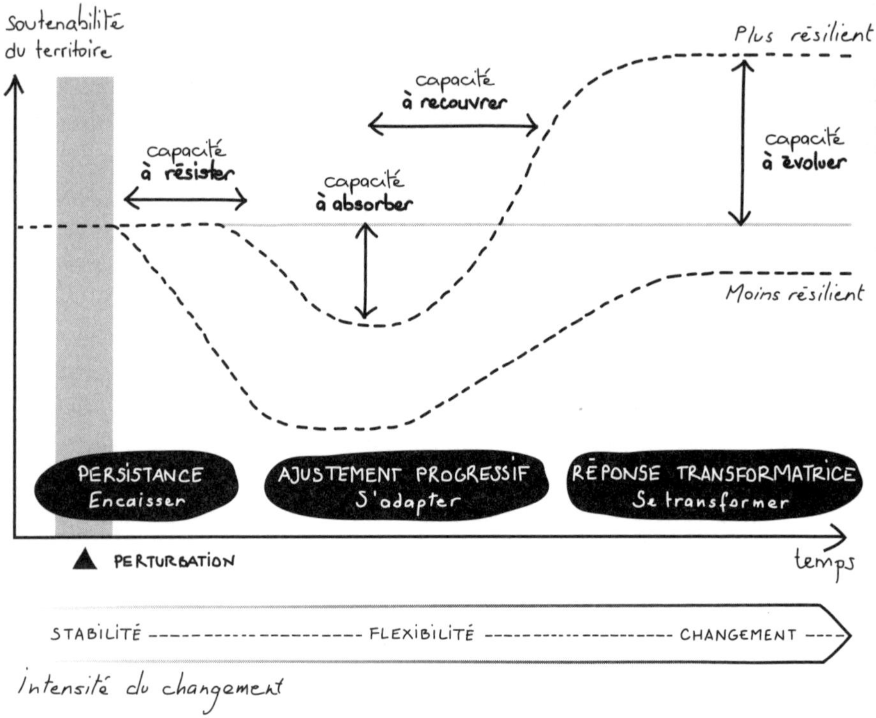

Figure 5.2 : Composantes de la résilience d'un territoire[26]

de la littérature sur la résilience des territoires ! Le tome 1 est consacré à *Comprendre* (prérequis indispensable avant l'action) la nature des bouleversements écologiques mais aussi leurs implications et leur dimension systémique et multi-échelle. Le tome 2, *Agir*, propose quelques thématiques d'actions, "portes d'entrée" vers une résilience plus générale. C'est un exercice édifiant permettant de vérifier l'alignement des politiques publiques "socles" de nos territoires (construction, attractivité économique) avec les objectifs de résilience et de transition[I]... Le Shift propose de commencer par les thématiques suivantes :

1. *Commencer par "ne rien faire de mal"* ! c'est notamment cesser toutes les actions qui aggravent les vulnérabilités et les bouleversements écologiques, identifier les initiatives qui existent déjà en faveur de la résilience et de la transition, dépasser le foisonnement illisible des dispositifs, etc.
2. *Bâtir une administration territoriale au service de la transition écologique et de la résilience* : ou comment l'administration doit commencer par se transformer... elle-même (gouvernance, exemplarité, soutien aux agents dans leur engagement, etc.).
3. *Améliorer la résilience alimentaire de son territoire* : action portant sur des sujets aussi divers que la production agricole, les habitudes de consommation, la préservation des terres agricoles, la commande publique.
4. *Agir pour un urbanisme et un aménagement résilient de son territoire*, notamment les problématiques de consommation d'espace : cesser d'artificialiser[II].
5. *Renforcer la résilience économique de son territoire* : comment les projets de "développement économique" s'articulent avec la résilience et la transition écologique ? Ne soutenir que des activités climato-compatibles, accompagner la décarbonation des emplois... la transformation des emplois...

On mesure le chemin à parcourir et la dimension vertigineuse de l'adaptation à accomplir, et on comprend bien aussi que les questions de gouvernance soient au cœur du débat. La résilience n'est pas une politique qui s'ajoute au millefeuille de l'action publique mais bien un prisme à travers lequel tout reconsidérer. On est loin, bien loin ici, de la lutte contre les îlots de chaleur urbains !

I. Le tome 3, *Organiser*, est également une mine d'informations utiles.
II. Nous y reviendrons largement dans les chapitres 6 et 7.

L'exemple de la résilience alimentaire

La résilience alimentaire, sans nul doute la plus pertinente, illustre la complexité et la profondeur de la démarche à mener. Le premier levier, à moyen terme, c'est la préservation des terres agricoles. Mais elle va bien au-delà : il faut récolter, stocker, transporter, lutter contre les ravageurs… c'est tout un "système" qu'il faut parvenir à rendre robuste aux perturbations, au-delà d'une ceinture maraîchère et des circuits courts – par ailleurs tout à fait bénéfiques…

Le thème de l'alimentation est facilement appropriable par les populations, car il mobilise fortement nos affects. En "tirant le fil" de la résilience alimentaire, la compréhension de l'ensemble de la chaîne de production mais aussi d'approvisionnement, et de leurs fragilités permet de "déplier" un ensemble de mesures qui va bien au-delà du champ et de l'assiette, et induit des transformations profondes de nos modes de vie, de nos paysages ruraux et urbains.

Les vulnérabilités du système alimentaire sont multiples : baisse des rendements, tensions sur l'usage de l'eau, propagation de nouveaux agresseurs biologiques, évènements météorologiques extrêmes, érosion et perte de fertilité des sols sont autant de risques sur la productivité agricole, auxquels on peut ajouter le renchérissement et la difficulté d'approvisionnement des intrants, la hausse des prix alimentaires, les difficultés économiques des agriculteurs, la dégradation de la santé humaine…

En France, l'agriculture est une activité d'exportation qui n'a plus grand-chose à voir avec une activité nourricière. Le cabinet Utopies a créé un choc en 2017 en révélant qu'en moyenne,

> le degré d'autonomie alimentaire des 100 premières aires urbaines françaises est de 2 %. Dit autrement, 98 % du contenu des aliments consommés localement sont importés [de l'extérieur du territoire]. Et la raison n'est aucunement une carence de production alimentaire sur les territoires en question, puisque dans le même temps, 97 % de l'agriculture locale des

100 premières aires urbaines finissent dans des produits alimentaires consommés à l'extérieur du territoire[27]...

Les "voies de résilience" du système alimentaire ont été explorées en détail par l'association Les Greniers d'Abondance[28], avec la publication d'un guide s'adressant aux collectivités territoriales qui fait aujourd'hui référence[29]. Quelles sont les clefs d'un changement à grande échelle ? La préservation des terres agricoles ; la mutation des pratiques de consommation (manger moins de viande), de gestion des ressources (eau, recyclage des nutriments, diversification des variétés cultivées, autonomie en semences, en outils et en énergie) ; la généralisation des pratiques agricoles vers l'agroécologie (modèle agricole permettant de concilier production alimentaire et restauration de la biodiversité) et une agriculture nourricière, avec une population agricole plus importante ; mais aussi la réappropriation d'une forme de "gouvernance alimentaire" au niveau local.

Limiter le besoin en transport à tous les maillons de la chaîne, intégrer aussi des outils locaux de stockage et de transformation et des systèmes de distribution, relocaliser autour de bassins de vie une agriculture nourricière et diversifiée... Tout concourt à préserver *massivement et systématiquement* les terres agricoles proches des villes, mais aussi à redistribuer des espaces de stockage et de transformation, à assurer la disponibilité de locaux en ville pour mettre en place une logistique la plus "décarbonée" possible. On entre de plain-pied dans le champ de l'aménagement, et c'est bien ce que nous suggère la résilience alimentaire : mettre l'aménagement urbain au service des besoins en nourriture du territoire.

Certains, comme Stéphane Linou, pionnier du mouvement "locavore" en France, veulent aller plus loin encore :

> Je propose d'inverser le regard en partant des besoins du territoire en nourriture. Les projets alimentaires territoriaux (PAT) doivent être obligatoires et supérieurs aux documents d'urbanisme. On sait quantifier le nombre de

crèches, de zones commerciales, de cinémas, mais on ne quantifie jamais le nombre de paysans, la nourriture et le foncier nécessaires[30].

Sans aucun doute, rapprocher producteurs et consommateurs va dans le bon sens, même s'il serait aussi absurde de rechercher une *totale* autonomie alimentaire territoriale que de continuer à dépendre de chaînes de valeur trop mondialisées ; car la diversité des régions cultivées et des zones d'approvisionnement contribue aussi à sécuriser les approvisionnements, en permettant d'encaisser des pertes de récolte pour cause de gel, de sécheresse, d'attaque de ravageur, d'inondation... La résilience alimentaire se niche aussi dans les détails, comme le fait de favoriser l'autonomie technique et énergétique des fermes, notamment par le développement d'outils agricoles low-tech[31], de développer l'autonomie en semences ou de diversifier les variétés cultivées face à l'homogénéité génétique. Sans oublier la fin du cycle, le recyclage massif des nutriments pour que le renouvellement de la fertilité ne repose pas uniquement sur l'apport d'engrais... cela passe par le retour aux champs des excreta humains et la valorisation des biodéchets.

Derrière la résilience, des choix politiques

La résilience oblige donc à questionner très concrètement les vulnérabilités spécifiques d'un territoire, à en explorer précisément les liens de dépendance, sans quoi on se retrouve vite dans l'incantatoire, à manipuler des mots-valises. La résilience ne se construit pas seul(e). S'affranchir des liens de dépendance complexes et coûteux en énergie c'est chercher des substituts locaux dans les territoires voisins, donc coopérer, construire des liens de solidarité, reterritorialiser, voire "décloisonner[1]" entre les différents acteurs.

1. Même si nous ne goûtons que partiellement ce vocable déjà mille fois entendu, à tout propos (exhortation à éviter le travail en silo, innovation disruptive, partenariats publics-privés, sacro-sainte efficacité des services publics, etc.).

Comme le souligne la géographe Magali Reghezza-Zitt,

> Derrière la résilience, il y a d'abord un choix politique, au sens noble qui fait que la résilience n'est pas qu'un récit glorieux du relèvement. Ce [sont] aussi des drames, des choix personnels, qui sont souvent contraints par les facteurs structurels de vulnérabilité (pauvreté, accès à l'éducation, les inégalités hommes-femmes, les inégalités territoriales, les inégalités entre les âges) qui font qu'aujourd'hui se pose la question de la justice sociale et environnementale : nos sociétés vont devoir réfléchir sur qui paye les coûts de la sécurité, comment on partage le fardeau qui est imposé par les menaces (changement climatique, crise de la biodiversité, menaces terroriste, sanitaire, économique). La résilience replace au cœur du débat démocratique ces questions éthiques et ces questions politiques[32].

La résilience d'une société n'implique pas forcément la résilience des individus qui la composent et inversement la résilience des individus ne conduit pas forcément à la résilience de la société dans son ensemble : à quelle échelle travaille-t-on ? à qui destine-t-on les stratégies de résilience ? Car si la résilience consiste, en quelque sorte, en une (meilleure) "mise en sécurité", il ne peut pas s'agir de tout, voire de tous... ainsi de la question cruciale, largement évitée pour l'instant, des fonctions essentielles.

Un nouveau mot magique ?

Derrière des mots un peu galvaudés et désormais furieusement tendance, il y a donc – potentiellement – un projet social et politique profond. Si on la prend à sa juste mesure, la résilience a plus à voir avec des changements structuraux qu'avec des solutions techniques (nos îlots de fraîcheur urbains) ou de sympathiques actions autour des *villes en transition*[1].

1. Sans, encore une fois, remettre en cause l'intérêt de ces démarches personnelles, citoyennes ou associatives.

Certes, le concept est séduisant parce qu'il permet de construire un récit positif des villes, en opposition à la vulnérabilité, qui donne un nouvel horizon, rassembleur, opérationnel. "À l'instar du développement, dont les définitions se réfèrent à un monde plus juste, des hommes plus heureux, des inégalités en retrait, la résilience est en passe de s'entourer de la même aura d'intouchabilité[33]."

Ce n'est peut-être pas un hasard, donc, si la résilience est venue empiéter sur le terrain du développement durable. Le mot comporte les mêmes risques, ceux d'une interprétation à géométrie variable, où chacun voit midi à sa porte, et où les changements restent finalement anecdotiques. S'y ajoute une dimension supplémentaire, celle de l'acceptation d'une certaine dégradation à venir, une "injonction de renoncer[34]", une invitation (insistante) à *s'adapter*, tout à fait dans l'air du temps[35]. Pour le chercheur Thierry Ribault, la résilience territoriale ne serait ainsi qu'une "funeste chimère[36]" (de plus, pourrions-nous ajouter).

De fait, pour ce qui est du changement climatique, la question de l'adaptation a longtemps fait débat : les plus farouches partisans de la transition énergétique ne voulaient pas en entendre parler, la considérant comme un renoncement à prendre des mesures d'atténuation suffisamment rapides et efficaces. Mais depuis les années 2000, de l'eau a coulé sous les ponts, et des tonnes de CO_2 ont rejoint l'atmosphère. L'inertie du système climatique est telle qu'il nous faut à la fois atténuer et nous adapter. Si tirer *sérieusement* le fil de la résilience peut nous y aider, en la prenant avec une ambition aussi forte que Les Greniers d'Abondance ou The Shift Project, tant mieux. Mais comme le passé récent l'a montré, le risque de distorsion, puis d'obsolescence sémantique, est réel.

6

LA ZAN À LA RESCOUSSE

Des villes au métabolisme ravageur, consommateur d'énergie et de matériaux, dont l'adaptation sans douleur aux "enjeux du siècle" est loin d'être gagnée, il nous reste à explorer une dernière composante "insoutenable", leur propension à s'étaler, enjeu qui, nous vous l'avouons, a été le point de départ de ce livre et lui a donné son titre.

La prise de conscience des enjeux autour de l'artificialisation du territoire a nettement progressé ces dernières années, jusqu'à ce que l'État décide d'introduire, tout récemment, l'objectif de "zéro artificialisation nette" (alias ZAN) dans les futures politiques publiques.

Alors que leurs enceintes physiques ou symboliques ont progressivement disparu, les villes, depuis la première révolution industrielle, n'ont cessé de s'agrandir, de s'étendre sur les milieux naturels et agricoles. Après la Seconde Guerre mondiale, ce processus d'urbanisation "extensive" des villes s'accélère, leurs organisations deviennent de plus en plus complexes, et l'interpénétration entre la ville et la campagne de plus en plus forte. La raison est certes démographique – entre 1950 et 2010, la population augmente de 56 % ; mais la cause majeure de cette "dissolution" des villes est bien sûr le développement de l'automobile (à partir des années 1950 puis, plus massivement, dans les années 1970[I]) qui va lui-même faciliter le mode d'habitat pavillonnaire. Les fonctions urbaines (habiter, travailler, consommer, se divertir, etc.) se dissocient et se dispersent, entraînant un besoin toujours croissant de mobilité et d'infrastructures de transport – routières essentiellement.

Depuis le début des années 1980, les sols artificialisés ont progressé entre trois à quatre fois plus vite[II] que la population. C'est la définition même de l'étalement urbain, une "extension urbaine qui se fait plus rapide que la croissance démographique : la surface consommée par habitant s'accroît, découplant croissance démographique et artificialisation du sol[1]".

I. Le taux d'équipement des ménages passe d'un peu plus de 20 % au début des années 1950 à 70 % au début des années 1980.

II. Nous verrons un peu plus loin les incertitudes statistiques et pourquoi nous prenons une certaine précaution oratoire.

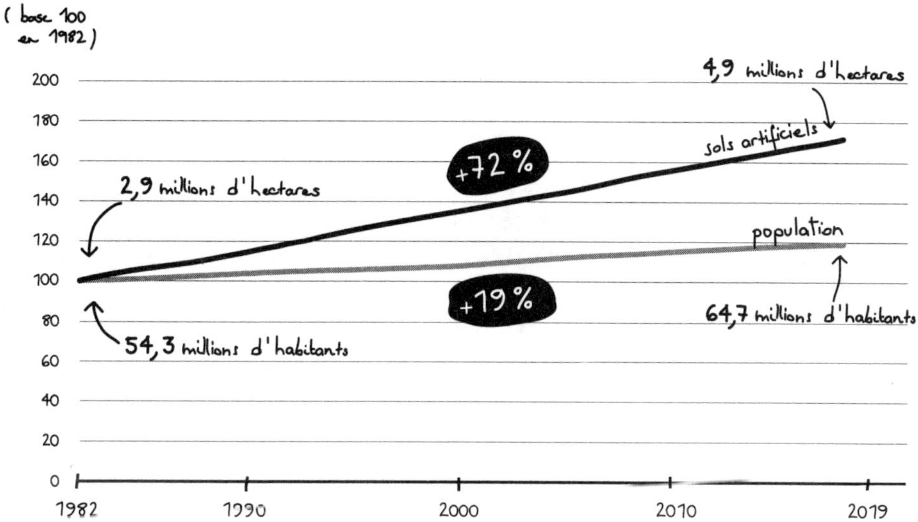

Figure 6.1 : Évolutions comparées de l'artificialisation et de la population en France métropolitaine[2]

L'artificialisation sous toutes ses coutures

Les sols artificialisés, une notion protéiforme

Mais repartons du début. Qu'est-ce qu'un sol artificialisé ? Depuis longtemps, les agronomes se préoccupent de l'occupation des sols afin d'appréhender les mutations du paysage productif et de surveiller le recul des terres agricoles. Avant de devenir un sujet à part entière, donc, la notion d'espaces artificialisés apparaît "en creux" dans la description du territoire : ce sont les espaces qui ne sont ni naturels, ni agricoles, ni forestiers (les "NAF", pour les intimes de l'occupation des sols). Ou bien, si on adopte le point de vue de l'usage : "Ce sont les sols qui ne sont plus disponibles pour des usages tels que l'agriculture, la foresterie ou comme habitats naturels[3]."

La notion recouvre ainsi toute la réalité complexe de nos espaces urbanisés : nos agglomérations, villes et villages ainsi que les voies qui les relient, mais aussi l'ensemble des espaces servants qui en sont souvent détachés comme les usines, les carrières, les aéroports ou les terrains de golf, etc. Elle est d'abord statistique, avant de recevoir une existence légale tout récemment[1] et ce sont d'ailleurs les organismes d'observation ou de mesure statistique qui en proposent à l'origine des définitions pour leurs besoins méthodologiques :

> Les surfaces artificialisées désignent toute surface retirée de son état naturel (friche, prairie naturelle, zone humide, etc.), forestier ou agricole, qu'elle soit bâtie ou non et qu'elle soit revêtue ou non. Les surfaces artificialisées incluent les sols bâtis à usage d'habitation (immeubles, maisons) ou à usage commercial (bureaux, usines, etc.), les sols revêtus ou stabilisés (routes, voies ferrées, aires de stationnement, ronds-points, etc.), et d'autres espaces non construits mais fortement modelés par l'activité humaine (chantiers, carrières, mines, décharges, etc.). Cette catégorie inclut également des espaces "verts" artificialisés (parcs et jardins urbains, équipements sportifs et de loisirs, etc.). [...] Elles se distinguent par leur degré d'imperméabilisation[4].

On peut décrire un territoire selon le type de couverture physique : sol bâti, cultivé, boisé, toute chose qui se "voit d'avion", ou bien selon son usage, c'est-à-dire sa fonction socioéconomique : production végétale, élevage, habitations, bureaux, industries... qu'il est moins facile de déduire de l'observation aérienne ou satellitaire. Les sols artificialisés recouvrent ainsi une diversité de couvertures et d'usages.

1. Dans le cadre de la loi Climat et résilience, nous y reviendrons.

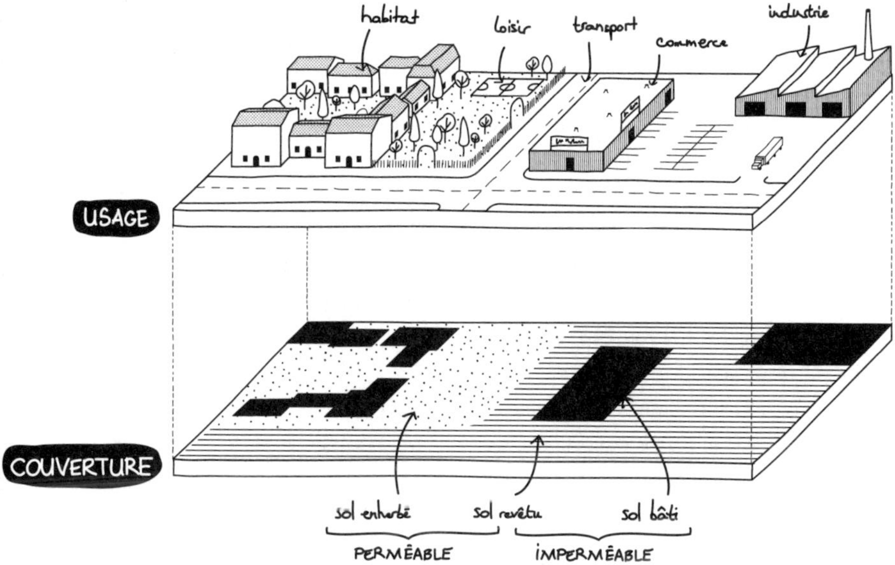

Figure 6.2 : Définition d'un sol artificialisé

Les surfaces artificialisées incluent aussi des sols nus ou enherbés, il n'y a donc pas équivalence entre artificialisation et imperméabilisation, qui rend les sols étanches, ayant perdu non seulement leur capacité d'absorption et d'écoulement des eaux, augmentant ainsi les risques d'inondations, mais aussi leur biodiversité, leur capacité de séquestration du carbone et de "régulation" de l'air. Même quand elle ne rend pas les sols étanches, l'artificialisation porte globalement atteinte aux services qu'ils rendent et à leur couvert végétal : soit parce que les sols sont remodelés, perturbés, appauvris, à des degrés divers, soit parce qu'ils sont morcelés et fragmentés, par l'urbanisation aux abords des villes, et par les infrastructures de transports en dehors, brisant les continuités écologiques, empêchant les espèces de circuler. De fait l'étalement urbain ne se produit pas toujours en tache d'huile ; la ville "pousse" aussi à partir de hameaux, de bourgs ruraux pris dans l'aire d'influence de plus grandes villes, produisant "une ville émiettée" faite de territoires urbains, périurbains, ruraux enclavant çà et là des territoires agricoles ou naturels[5].

Si l'artificialisation a été définie historiquement du point de vue de la consommation des espaces agricoles, naturels et forestiers, par un revirement intéressant, c'est l'atteinte aux fonctionnalités du sol qui est remise au centre par la nouvelle définition de la toute récente loi Climat et résilience :

> L'artificialisation est définie comme l'altération durable de tout ou partie des fonctions écologiques d'un sol, en particulier de ses fonctions biologiques, hydriques et climatiques, ainsi que de son potentiel agronomique par son occupation ou son usage[6].

Avec une telle définition, prise au pied de la lettre, de nombreux sols agricoles pourraient être concernés ! De fait, il n'y a pas équivalence entre artificialisation et dégradation des sols, même si un certain glissement sémantique s'est opéré, mettant parfois en cause l'artificialisation comme premier facteur de perte de biodiversité – alors qu'il paraît bien difficile de passer sous silence d'autres facteurs, comme l'intensification des pratiques agricoles, la prolifération d'espèces exotiques envahissantes, ou d'autres effets, comme la pollution lumineuse par exemple.

Sous nos latitudes et à l'exception de quelques zones de très haute montagne peut-être, tous les sols sont vivants. Tout usage du sol lié à une activité humaine modifie avec plus ou moins d'intensité sa structure, sa chimie, sa biologie ; souvent, il altère cet écosystème et nous prive de ses services à un degré plus ou moins important. Cela est évidemment vrai pour les usages entrant dans le champ des "sols artificialisés", lorsque le sol est, au pire, recouvert (construction) ou excavé (carrière), et, au mieux, modifié et morcelé (terrains de sport, jardins). Malheureusement, cela est vrai aussi pour les sols agricoles, alors même que ceux-ci ne rentrent pas dans la catégorie des "sols artificialisés", notamment lorsqu'ils sont soumis au tassement des machines (d'autant plus qu'elles sont lourdes), au labour (d'autant plus qu'il est profond), à des intrants chimiques, fertilisants ou pesticides (d'autant plus s'ils sont non biodégradables et s'accumulent). Un parc urbain aura ainsi, parfois, plus de qualités environnementales que certaines parcelles de vigne ou de betterave.

S'il existe bel et bien une pression sur les écosystèmes, elle ne dépend qu'en partie de la question de l'artificialisation, et pour embrasser l'ensemble du sujet, il faut plutôt convoquer la notion d'"espace anthropisé" – soit à peu de chose près 100 % du territoire pour un pays comme la France. L'artificialisation est à prendre comme un indicateur parmi d'autres, avec son lot d'imperfections, qui ne "voit" ni les atteintes portées aux sols agricoles et naturels, ni la présence d'une "nature en ville" pourtant contributrice à la qualité de vie en ville.

Stock et flux, bien comprendre les ordres de grandeur

Le service statistique du ministère de l'Agriculture et de l'Alimentation donne un état des lieux de l'occupation des sols en 2018 en France métropolitaine (et dans les DOM)[7].

> Sols naturels et forestiers : 39 % du sol métropolitain (47 % avec les DOM[I])
> – Forêts[II] ;
> – Bosquets, haies et alignements d'arbres (mangroves dans les DOM) ;
> – Landes, friches, maquis, garrigues, savanes (formations herbeuses et/ou arbustives éparses, sans usage) ;

I. Écart qui s'explique par la prédominance de la forêt guyanaise.
II. Précisons, s'il était besoin, que toutes les forêts ne se valent pas, du point de vue du vivant...

– Sols nus naturels : rochers, éboulis, dunes, plages de sable ou galets ;
– Sols sous les eaux : lacs, étangs, bassins, rivières, marais, glaciers.

Sols agricoles : 52 % (45 % avec les DOM)
– Cultures annuelles et maraîchères : grandes cultures, cultures fourragères, légumes, fruits (canne à sucre dans les DOM) ;
– Cultures permanentes : vergers, vignes, plantes aromatiques (bananeraies dans les DOM) ;
– Chemins agricoles, cours de ferme, serres et abris hauts, aires de stockage, surfaces annexes non bâties ;
– Prairies temporaires ;
– Jachères (sols agricoles mis en repos temporairement) ;
– Surfaces toujours en herbe destinées à l'élevage (prairies permanentes, alpages).

Sols artificialisés : 9 % (8 % avec les DOM)
– Sols bâtis : les immeubles et maisons d'habitation, de bureaux ou commerciaux, les usines et bâtiments agricoles, les bâtiments seulement couverts comme les halles de marché, les hangars agricoles ;
– Sols revêtus : routes, places, parkings ;
– Sols stabilisés : voies ferrées, pistes forestières, chemins non agricoles, décharges, carrières, mines, chantiers, sols compactés par le passage fréquent d'engins ;
– Sols enherbés artificialisés : pelouses, jardins, parcs et espaces verts urbains, équipements sportifs et de loisirs.

Sur les 54 millions d'hectares du territoire métropolitain[8], les sols artificialisés constituent un "stock" de 5 millions d'hectares soit 9 % du total, ce qui paraît plutôt faible et raisonnable... Mais le sol est une ressource limitée, non renouvelable : toute demande supplémentaire pour un usage se fait obligatoirement en prélevant dans le stock des autres usages. Et de fait, le "stock" d'espaces artificialisés est en lente mais continuelle augmentation : actuellement on

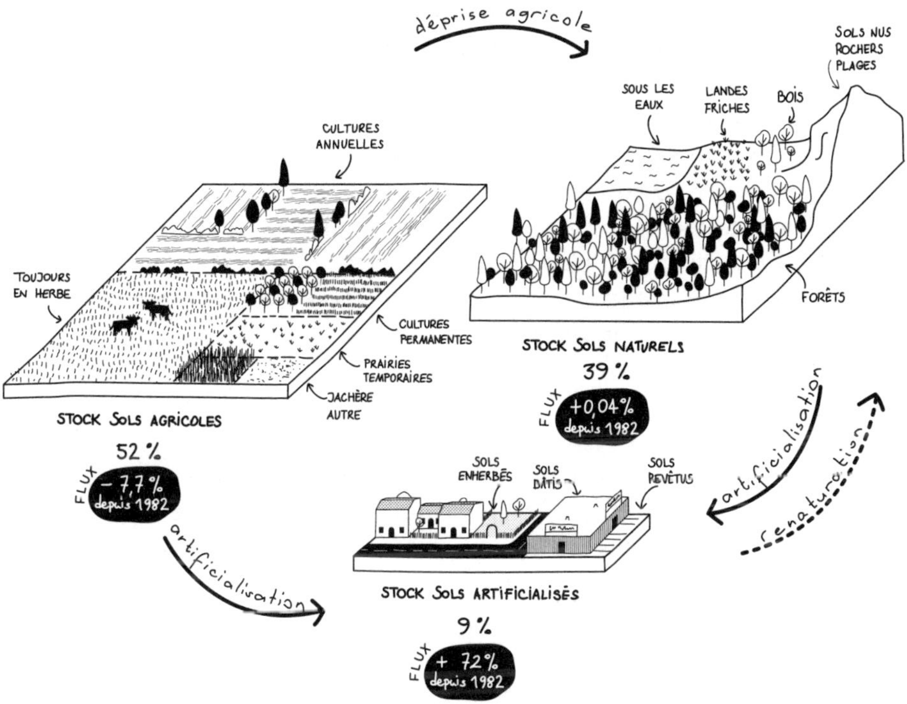

Figure 6.3 : Occupation du sol, stock et flux

en rajoute chaque année entre 7000 et 54000 hectares[1] selon les sources – un écart surprenant, nous y reviendrons.

Le phénomène d'artificialisation traduit la consommation d'espaces naturels, agricoles ou forestiers à destination des sols artificialisés pendant une période donnée et sur un territoire donné. On raisonne donc en flux, par exemple “1000 hectares de ce territoire ont été consommés entre 2000 et 2010, soit 100 hectares par an”.

1. Données 2018.

L'artificialisation est le flux constaté le plus massif entre les différents usages et occupation des sols. Il est aussi le plus préoccupant, puisque la progression des sols artificialisés se fait principalement au détriment des terres agricoles. D'autres flux, plus faibles, sont constatés : chaque année des sols transitent de l'état naturel à l'état agricole et réciproquement. Quant au flux inverse de l'artificialisation, la renaturation – mobilisé dans le concept de ZAN, zéro artificialisation nette (cf. *infra*) –, qui désigne donc la restauration, le retour d'un espace artificialisé à un état naturel ou agricole, il n'est, sans surprise, quasiment pas constaté aujourd'hui.

Sources et mesures, les principales sources de données en France

La vision synthétique de la statistique nationale recouvre en réalité un phénomène diffus et clairsemé qu'il est bien difficile de mesurer. Si l'artificialisation d'un territoire dépend de projets de grande ampleur qui se "voient" (opérations d'aménagement, zones d'activité ou commerciales en entrées de ville, grandes infrastructures locales ou nationales, etc.), elle se cache aussi dans une multitude de petites opérations de faible ampleur qui se cumulent au fil du temps. En réalité, la quasi-totalité des communes françaises est concernée par le phénomène : seules 748 communes (soit 2,1 %), n'ont pas consommé d'espace entre 2009 et 2019[9] !

La résolution des outils d'observation historiquement disponibles peine à repérer et mesurer cette dispersion, et de fait les résultats observés sur un même territoire varient fortement en fonction des méthodes et des sources utilisées, donnant un rythme, au niveau national, compris entre 10 000 et 58 000 hectares par an (ha/an)[1]. Des chiffres régulièrement repris dans les médias ou mobilisés par des groupes de pression (associations écologistes, syndicats agricoles, etc.) pour demander la mise en œuvre de politiques de modération

1. Moyenne 2008-2018.

assorties de *punchlines* imagées selon la sensibilité de chacun à la géographie ou au football :

– Un département tous les 10 ans[10] (donné pour le rythme de 60 000 ha/an) ;
– Dans la période de "boom" correspondant aux années 2006 à 2009, on a parlé d'un département tous les 7 ans et même de 26 m² de terres agricoles perdues toutes les secondes (donné pour un rythme de 82 000 ha/an entre 2006 et 2010, d'après les chiffres du ministère de l'Agriculture)[11, I] ;
– L'association marseillaise Filière Paysanne, dans une pétition soutenue par des organisations et personnalités médiatiques a évoqué un stade de football toutes les cinq minutes ou un potager de 25 m² toutes les secondes[12] ;
– Aujourd'hui, on parle d'un département comme le Vaucluse (352 000 ha) tous les 12 ans ou de 4 à 5 terrains de football par heure[13] (donné pour le rythme de 30 000 ha/an).

Comment expliquer un tel écart de chiffres ? Au niveau national, trois sources principales sont disponibles pour mesurer l'artificialisation : la base de données géographique CORINE Land Cover, l'enquête de terrain Teruti et les fichiers fonciers[II]. Aucune de ces sources n'avait à l'origine comme vocation de mesurer l'artificialisation. Les résultats dépendent ainsi de l'objectif initial de la source, de la nomenclature des terres artificialisées comptabilisées, des protocoles d'analyse (interprétation des images pour CORINE Land Cover, extrapolation pour Teruti, estimation des surfaces non cadastrées pour les fichiers fonciers), du niveau de résolution spatiale, de la régularité des millésimes produits pour étudier les évolutions...

I. La formule est du syndicat Jeunes agriculteurs lors d'une campagne de sensibilisation.
II. Nous présentons en annexe le détail de ces trois sources.

Figure 6.4 : Rythmes d'artificialisation selon les sources et *punchlines* correspondantes

Que conclure des données discordantes selon les sources ?

Premièrement, si les résultats diffèrent selon les sources – tant sur le stock que sur les flux –, les tendances sont concordantes : on artificialise chaque année encore beaucoup trop. Donnons-nous juste quelques ordres de grandeur : en continuant au même rythme (30 000 à 60 000 ha/an), il ne faudrait "que" huit à seize siècles pour artificialiser *l'intégralité* du territoire (ou quatre à huit siècles pour l'intégralité des terres agricoles). Évidemment, on peut raisonnablement penser qu'une telle absurdité n'arrivera pas… l'étalement de nos villes et de nos infrastructures devrait prendre fin bien avant.

La question est de savoir quand et quel sera le "stock" artificialisé à ce moment-là, et donc l'ampleur de la destruction de nos capacités alimentaires – puisque ce sont les sols agricoles qui "subissent" l'essentiel de l'artificialisation, souvent d'ailleurs sur des terres de grand intérêt agronomique, dans les vallées fertiles, à proximité de villes et infrastructures existantes. Se projeter sur quelques siècles ou un millénaire est difficile – on le constate entre autres sur les conséquences du changement climatique… Mais même pour la fin du siècle, les chiffres sont impressionnants : les espaces artificialisés passeraient de 9 % à 14 %, voire 18 %, entamant au passage 8 à 17 % du stock total de terres agricoles actuel ! Certainement des chiffres impossibles à "encaisser", surtout en y ajoutant les incertitudes climatiques futures et le besoin de faire évoluer les pratiques agricoles, et d'accepter peut-être une stagnation ou une baisse des rendements surfaciques en grandes cultures.

Faisons preuve d'un peu d'optimisme. Il semble y avoir une légère tendance baissière cette dernière décennie. On aimerait croire qu'elle est le résultat d'une certaine prise de conscience, et de la réglementation progressivement mise en œuvre. La loi SRU (2000) a introduit la notion de renouvellement urbain – lorsqu'une nouvelle construction peut être "absorbée" dans les espaces urbains existants sans consommer de nouvelles terres –, et le principe de gestion économe du sol. Les lois Grenelle II (2010), ALUR (2014), et ELAN (2018) ont renforcé les incitations à limiter la consommation d'espace[1].

La densité est évidemment un facteur clef. 10 logements peuvent consommer 10 000 m² de sol (10 parcelles de 1 000 m² en habitat

1. Nous y reviendrons au chapitre 7.

individuel) ou seulement 1 000 m² s'il s'agit de 10 appartements dans un immeuble de deux ou trois étages sur un terrain d'assiette de 1 000 m² ; soit une densité variant alors de 10 logements (hors infrastructures routières) à 100 logements par hectare. Il n'y a *in fine* que trois leviers pour limiter la consommation d'espaces en extension urbaine : augmenter le taux de renouvellement urbain et la densité des opérations, ce à quoi s'attellent les documents d'urbanisme, et… diminuer la construction.

Sans surprise, l'analyse des fichiers fonciers établit une forte corrélation entre les données annuelles de l'artificialisation et les données de la construction, en particulier le nombre de logements, et plus encore, le nombre de maisons individuelles. Le pic de la consommation d'espaces constaté en 2008-2009 serait donc d'abord lié à la crise économique, qui a vu une baisse structurelle du volume de la construction : les permis de construire sont passés de 30,1 millions de mètres carrés en 2002 à 48,2 millions en 2006, avant de retomber à 38,1 millions en 2008 puis 35,3 millions en moyenne sur 2011-2015 avant de remonter progressivement au-dessus de 36,3 millions en 2018[14]. Bref, une baisse choisie ou subie ?

L'artificialisation, l'autre revenu "agricole"

L'artificialisation des terres agricoles, ces dernières décennies, n'a sans doute pas eu qu'un effet sur l'évolution de nos paysages campagnards ou de nos entrées de ville. De manière plus surprenante, elle a aussi impacté les relations économiques autour de la production alimentaire, tant les flux financiers correspondants sont importants.

Livrons-nous à un calcul de l'ordre de grandeur. Le prix moyen des terrains à bâtir est actuellement de l'ordre de 80 € par mètre carré – avec une certaine dispersion, bien sûr, selon les régions, de 50 € pour les moins chères à plus de 200 € pour l'Île-de-France[1].

1. À noter que ce prix moyen a presque doublé ces dix dernières années, passant de 46 €/m² en 2006 à 82 €/m² en 2016 (source : terrains.fr) et triplé entre 2000 et 2018 (cf. chap. 2).

Partons volontairement sur des chiffres "prudents" de 60 € par mètre carré et de 25 000 hectares passant chaque année de terres agricoles en terrains à bâtir : cela représente un flux financier, pour les vendeurs de ces terrains, de l'ordre de 15 milliards d'euros par an.

La production agricole française a été, en 2019, de 76 milliards d'euros. Ce chiffre est évidemment variable d'une année à l'autre (variation des récoltes effectives, fluctuation des prix mondiaux, du coût des intrants, etc.) ; et le revenu total des paysans eux-mêmes varie encore plus. Mais on peut l'approcher avec le nombre d'agriculteurs-exploitants (environ 400 000), multiplié par un revenu moyen (partons par exemple sur 3 000 € bruts par mois[I] – tout en ayant conscience de l'énorme disparité entre des profils très différents). Cela nous donne 14,4 milliards d'euros par an... un chiffre plutôt cohérent avec le montant total de la production agricole, dont il faut déduire les emprunts, la location des terres parfois, le coût des opérations et des intrants, etc.

Ainsi donc, le flux financier lié aux terres agricoles artificialisées est *du même ordre de grandeur* que la *totalité des revenus des agriculteurs.* Voici donc l'hypothèse, qui demanderait à être consolidée par des données plus précises et géographisées : avec la conversion de quelques parcelles, de-ci, de-là, par les agriculteurs les plus "chanceux" ayant la possibilité de voir leurs propriétés ouvertes à l'urbanisation, il ne s'agit pas de mettre un peu de beurre dans les épinards ; à l'échelle du pays, cela permet de *doubler*, et peut-être bien plus[II], les revenus agricoles !

I. Simplification outrancière ; en réalité, les revenus des ménages agricoles se composent à la fois de revenus agricoles, de salaires et de revenus fonciers (ex. fermages). Seulement un tiers des ressources financières provient de l'activité agricole proprement dite. Nous prenons un chiffre volontairement élevé pour rester prudents dans la comparaison.

II. Le même calcul avec 75 €/m² et 40 000 hectares donne un flux de 30 milliards d'euros, soit un triplement du revenu agricole.

Évidemment le calcul est un peu fallacieux. D'abord parce qu'il faut compter avec les intermédiaires, les coûts de viabilisation des terrains, les taxes, l'imposition sur les plus-values, etc. Ensuite parce que ces revenus sont très inégalement répartis, et ne vont pas qu'à des agriculteurs, mais aussi à des héritiers qui exercent d'autres activités, parfois depuis plusieurs générations. Enfin car tous les hectares artificialisés ne sont pas destinés à du terrain à bâtir pour du logement et payés au prix fort, mais aussi préemptés par la puissance publique, utilisés pour des infrastructures, etc.

Il n'empêche : imaginons que nous ayons installé un système plus "collectif" – on n'ose dire collectivisé... – qui considérerait la terre agricole comme un commun, à artificialiser prudemment et avec sobriété, et que la plus-value réalisée soit captée par la puissance publique – un dispositif qui serait certes considéré comme une insupportable spoliation par quelques dizaines (centaines ?) de milliers de propriétaires intéressés à une belle plus-value future, mais qui pourrait faire preuve d'efficacité, qui sait –, puis redistribuée plus équitablement pour soutenir la profession agricole. Sans nul doute, cette manne financière aurait une source bien peu durable ; mais elle pourrait être affectée, par exemple, à l'effort à mener dans la transition vers des pratiques agricoles plus soutenables.

L'ambition du zéro artificialisation nette (ZAN)

Popularisé par son acronyme, la "zéro artificialisation nette" apparaît à l'origine dans la feuille de route du plan biodiversité en juillet 2018 face au constat que, malgré les lois successives (SRU, ALUR et Grenelle), l'artificialisation continue. La ZAN relève d'une logique de *compensation* : l'artificialisation d'une zone naturelle, agricole ou forestière (ENAF) doit être compensée par la remise à l'état naturel d'un terrain déjà considéré comme artificialisé, notamment par un processus de *renaturation*.

Petite histoire de la compensation

Cette notion de compensation écologique n'est pas nouvelle. Elle apparaît pour la première fois dans un cadre réglementaire aux États-Unis, dans le *Fish and Wildlife Coordination Act* (FWCA). Cette loi sur la coordination *(sic !)* du poisson et de la faune, donc, adoptée en 1934[1], vise à protéger les poissons et les animaux sauvages lorsque des mesures ou des projets fédéraux entraînent le contrôle ou la modification d'un cours d'eau naturel ou d'un plan d'eau. Il faut se souvenir qu'on est en plein dans l'époque des grands travaux, notamment des barrages hydroélectriques sur le Tennessee ou le Colorado, programmes initiés ou renforcés dans le cadre du New Deal du président Franklin Roosevelt (élu fin 1932) pour relancer la machine économique mise à mal depuis la crise de 1929.

La loi exige donc, pour les projets de développement des ressources en eau, d'avoir une considération des ressources en poissons et en espèces sauvages égale à celles des autres caractéristiques du projet, de décrire les dommages sur la faune sauvage imputables au projet et les mesures proposées pour atténuer ou compenser ces dommages. Pour les autres types de projets, il faudra attendre 1969 et la loi nationale sur l'environnement[15] pour que leurs impacts sur l'environnement soient considérés. Premier texte législatif pour une politique écologique environnementale aux États-Unis, il constitue également le premier cadre réglementaire pour la procédure d'évaluation environnementale, et peut être considéré comme le texte fondateur des "études d'impact" qui ont inspiré la législation française.

Avec le *Federal Water Pollution Control Act* (FWPCA)[16] en 1972, ce qu'on appelle désormais la "séquence ERC", ERC pour éviter, réduire, compenser, devient obligatoire pour les projets impactant les zones humides et les ressources aquatiques. Il est grand temps :

1. Puis amendée en 1946 et en 1958.

plus de 50 % des zones humides des États-Unis se sont dégradées en seulement deux cents ans. La compensation des pertes de zones humides par la restauration, la création ou encore l'amélioration d'autres zones humides, apparaît alors comme une solution permettant d'empêcher de nouvelles pertes à l'échelle fédérale. Un an plus tard, l'*Endangered Species Act* impose également l'application de la séquence ERC aux projets impactant les espèces menacées[17].

Retour en France : la loi relative à la protection de la nature du 10 juillet 1976 constitue le premier socle législatif et réglementaire de l'évaluation environnementale et de la séquence ERC. Cette loi, à l'origine de la plupart des articles du Code de l'environnement, pose les bases de la protection de la nature en France, avec la volonté de se donner les moyens de protéger les espèces et les milieux. La protection des espaces naturels et des paysages, la préservation des espèces animales et végétales, le maintien des équilibres biologiques auxquels ils participent et la protection des ressources naturelles contre toutes les causes de dégradation qui les menacent sont déclarés "d'intérêt général".

Ainsi, les grands projets d'infrastructure et immobiliers sont désormais soumis à des études d'impact qui comprennent au minimum une analyse de l'état initial du site et de son environnement et l'étude des modifications que le projet y engendrerait, ainsi que les mesures pour les supprimer, les réduire et les compenser si possible. La séquence ERC y est donc mentionnée pour la première fois, mais les trois étapes qui la constituent ne sont pas encore définies, seul le principe de hiérarchie des mesures y est explicité : tout projet d'aménagement doit suivre une *hiérarchie d'atténuation* des impacts consistant à les éviter, les réduire et, enfin, compenser les impacts résiduels.

À l'échelle européenne, des dispositifs viennent compléter la loi de 1976, notamment la directive "Oiseaux" de 1979 qui vise à préserver, maintenir ou rétablir une diversité et une superficie d'habitats suffisantes pour l'ensemble des espèces d'oiseaux, et la directive

“Habitats” de 1992 concernant la conservation des habitats naturels ainsi que de la faune et de la flore sauvages.

Courant des années 2000, sous l'influence du droit de l'Union européenne et international, le cadre législatif français régissant l'évaluation environnementale est renforcé. La séquence ERC est consolidée juridiquement avec la réforme des études d'impact issue des lois Grenelle I (2009) et II (2010), qui viennent modifier et compléter le Code de l'urbanisme et le Code de l'environnement, comme l'introduction de la “trame verte et bleue” visant à protéger les corridors écologiques. Par décret, en 2011, et *pour la première fois* – soit trente-cinq ans après la première loi quand même ! –, un objectif est assigné à l'application de la séquence ERC : celui “de conserver globalement la qualité environnementale des milieux, et si possible d'obtenir un gain net, en particulier pour les milieux dégradés, compte tenu de leur sensibilité et des objectifs généraux d'atteinte du bon état des milieux[18]”.

Mais c'est véritablement avec la loi pour la reconquête de la biodiversité, de la nature et des paysages du 8 août 2016, dont la démarche ERC constitue une des actions phares du plan biodiversité, que l'objectif assigné à cette démarche devient “l'absence de perte nette de biodiversité”, voire de tendre vers “un gain de biodiversité” :

> [Les mesures de compensation] doivent se traduire par une obligation de résultats et être effectives pendant toute la durée des atteintes. Elles ne peuvent pas se substituer aux mesures d'évitement et de réduction. Si les atteintes liées au projet ne peuvent être ni évitées, ni réduites, ni compensées de façon satisfaisante, celui-ci n'est pas autorisé en l'état[19].

L'absence de perte nette de biodiversité reprend ainsi l'objectif, déjà affiché dans d'autres pays, de *no net loss*.

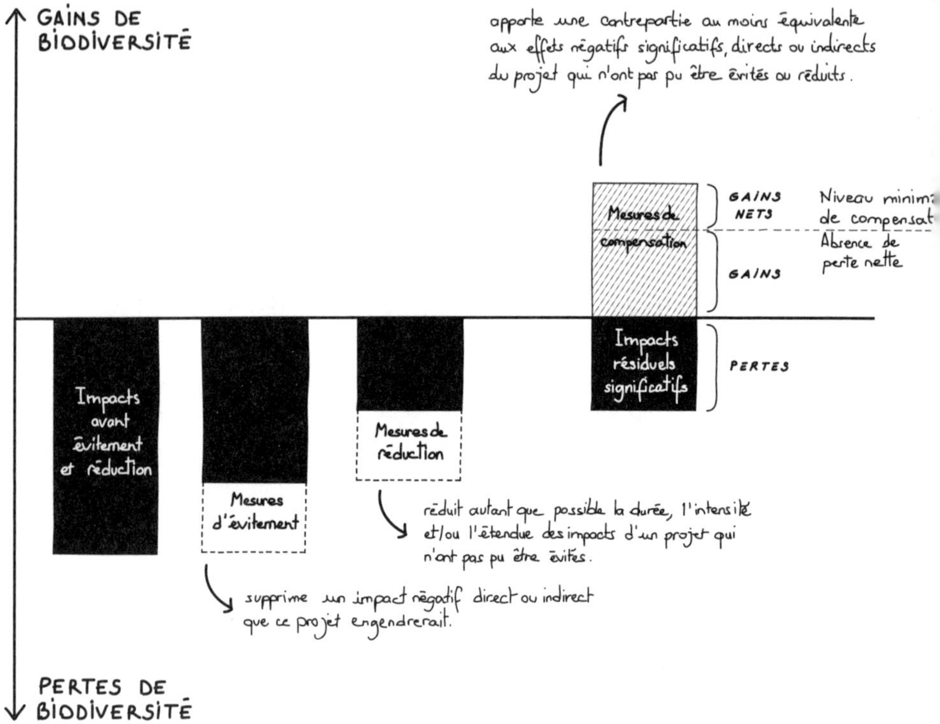

Figure 6.5 : La séquence éviter-réduire-compenser (ERC)

Où en sommes-nous aujourd'hui ?

La séquence ERC a donc plus de quarante ans d'histoire et s'applique désormais à l'ensemble des composantes de l'environnement – milieux naturels (terrestres, aquatiques et marins), bruit, air, et paysage – et recouvre un ensemble d'actions préventives ou de corrections à mettre en œuvre dans le cadre de la réalisation de projets dépassant un certain seuil (par exemple, une surface de plancher supérieure à 40 000 mètres carrés pour les projets immobiliers[1]).

Nous ne disposons, à ce jour, d'aucune certitude quant à l'efficacité du dispositif de compensation. Sur le papier, l'objectif est évidemment louable. Quel qu'il soit, un projet porte atteinte, voire dégrade l'environnement dans lequel il s'inscrit. La séquence ERC met en exergue que la meilleure façon de préserver les milieux naturels est, en premier lieu, d'éviter ou de réduire les impacts du projet ; puis elle autorise néanmoins ces impacts, sous réserve de les compenser. Mais le recours à la compensation écologique permet-il réellement d'atteindre l'objectif de zéro perte nette écologique, voire de gain écologique ? L'efficacité des mesures compensatoires est d'ores et déjà très discutable, et les résultats du dispositif ERC ne pourront être appréciés réellement qu'après plusieurs dizaines d'années, alors que la mise en œuvre effective démarre à peine.

D'abord, rappelons deux écueils préliminaires : les difficultés à traduire de manière concrète une démarche qui est restée longtemps très théorique – il aura fallu plus de trente ans pour passer d'objectifs vagues et généraux à une doctrine et des lignes directrices nationales plus précises et à un caractère plus "opérationnel" de la séquence ERC – et le fait que la réglementation ne concerne pas tous les projets, tant s'en faut. En effet, un nombre significatif de projets, plans ou programmes, de par leur nature et/ou leur dimensionnement, ne sont donc pas soumis à évaluation environnementale, et échappent à la séquence ERC. Cette situation pourrait néanmoins évoluer, car en avril 2021[20], le Conseil d'État, à la demande de l'association France Nature Environnement, a ordonné au Premier ministre de réviser la nomenclature des projets soumis à évaluation environnementale, afin qu'elle ne soit plus fondée sur le seul critère de la dimension. Actuellement, il y a donc bien "perte

1. En réalité il y a une nomenclature précise définissant les projets soumis à évaluation environnementale.

nette écologique", qui peut continuer à se réaliser à bas bruit, sur une multitude de petits projets qui passent sous les radars.

Ensuite, comment apprécier et contrôler réellement l'équivalence de la valeur écologique du milieu naturel que l'on détruit (ou impacte), et de celui que l'on reconstitue (ou améliore) ? Quelle(s) méthode(s) d'évaluation utiliser, sachant la complexité et l'interconnectivité des écosystèmes et notre connaissance limitée ? La notion d'équivalence écologique n'aura, par exemple, pas la même signification si l'on considère la présence d'espèces menacées, les services écosystémiques rendus, ou d'autres fonctionnalités écologiques[1].

Enfin, même si le Code de l'environnement impose que les mesures soient effectives pendant toute la durée des atteintes, reste la question de la *tenue et de la garantie dans le temps* du dispositif de compensation écologique. Celui-ci autorise à détruire *maintenant*, tandis que les mesures compensatoires qui dépendent d'un processus biologique plus long, prendront effet *plus tard*, sans garantie que cela fonctionne réellement et sans garantie de pérennité, car les nouveaux milieux "naturels" nécessiteront souvent des dizaines d'années (ou plus ?) d'intervention humaine (suivi, gestion, etc.), et la question de la responsabilité de la bonne exécution dans le temps de ces mesures par le porteur de projet n'est pas résolue. Comment garantir, également, la cohérence, dans une zone géographique donnée, des mesures compensatoires successives, et éviter des risques de juxtaposition, de superposition, un "effet patchwork" mal maîtrisé sur les écosystèmes ?

Reste le côté absurde : les compensations écologiques consistent, en grande partie, à restaurer des terrains naturels dégradés afin d'y rétablir des fonctionnalités écologiques, jusqu'à y apporter un gain écologique. Pourquoi ne pas privilégier l'implantation des projets sur des terrains à faibles enjeux écologiques de manière à éviter

1. L'équivalence de milieux est une notion en elle-même absurde ; la question écologique n'est pas quantitative, mais relationnelle...

et conserver les fonctionnalités de terrains naturels à forts enjeux écologiques ?

ZAN, une nouvelle étape

En 2018, le plan biodiversité introduit donc l'objectif de "zéro artificialisation nette" du territoire. Il faut saluer la prise de conscience politique, et cette étape cruciale. Avec la ZAN, on sort de l'idée floue et incantatoire de "réduction" de la consommation d'espaces naturels, agricoles et forestiers pour intégrer la notion de "trajectoire" avec un "cap" à atteindre. Le cadre légal est donné par la loi Climat et résilience, qui fixe l'objectif d'une "absence de toute artificialisation nette des sols[21]" en 2050 et définit une trajectoire par paliers : il s'agira, dans un premier temps, de réduire de moitié le rythme de l'artificialisation d'ici à 2031. Ces objectifs seront déclinés à l'échelle régionale et devront être inscrits dans les principes généraux du Code de l'urbanisme et dans les textes nationaux encadrant les documents de planification.

La loi porte à la fois sur la qualification précise de l'artificialisation, au moyen d'une nomenclature des espaces artificialisés et non artificialisés, et sur la définition "bilancielle" de la ZAN, définie comme "le solde de l'artificialisation et de la renaturation des sols constatées sur un périmètre et sur une période donnés". Pour mettre fin aux querelles de chiffres (et aux incertitudes), l'observatoire de l'artificialisation devra fournir des données harmonisées sur l'ensemble du territoire national, le suivi de la *consommation d'espaces NAF* (grâce aux fichiers fonciers) devant progressivement céder le pas à un suivi de *l'artificialisation réelle* (grâce à l'OCSGE).

On l'aura compris, la ZAN ne vise donc pas une protection des espaces non artificialisés, mais un meilleur rendement de l'artificialisation (par la densification notamment), couplé à des dispositifs de compensation et de renaturation, une diminution de *l'artificialisation brute* couplée à un dispositif de désartificialisation. D'une certaine manière, elle s'inscrit dans la continuité de la démarche ERC, en reprenant le principe de compensation. Avec une différence de taille, cependant : la séquence ERC s'applique à des projets particuliers, et chaque maître d'ouvrage est chargé d'organiser et de trouver son "espace de compensation" et d'en organiser la gestion sur la durée.

Par rapport à la situation actuelle, "dévoreuse" de terres agricoles, l'objectif porté par la ZAN est tout à fait louable, mais il s'inscrit sur des bases bien instables. La lenteur de mise en œuvre, l'absence de recul, les premières réserves quant à l'efficacité du dispositif de ERC devraient nous inciter à être prudents sur la logique de compensation[22, I], et à investiguer *d'abord et avant tout* le champ de l'évitement : "La meilleure des compensations écologiques est celle qui n'a pas lieu d'être", disait l'anthropologue et économiste Jacques Weber[23].

"Absence de perte nette de biodiversité" et "zéro artificialisation nette", même logique, mêmes écueils, même échec annoncé ? En tout cas, la ZAN va se heurter à l'inertie des tendances existantes, au flou des définitions, aux difficultés opérationnelles, et aux possibilités d'artificialisation qui ont déjà été ouvertes dans les documents d'urbanisme. Et s'il fallait plutôt viser la "ZAB", zéro artificialisation brute, zéro artificialisation *tout court* ?

I. Nous pourrions évidemment exprimer les mêmes réserves sur la compensation des émissions de CO_2...

7

DE LA ZAN À LA ZAB (“ZÉRO ARTIFICIALISATION BRUTE”) : VERS LA VILLE STATIONNAIRE

La zéro artificialisation nette est donc un objectif récent, dont le dispositif législatif et réglementaire est encore embryonnaire. Le plan biodiversité de 2018 a installé l'observatoire de l'artificialisation pour mettre en place des statistiques fiables et suivre l'évolution d'usage des sols. La toute nouvelle loi Climat et résilience[1], issue partiellement des travaux de la Convention citoyenne pour le climat (CCC) qui s'est emparée de cette question dans le thème "Se loger", clarifie la définition d'artificialisation et fixe la "feuille de route" des prochaines décennies.

La ZAN, c'est en quelque sorte la version territoriale de la neutralité carbone, elle aussi inscrite, pour la France, dans la loi[2] à l'horizon 2050. De même que la neutralité carbone devra être atteinte grâce à une importante réduction des émissions de gaz à effet de serre et à des "émissions négatives" qui seront assurées par des puits de carbone naturels (forêts, sols) – voire, dans une version plus technophile, et de façon sans doute plus marginale, par des dispositifs artificiels de capture et séquestration de CO_2 –, la ZAN se base sur une réduction du flux d'artificialisation, à terme intégralement compensé par une renaturation correspondante. Une différence de taille, cependant : pour l'instant, nul ne sait dire quel devrait être l'ampleur des flux "positifs" et "négatifs" de la ZAN, les effets de la compensation/renaturation, et ceux de la réduction de la "consommation" de sol. Examinons les enjeux autour de ces deux questions.

Les limites de la compensation/renaturation

Commençons par la renaturation. C'est un flux qui, à l'heure actuelle, n'est pas observé "naturellement". Si les fichiers fonciers recensent bien un flux "artificialisé vers NAF" (quelques milliers d'hectares par an), celui-ci correspond en réalité à des changements déclaratifs, des reconfigurations fiscales (la fiscalité des espaces NAF étant moins forte que celle des espaces artificialisés) : il s'agit essentiellement de reclassements de terrains à bâtir en espaces naturels ou agricoles.

Incertitudes physiques

La vraie difficulté, première, est d'ordre physique. De quoi parle-t-on exactement quand on parle de renaturation ?

Certains terrains sont aujourd'hui classés comme artificialisés, alors que leur "statut physique" est en fait très proche d'un terrain naturel, voire en cours de renaturation "spontanée" (certaines friches par exemple). On peut imaginer que, d'ici quelques années, les solutions de suivi précis (logiciels de traitement des images, recoupement de bases de données, etc.) permettront de mieux apprécier l'état effectif des sols, et les changements d'usage.

Selon la loi, c'est désormais très clair : la "renaturation d'un sol, ou désartificialisation, consiste en des actions ou des opérations de restauration ou d'amélioration de la fonctionnalité d'un sol, ayant pour effet de transformer un sol artificialisé en un sol non artificialisé[3]". Nous voilà donc bien avancés, et le législateur s'est ainsi évité bien des maux de crâne grâce à cette sublime définition tautologique. Heureusement, France Stratégie était allée un peu plus loin :

> La renaturation peut être définie comme l'ensemble des processus permettant de ramener un sol dénaturé, c'est-à-dire ayant subi des perturbations, à un état proche de son état naturel initial. C'est un processus qui peut être très long. Une renaturation complète corrige l'ensemble des dégradations subies. Elle implique de déterminer au préalable le degré d'imperméabilisation, le degré de perturbation et la position du sol artificialisé (dans la trame urbaine, écologique, dans le bassin hydrologique ou dans le paysage rural). Renaturer un sol artificialisé nécessite, chronologiquement : une déconstruction ; une dépollution ; une désimperméabilisation ; la construction de technosols[1]

1. Un technosol (ou anthroposol) est un sol "construit" ou reconstitué, basé sur le mélange de différents matériaux, ayant pour but de restaurer les fonctions essentielles du sol.

indispensables à la végétalisation ; enfin, une reconnexion fonctionnelle aux écosystèmes naturels environnants[4].

On retrouve là toutes les incertitudes déjà mentionnées sur la compensation écologique. Comment qualifier un "état naturel", à moins de convoquer Jean-Jacques Rousseau peut-être ? S'assurer qu'il y a bien retour ou proximité à un état (naturel) *initial* ? Et puisqu'il s'agit de processus longs (reprise de la végétation, reconstitution de la vie microbienne de sols[5], etc.), à quel moment considérer qu'il y a bien renaturation, au déclenchement du dispositif (mise en place du "technosol") ou après un certain laps de temps ? Des questions qui se poseront nécessairement dans la mise en œuvre détaillée de la ZAN.

Quel stock disponible ?

La deuxième difficulté, et pas des moindres, est la question du "stock à renaturer" disponible : il va bien falloir trouver des espaces "candidats" à la renaturation. Ici, c'est le grand flou. On peut, à titre indicatif, comme le fait avec acuité France Stratégie, partir des recensements existants des sites pollués. L'Ademe, sur la base de l'inventaire BASIAS, recense "300 000 à 400 000 sites potentiellement pollués, dont certains sont à l'état de friche (soit approximativement 100 000 hectares)[6]".

Mais évidemment, il n'y a pas équivalence entre sols pollués et terrains "renaturables". Avec un peu d'optimisme, d'abord, tous les terrains éligibles ne sont pas forcément pollués – même si c'est à craindre, quand leur passé est industriel –, c'est le cas par exemple des anciennes carrières. Ensuite, beaucoup de sites pollués sont toujours en activité et ne seront de toute manière pas disponibles. Enfin, certains sites sont sans doute bien trop petits pour présenter un intérêt à renaturer : pensons par exemple aux anciennes stations-services – dont le nombre est passé de 45 000 dans les années 1970 à 11 000 aujourd'hui.

Peu de candidats sont donc identifiés à ce jour – ce n'est pas choquant, car on ne les cherchait pas vraiment pour ce futur "usage". On peut imaginer que, loin des villes, il y a quelques possibilités – ex-sites miniers ou carriers par exemple, la France n'en manque pas ; mais pour les friches en milieu urbain, ce sera moins simple, car il pourrait y avoir concurrence entre les projets de renaturation et les projets de densification, de "recyclage" des friches pour "faire la ville sur la ville" et réduire, justement, le flux d'artificialisation.

Bref, il est probable que le flux de compensation s'assèche assez vite, faute de candidats. Même en réussissant à diviser par dix – un tour de force, dans les conditions actuelles – le flux d'artificialisation, il faudrait encore trouver, de manière pérenne, plusieurs milliers d'hectares à renaturer chaque année ; nul doute que le stock ne durera pas des décennies.

La question économique

Reste enfin la question économique, encore plus épineuse. Qui prendra en charge les coûts de renaturation ? La puissance publique, les opérateurs privés ? Les opérateurs rechignent déjà, on le comprend bien, à assumer les coûts de dépollution. Il est toujours plus simple et moins coûteux de s'installer et construire sur d'anciennes terres agricoles ; de même qu'il est toujours moins incertain de construire du neuf que se lancer dans une réhabilitation qui peut réserver quelques surprises techniques.

L'objectif ZAN s'appliquera-t-il à l'échelle de chaque opération ? La loi prévoit une déclinaison de la ZAN à l'échelle régionale. Mais la puissance publique pourrait être tentée, afin de financer les flux de renaturation, d'ajouter au dispositif de compensation de la séquence éviter-réduire-compenser (ERC) une sorte de "quatrième compensation[1]"?

1. Les trois premières compensations étant écologiques (destruction d'habitats et/ou d'espèces protégées, destruction de zones humides), forestières (défrichement), et agricoles (consommation d'espaces).

Les opérateurs devraient donc, d'une part, compenser les pertes écologiques du site (espèces protégées, milieux aquatiques, etc.), et d'autre part la surface artificialisée... en combinant les deux peut-être, sur un unique site renaturé ailleurs ; ou bien ces compensations s'ajouteraient-elles ? Nul ne sait aujourd'hui ; et pour cause, tant le dispositif de compensation de la séquence ERC est lui-même encore bien flou.

N'en doutons pas en tout cas, un tel dispositif serait redoutablement efficace, si les promoteurs devaient prendre en charge directement les coûts de renaturation (et les coûts de dépollution s'il y en a). Cela refroidirait fortement les ardeurs à étaler la ville, de la même manière que les friches polluées sont souvent moins appétissantes pour les aménageurs, à moins d'être exceptionnellement bien situées. Mais il est probable qu'une telle contrainte, de tels surcoûts engendreraient une levée de boucliers immédiate.

L'autre façon de dégager des moyens financiers supplémentaires serait d'instaurer une taxe sur l'artificialisation ; mais en faisant supporter le coût réel, on reviendrait peu ou prou au cas précédent, tout mètre carré artificialisé devant être compensé par un mètre carré renaturé, à terme. Une autre piste serait de capter beaucoup plus fortement, voire entièrement, les plus-values engendrées par l'artificialisation, par le passage du statut de terre agricole ou naturelle à terrain à bâtir. Mais il faudra alors trouver d'autres moyens de rémunérer correctement et d'assurer une retraite convenable à nos agriculteurs, qui profitent, au moins en partie, de cette manne aujourd'hui.

Réduire les flux : l'échec de la ZAN déjà planifié ?

La partie "compensation" de la ZAN est donc loin d'être gagnée. Mais la partie "réduction" est peut-être encore moins évidente. Même si, depuis plusieurs décennies, l'objectif de sobriété foncière est affiché et au cœur des processus d'urbanisme, atteindre une réduction forte rapidement – rappelons l'ambition d'une division par deux à l'horizon 2031 – est peut-être un vœu pieux. L'artificialisation est *déjà planifiée* pour les années à venir à travers les documents d'urbanisme existants, et revenir sur ce "coup parti" demandera de l'audace dans l'application réglementaire de la nouvelle loi, compte tenu de la pression à construire qui demeure intacte.

Les processus d'urbanisme

Pour s'orienter en aménagement, il faut comprendre les outils de la planification urbaine qui couvrent la quasi-totalité du territoire français : ils relèvent de la compétence des collectivités territoriales et ce sont eux qui déclinent localement les politiques publiques pour tout ce qui touche à l'organisation de l'espace. *In fine*, ce sont les documents d'urbanisme qui ont le pouvoir d'ouvrir (ou plus rarement de fermer) des secteurs à l'urbanisation.

La planification régionale, celle concernée par la ZAN, est régie par le STRADDET – schéma régional d'aménagement et de développement durable du territoire[I]. À l'échelle inférieure, celle du bassin de vie, le schéma de cohérence territoriale (SCoT), ancien schéma directeur renommé à l'occasion de la loi SRU en 2000, donne la stratégie de long terme (vingt ans), mais ne détermine pas l'affectation immédiate des sols. 86 % des communes et 95 % de la population française sont couvertes par un SCoT[7]. Ensuite, au niveau communal ou intercommunal, les plans locaux d'urbanisme (PLU ou PLUi[8]) ou les cartes communales pour les petites communes sont les outils de gestion du sol à la parcelle : on les consulte pour connaître l'utilisation possible d'une parcelle, sa constructibilité, les éventuelles servitudes, etc. Ce sont eux qui fondent le droit à délivrer des permis de construire.

I. La région Île-de-France, les régions d'outre-mer et la Corse sont régies par des dispositifs spécifiques dédiés.

Les PLU "distribuent" les droits à construire selon quatre zonages assortis de règles spécifiques : "zones urbaines" (ce sont les zones déjà urbanisées, U) et les "zones à urbaniser" (AU) qui sont à terme constructibles ; les "zones agricoles" (A) et "naturelles et forestières" (N) qui sont en théorie protégées mais pas complètement exemptées de possibilité de construire, pour des équipements publics ou d'intérêt collectif, ou pour des bâtiments d'exploitation agricole ou forestière. Les "zones urbaines" étant déjà artificialisées, tout ce qui s'y construit sera de l'ordre du renouvellement urbain. Les "zones à urbaniser", aujourd'hui boisements, friches, etc., sont potentiellement les zones artificialisées de demain, directement concernées par l'objectif de la ZAN, donc.

Comment les documents d'urbanisme réalisent-ils la synthèse entre les politiques de préservation de la biodiversité, de lutte contre le changement climatique et les politiques (volontaristes) de production de logement, d'aménagement commercial, de développement des mobilités ? Comment faire cohabiter à l'échelle locale les aspirations de développement d'une offre foncière et la nécessité de préserver les espaces naturels et agricoles ?

À partir des années 2000, le droit de l'environnement s'est progressivement invité dans le droit de l'urbanisme. La notion de "gestion économe de l'espace" était déjà présente dans le Code de l'urbanisme depuis 1983[9], mais la loi SRU (2000) introduit le principe d'équilibre : les SCoT, PLU et cartes communales devront assurer "l'équilibre entre le renouvellement urbain, un développement urbain maîtrisé, le développement de l'espace rural, d'une part, et la préservation des espaces affectés aux activités agricoles et forestières et la protection des espaces naturels et des paysages, d'autre part, en respectant les objectifs du développement durable[10]". Le même article précise qu'il faudra prévoir aussi "la satisfaction, sans discrimination, des besoins présents et futurs en matière d'habitat, d'activités économiques, notamment commerciales, d'activités sportives ou culturelles et d'intérêt général ainsi que d'équipements publics […]". Ainsi le renouvellement urbain, c'est-à-dire la capacité à trouver des mètres carrés supplémentaires en ville sans consommer de nouveaux espaces, est désigné comme outil de gestion économe du sol et donc d'un équilibre entre développement et protection.

Les lois Grenelle II (12 juillet 2010), puis ALUR (24 mars 2014) précisent les conditions de mise en œuvre des principes de gestion économe des sols et d'équilibre : Les SCoT et PLU doivent désormais chacun à leur échelle présenter une analyse de la consommation d'espaces naturels, agricoles et forestiers au cours des dix années précédant l'approbation du document puis donner des objectifs chiffrés de modération de cette consommation et de lutte contre l'étalement urbain. Pour favoriser le renouvellement urbain, le PLU doit comporter une analyse des capacités de densification et de mutation de l'ensemble des espaces bâtis.

Ces dispositions obligent les collectivités à se livrer à un inventaire précis de l'occupation de leurs sols en termes de stock et de flux, puis à actionner les leviers qui sont à leur disposition en matière d'aménagement pour limiter les flux d'extension urbaine : mieux utiliser les potentialités des tissus existants (être plus volontariste dans le renouvellement urbain, se développer sans artificialiser) et imposer ou inciter à des formes plus compactes d'urbanisation.

En l'absence de trajectoire nationale (que donne désormais la ZAN), les notions de "gestion économe des sols", d'"équilibre", de "modération" ont été laissées à l'appréciation des collectivités locales : à elles de proposer des objectifs chiffrés du moment que les arbitrages et les choix sont justifiés. À ce titre, il est tout à fait instructif, édifiant même, de lire les "rapports de présentation" des SCoT et PLU[1] : ils sont les coulisses des documents d'urbanisme, présentant un diagnostic du territoire sous différents angles (démographique, économique, environnemental, urbain, etc.), les projections démographiques et économiques – qui sont au fondement des stratégies

1. Ils sont en accès libre.

d'aménagement – ainsi que la justification des choix retenus en matière de consommation d'espace.

Comprendre la modélisation de la consommation d'espaces dans les SCoT et PLU

En pratique, les choses sont un peu moins simples – ce que tend à démontrer la relative stabilité des chiffres d'artificialisation, depuis les années 1980, sans inflexion particulière depuis les années 2000[I] – et il n'existe d'ailleurs pas d'étude démontrant l'impact (positif) de l'existence d'un PLU sur l'artificialisation d'une commune. La consommation d'espace en extension urbaine est l'aboutissement d'une modélisation en plusieurs étapes.

L'analyse de la consommation passée d'espaces NAF

La première complexité est d'ordre méthodologique pour les collectivités : à partir de quand considère-t-on qu'une surface est urbanisée, et selon quels critères ? Par exemple, les espaces verts de grande taille, soustraits aux NAF mais gardant un caractère naturel, doivent-ils être comptabilisés comme artificialisés ? En l'absence de définition dans les textes juridiques (jusqu'à récemment), une relative liberté d'interprétation et de calcul est possible du moment que les mêmes règles sont appliquées pour analyser la consommation passée et définir l'objectif de consommation future... un sujet pas si neutre : en 2019, le tribunal administratif a annulé le PLU de Toulouse métropole "en considérant notamment que l'analyse de la consommation des espaces naturels et agricoles et la justification des objectifs de modération de cette consommation présentaient des insuffisances substantielles au regard des exigences du Code de l'urbanisme[II]".

I. Hormis la baisse qui a suivi... le pic de 2006-2009.

Le deuxième écueil est celui des outils d'observation à l'échelle locale permettant un suivi "au plus juste" des changements d'occupation des sols passés, à une échelle compatible avec la planification urbaine, c'est-à-dire une finesse à la parcelle ou au groupe de parcelles, pour distinguer les logiques de dispersion de l'habitat, l'étalement urbain, les "dents creuses" dans le tissu urbain... ce que n'offrent pas, on l'a vu, les données disponibles au niveau national – pas encore, en tout cas, c'est tout le travail qui se met en place avec la nouvelle base de données d'occupation du sol à grande échelle (OCSGE).

Les territoires sont inégalement dotés : certains sont confrontés, depuis longtemps, à la problématique d'artificialisation et ont mis très tôt en place des observatoires locaux (MOS ou modes d'occupation du sol en Île-de-France depuis 1982, en Loire-Atlantique et autres) avec une résolution bien plus fine que celle des observatoires nationaux. Sinon, les collectivités font avec les moyens du bord, parfois avec l'appui des agences d'urbanisme quand elles existent : observation de photos aériennes comparées entre deux millésimes, données cadastrales, observations de terrain...

L'exercice prospectif

L'exercice consiste à se projeter dans l'avenir sur dix à vingt ans pour évaluer les besoins induits par la "dynamique" attendue sur le territoire. À ce titre, les projections – démographiques, économiques – sont autant une affaire d'expertise (les prévisions de l'Insee) que d'ambition affichée pour un territoire : les élus se projettent positivement dans l'avenir, avec une population et des emplois en croissance, et... plus rarement l'inverse. Personne ne rêve de devenir une *shrinking city*[1] à la Detroit (Michigan, USA). On opte pour des scénarios "au fil de l'eau", poursuivant les tendances observées, ou le plus souvent pour des scénarios volontaristes et ambitieux pour inverser une tendance ou accélérer un développement.

1. Ville en déclin, ville "rétrécissante" ; Detroit, la "ville de General Motors", en a longtemps été l'exemple emblématique.

L'objectif de production de logements – déduit du scénario démographique retenu – est un pilier de la stratégie d'aménagement des collectivités : il doit répondre à la fois aux besoins des nouveaux arrivants et aux besoins endogènes du territoire, puisqu'avec la taille des ménages qui diminue régulièrement, de nouveaux logements peuvent être nécessaires uniquement pour maintenir la population.

L'objectif en termes d'emplois s'évalue aussi sur la base du scénario démographique et des spécificités économiques propres au territoire. Si on peut faire correspondre un nouveau ménage à un logement, un nouvel emploi n'implique pas forcément un nouveau bâti et les besoins seront différents selon la vocation économique : services, administration, commerces de proximité peuvent trouver leur place de manière diffuse dans la ville, parfois dans les rez-de-chaussée de bâtis dédiés au logement, tandis que d'autres (industrie, locaux d'activité, logistique) seront directement consommateurs de foncier, voire nécessiteront des zones économiques dédiées. Pour ces besoins spécifiques, les collectivités raisonnent en hectares dédiés à l'activité, sur la base d'une modélisation distincte de celle de l'habitat.

Enfin, il faut anticiper les infrastructures et les équipements (piscines, écoles, etc.) qui accompagnent nécessairement la production de logements et généreront aussi des besoins en foncier. Les projections doivent aussi tenir compte de certains équipements régionaux ou nationaux : réseau routier, liaisons ferroviaires, aéroports, établissements pénitentiaires... même s'ils ne sont pas toujours directement imputables à la dynamique locale.

Le calcul de la part en renouvellement urbain

Il s'agit ensuite d'évaluer la part de ces nouveaux "besoins" (on devrait plutôt dire objectifs) théoriquement "absorbable" dans les secteurs déjà urbanisés, moyennant "une analyse de la capacité de densification et de mutation de l'ensemble des espaces bâtis[12]", puis d'en déduire la part résultante qui devra, elle, faire l'objet d'extensions urbaines.

Le renouvellement urbain est, en grande partie, le fruit d'une urbanisation spontanée, diffuse, maîtrisée largement par la sphère privée, qui se fait par mutation parcellaire[I], densification, surélévation. Il est difficile de dimensionner cette part spontanée, autrement que par la notion de "gisement théorique", constitué notamment par des secteurs plus faiblement occupés dans le bâti ancien. D'autres gisements sont plus facilement identifiables et mobilisables, comme les grandes emprises d'un seul tenant, friches ou délaissés urbains sur lesquels la collectivité pourra avoir une action plus volontariste, dans le cadre de "grands projets urbains" maîtrisés par des dispositifs comme la zone d'aménagement concerté (ZAC) ou d'autres mécanismes.

En fait, la ville se renouvelle en se densifiant, et pas l'inverse : c'est un immeuble qui remplace un ancien garage, une "dent creuse[II]" qui est construite, etc. La densité est souvent une nécessité pour répondre aux contraintes du site, équilibrer les coûts du foncier, d'aménagement, de dépollution... *A contrario*, il y a moins de tradition de renouvellement urbain pour les zones de développement économique, et peu d'expériences en densification ; on veut disposer de foncier rapidement "mobilisable" pour répondre aux attentes des entrepreneurs, ce qui est souvent peu compatible avec les contraintes de temps du renouvellement.

Les contextes sont donc plus ou moins favorables au renouvellement urbain : cela dépendra de l'obsolescence du bâti, de la taille des parcelles, de la disponibilité en friches urbaines, de la tension sur les prix du foncier... ou tout simplement d'un phénomène de saturation : les secteurs déjà densifiés ces dernières années ne muteront de nouveau que dans plusieurs décennies... *In fine*, la production en renouvellement est très variable selon les communes.

Dans les faits, il n'y a pas d'indicateur officiel (et disponible) au niveau national pour définir un taux de renouvellement urbain : "l'équilibre" suggéré par la loi est une affaire d'appropriation par chaque

I. Lorsque l'on démolit et reconstruit.
II. Cf. chap. 8.

collectivité et l'histoire ne dit pas s'il doit se faire en considérant des mètres carrés construits, des unités de logements, des permis de construire ou encore des surfaces au sol "consacrées au bâti".

Une étude de l'Insee sur la période 2005 à 2013[13], croisant la base géolocalisée des permis de construire avec les données d'occupation du sol (CLC[I]), a mesuré un taux de renouvellement de 43 % des surfaces au sol consacrées au bâti[II]. De leur côté, les collectivités, qui suivent de façon précise la construction sur leur territoire, ont les moyens d'observer un "taux de renouvellement" exprimé en logements, c'est-à-dire le pourcentage de logements construit sur des terres déjà artificialisées, et de projeter une estimation ou une ambition. Quant aux zones d'activité dédiées, il y a encore trop peu d'expérience de renouvellement urbain et *a fortiori*... pas de taux de renouvellement à constater, ni de taux optimiste à afficher. Mais les zones d'activité sont moins nombreuses, un diagnostic est possible pour recenser au cas par cas les fonciers sous-utilisés voire encore nus au sein de zones déjà existantes.

Le calcul de la part en extension urbaine et le rendement

Dernière étape, le besoin en surfaces construites qui n'aura pas trouvé sa place à l'intérieur de l'espace urbain va être distribué en zones d'extension, en appliquant un paramètre de densité, qui permet de passer du nombre de logements à leur occupation au sol. Là encore, il va s'agir, dans une logique de sobriété foncière, de rehausser les densités observées sur le terrain, pour tendre vers des modèles plus compacts, correspondant plutôt à de l'habitat collectif qu'à des maisons individuelles. Une action volontariste mais dont la mise en œuvre n'est pas gagnée, tant la pression de la demande reste forte pour de la construction pavillonnaire, qui demeure l'horizon indépassable.

Si une densité moyenne est énoncée, elle sera bien sûr modulée selon les secteurs – les centralités pouvant théoriquement supporter

I. CORINE Land Cover, si vous suivez...

II. Donc 43 % des surfaces consacrées au bâti le sont en renouvellement et n'entraînent pas d'artificialisation du sol.

plus de densité que la périphérie. En plus des besoins pour le logement et l'activité, il faudra ajouter les besoins en foncier pour les infrastructures et équipements d'accompagnement, calculés au cas par cas quand les terrains sont déjà fléchés ou donnés en pourcentage du foncier dédié au logement.

En 2011, le Cerema calculait une densité bâtie moyenne du parc existant (toute vocation confondue, à partir de l'analyse des fichiers fonciers) de 0,15 – soit 0,11 pour l'habitat individuel et 0,71 pour l'habitat collectif[14]. Pour les constructions récentes, le Cerema met en rapport les surfaces de plancher (commencées) et les terres nouvellement artificialisées sur une même période : "il fallait 5,8 mètres carrés de foncier pour produire 1 mètre carré de bâti en 2009, contre 4,4 mètres carrés en 2019[15]" soit une densité de 0,17 en 2009 contre 0,23 en 2019, ce qui correspond toujours à une part importante de maisons individuelles, mais montre une amélioration de l'efficacité des modèles urbains. De fait, depuis 2008 on produit plus de logements collectifs que de logements individuels[16].

La réglementation propose des outils pour favoriser la densité des constructions nouvelles, mais avec un caractère facultatif : le SCoT peut instaurer une densité minimale de construction ainsi qu'une valeur plancher de densité ; le PLU peut imposer une densité minimale de construction à l'intérieur des secteurs desservis par les transports en commun. Il y a aussi des outils fiscaux : versement pour sous-densité, taxe sur les terrains nus devenus constructibles... En théorie, le déplafonnement des densités est un outil puissant (l'historique COS[I] a été supprimé des documents d'urbanisme par la loi ALUR) mais difficile à mettre en œuvre en pratique, soit par souci de préserver l'intégrité des ensembles urbains et du patrimoine bâti, soit, mais très souvent aussi, par opposition des citoyens[II].

Voici *in fine* comment le calcul s'établit :

I. Coefficient d'occupation du sol.
II. Cf. chap. 2.

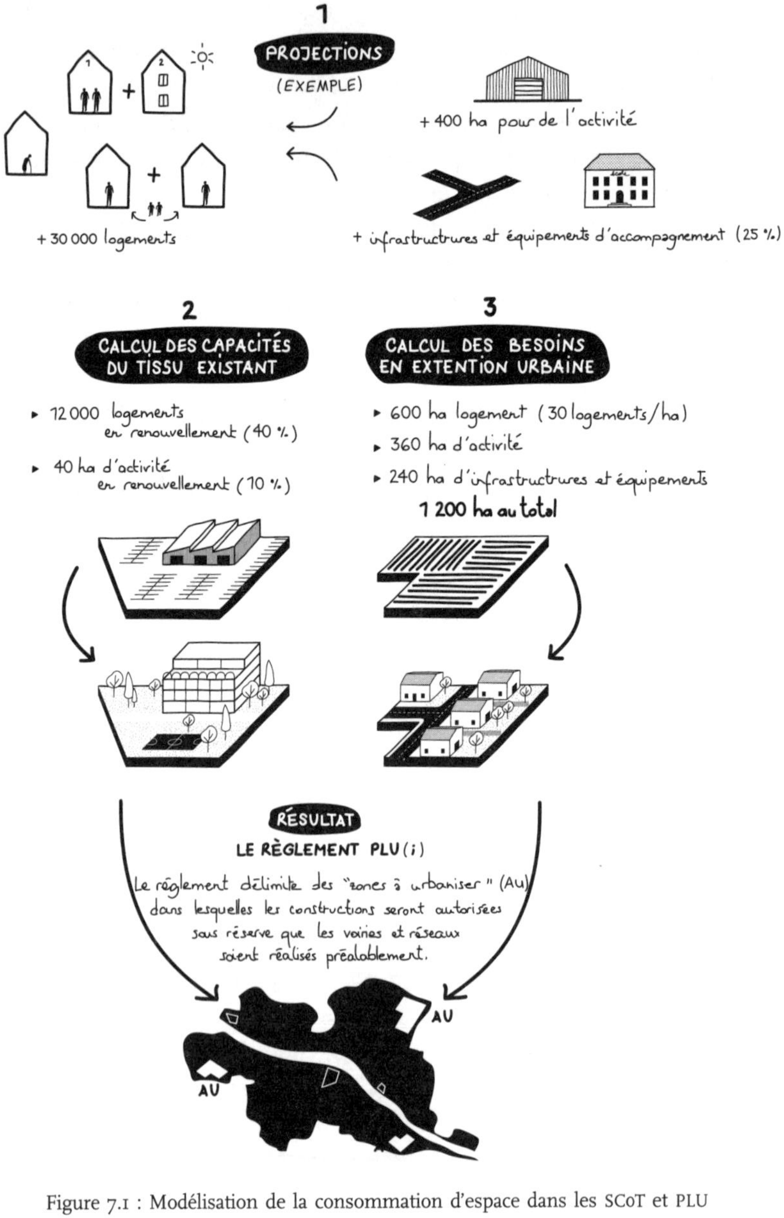

Figure 7.1 : Modélisation de la consommation d'espace dans les SCoT et PLU

Quels résultats espérer ?

France Stratégie et le Commissariat général au développement durable (CGDD) ont chacun modélisé les chiffres qui pourraient être atteints en jouant sur les paramètres du taux de renouvellement urbain et du niveau de densité (rendement de l'artificialisation).

Pour France Stratégie[17], en partant d'un scénario "tendanciel" à 20 000 hectares par an[I], il serait possible de réduire ce flux par un facteur 2 à 4 d'ici 2030, soit une consommation d'espaces de 5500 à 9 200 hectares – hors infrastructures donc. Dans le scénario "densification modérée", le taux de renouvellement urbain augmenterait de 0,42 à 0,5 et la densité de 0,16 à 0,3, tandis que dans le scénario "densification forte", avec des conditions de construction encore durcies, le taux de renouvellement serait de 0,6 et la densité de 0,4.

Le renchérissement des terres (une multiplication du prix par 3 à 5) et la réduction du taux de vacance permettraient d'abaisser encore le chiffre, à 3 700 hectares par an. En 2050, toujours en jouant sur les mêmes paramètres, on atteindrait un "niveau résiduel" d'artificialisation inférieur à 1 200 hectares par an, suffisamment faible pour être compensé par la renaturation équivalente de terres anthropisées, "sous réserve du développement d'un modèle économique adapté".

Pour le Commissariat général au développement durable (CGDD)[18], le scénario ZAN "combine les hypothèses de réduction de la vacance (ramenée de 8 % à 6 % en 2030, réduisant les besoins de construction), d'augmentation du renouvellement urbain (qui passerait de 42 % à 70 % en 2050) et de la densité bâtie (0,45 en 2050) avec des hypothèses sur l'augmentation de la renaturation" et ainsi "les chiffres de surfaces NAF consommées en 2050 dans les différents

I. Pour l'ensemble des surfaces construites mais hors infrastructures représentant de l'ordre de 30 % du total.

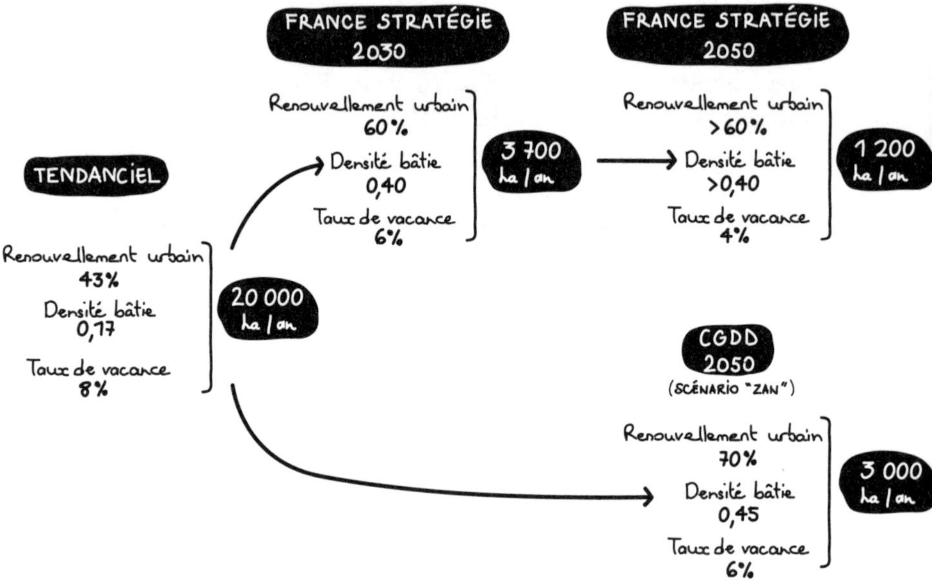

Figure 7.2 : Comparaison des modélisations ZAN de France Stratégie et CGDD

scénarios donnent un ordre de grandeur des opérations de renaturation qu'il conviendrait de déployer (de l'ordre de 3000 ha/an dans le scénario ZAN) pour atteindre cet objectif".

Jouer sur le paramètre de la vacance revient *in fine* à réduire la demande en construction. Bien avant les efforts que l'on pourra faire sur le renouvellement et la densité urbaine, la trajectoire d'artificialisation dépend de ce que l'on va "mettre dans la machine", c'est-à-dire les surfaces de plancher commencées chaque année. Or dans ces modélisations, il n'est pas question de chercher à optimiser ce paramètre, il est même en croissance : France Stratégie a estimé la surface commencée à 56,3 millions de mètres carrés en 2030 et 63,9 millions de mètres carrés en 2050.

De tels scénarios, plutôt encourageants il est vrai – surtout en jouant sur le volume à construire –, sont-ils réalisables ? Il faut d'abord considérer l'inertie du système. À la suite de la promulgation de la loi Climat et résilience, les élus locaux vont devoir mettre à jour les documents d'urbanisme. Compte tenu des délais de mise en œuvre des différentes "strates", cela prendra au mieux cinq ans (mise à jour des SCoT en 2026 et des PLU en 2027). En attendant, ce sont les documents existants qui s'appliqueront. Il est difficile, voire impossible d'évaluer la surface totale des zones à urbaniser contenues dans nos PLU et cartes communales actuellement en vigueur, mais l'exercice serait intéressant ! Il est fort à parier qu'ils contiennent déjà, en germe, l'équivalent de la "surface d'un département tous les dix ans", au moins en ordre de grandeur. Pour appuyer sur la pédale de frein, il va donc falloir engager rapidement la révision des documents d'urbanisme, et sans doute faire quelques malheureux ou déçus parmi les propriétaires fonciers, qui se voyaient déjà ou bientôt en zone à urbaniser.

De la ZAN à la ZAB

Nous voilà donc partis pour trois décennies qui promettent quelques beaux débats et quelques choix cornéliens, à tous les échelons territoriaux. Pourtant un paramètre aujourd'hui ne fait pas débat : le volume à construire.

L'impensé de la croissance (urbaine)

Dans les modélisations des documents d'urbanisme, l'effort est toujours porté soit par les tissus existants (le renouvellement) soit par le rendement de l'artificialisation (la densité), mais jamais par le volume global de la construction attendu : les besoins en construction sont considérés comme un invariant structurel, une condition *sine qua non* du dynamisme territorial. Les SCoT et PLU se calent toujours sur des hypothèses hautes de croissance, souvent supérieures aux prévisions de l'Insee, ce qui permet aux collectivités de se laisser des "marges de manœuvre".

"Retrouver un poids majeur dans la croissance de l'aire urbaine… pour répondre aux ambitions démographiques", "Faire le choix de la croissance…", "Se développer tout en économisant de l'espace", "Le développement du territoire constant depuis vingt ans est considéré comme un invariant pour le territoire", "Continuer à être un territoire attractif", "Répondre aux besoins des nouveaux arrivants mais également aux besoins endogènes[19]"… Même si la course à la taille n'est pas considérée comme un but en soi – Bordeaux n'affiche plus ses ambitions de "métropole millionnaire" qui a été son mot d'ordre pendant un temps –, il est clair que les effets de l'attractivité territoriale, de la croissance démographique, de la pression sur les besoins d'infrastructures ou de développement économique restent pour l'instant très teintés "monde d'avant".

Or, remettre en cause le volume à construire serait évidemment, et de loin, le levier le plus puissant, comme le pointe discrètement, pour rester "politiquement correct", le Cerema : "[Le premier levier], la diminution de la construction ne semble cependant pas en accord avec d'autres politiques publiques. En particulier, les besoins en logements nécessaires pour répondre aux besoins de la population nécessitent *a minima* un maintien global de la construction. Il faut cependant garder en tête l'influence haussière de cet indicateur sur la consommation d'espaces[20]."

Sans doute, les leviers de renouvellement et de densification sont aussi pertinents. Leur efficacité tient avant tout au fait qu'il y a eu une gabegie foncière monumentale, une artificialisation à très basse densité, au moins jusqu'aux années 2008-2009 ; la marge de manœuvre, le "volant" offert par la simple rehausse des densités, couplée à des actions un peu plus volontaristes sur les tissus existants suffit donc à afficher une réduction notable des besoins, sans toucher au rythme de construction de logements ou de locaux d'activité, et sans que l'effort à consentir paraisse inatteignable.

Mais cette phase, où on n'a pas besoin de toucher au volume de la construction à venir, avec des villes continuant à prélever des espaces NAF à un rythme certes mieux maîtrisé (bien que toujours conséquent au regard de la "neutralité" à atteindre), peut-elle raisonnablement durer ?

Les limites de la croissance : vers la ZAB ("zéro artificialisation brute")

Résumons : la ZAN est, sur le papier, un objectif louable. Mais sa mise en œuvre effective s'avère pour le moins épineuse. Se mettre sur la trajectoire d'une réduction forte de terres consommées par l'urbanisation, puis d'une compensation résiduelle, *sans toucher au volume de la construction*, est un pari d'une incroyable complexité.

Côté réduction, il faudra réussir à densifier suffisamment (en expansion sur de nouveaux espaces et en rénovation urbaine), malgré les aspirations certaines ou les résistances locales des populations, assumer ou faire machine arrière sur les "coups partis" des actuels documents d'urbanisme, faire face aux injonctions contradictoires entre densification et besoin de "respiration" des villes, d'autant qu'elles sont plus grandes et étalées. Côté compensation, il faudra trouver un flux suffisant de terres à renaturer, et y faire fonctionner les mécanismes de restauration, du point de vue écologique et physique, mais aussi économique et réglementaire, alors que les processus naturels sont encore si mal connus, et que les dispositifs de compensation environnementale sont encore balbutiants et très, très loin d'avoir fait leurs preuves pour freiner, ou stopper l'effondrement de la biodiversité.

Tentons une autre hypothèse. Et si, au lieu de cibler une ZAN, c'est une ZAB, une *zéro artificialisation brute*, une zéro artificialisation "tout court" qu'il fallait mettre en œuvre ? Et que celle-ci serait beaucoup plus simple à atteindre en s'autorisant à remettre en cause les "besoins" de construction ?

Le développement urbain se fonderait sur un nouveau "contrat" : la protection de tous les sols, agricoles et non agricoles – y compris ceux déjà ouverts à l'urbanisation – qui seraient considérés comme une ressource rare et non renouvelable, un "bien commun", préservés pour les générations futures, pour leur potentiel nourricier, mais aussi leur capacité à fournir des "services écosystémiques", à contribuer à la régulation climatique, à accueillir la biodiversité...

Sans doute, c'est un peu utopique pour l'instant et cela paraîtra à beaucoup, dans les conditions actuelles, un peu trop... disruptif ! Même si, d'un point de vue législatif et réglementaire, un tel virage serait très simple à prendre – pensons par exemple à la protection introduite au niveau national par les lois Littoral[21] et Montagne[22], qui restent à ce jour les limitations les plus importantes du droit français au pouvoir d'urbanisation des collectivités locales et qui ont prouvé leur efficacité. Sans doute aussi, la mise en œuvre ne pourrait pas être tout à fait aussi "brutale" et certaines exceptions devraient être faites, au moins dans les premiers temps, dans certaines zones ou pour certains projets considérés comme indispensables. Mais une telle orientation affichée permettrait de sortir de la logique du "tout-compensation", qui cautionne *in fine* un droit de faire, et systématiserait la logique d'évitement – la compensation devant rester la dernière des solutions envisageables.

Vers la ville stationnaire

Ainsi, nos villes pourraient devenir "stationnaires", cesser de grignoter (à l'échelle annuelle), de dévorer (à l'échelle de quelques décennies) leurs terres voisines, en se concentrant sur elles-mêmes, leur renouvellement, leur densification – mesurée –, leur embellissement, leur "réparation" – tant certains territoires, notamment les entrées de ville, les zones commerciales ou les zones d'activités, certains quartiers... sont ravagés, au moins du point de vue urbain et esthétique.

Il ne s'agit pas de réinventer, ou de fantasmer, la "ville idéale" qui ferait la "bonne taille", ou de revendiquer une stricte stationnarité démographique, une discussion qui nous ferait sympathiquement remonter à Platon et ses 5 040 foyers[I], mais ne nous aiderait pas vraiment à affronter les défis auxquels nous aurons à faire face pour les prochaines décennies. Il faudra faire avec l'existant, avec le déjà-là. La bonne taille, c'est celle dont on hérite. Nous devrons apprendre à *prendre soin* et *transmettre* notre héritage urbain, tout comme notre héritage naturel et culturel.

Stationnaire ne veut certainement pas dire figée. En l'absence de territoires d'extension, il faudra utiliser, bien sûr, comme c'est déjà prévu aujourd'hui, certains gisements de densification, des friches urbaines industrielles ou ferroviaires déjà existantes, ou les futures friches provoquées par les mutations en cours ou à venir (parkings et centres commerciaux, zones de bureaux ou d'activités non pérennes car "climaticides")... Mais il s'agira, de surcroît, de répondre à la pression immobilière par une intelligence, une intensification dans l'usage des lieux existants, bâtis et espaces publics et privés, pour construire moins et mieux.

Il faudra aussi et surtout libérer la ville de l'injonction de croissance et de la pression de la métropolisation, en réfléchissant aux potentiels de "redistribution" des populations urbaines. Il faudra *décentraliser pour cesser d'artificialiser*[23], ou plutôt *redistribuer*[II], revisiter profondément l'aménagement du territoire, la répartition des populations, des services et des emplois. Les métropoles ne devront plus attirer et grandir, mais *essaimer* ; la puissance publique, à toutes

I. Dans *Les Lois*, Platon fixe ce nombre comme celui de la ville idéale : "j'ai mes raisons", nous dit-il ; et en effet, 5040 = 2 × 3 × 4 × 5 × 6 × 7, il possède donc 59 diviseurs, dont les chiffres de 1 à 10, "ce qui est d'une grande commodité, soit pour la guerre, soit pour la paix, par rapport aux diverses espèces de conventions et de sociétés, aux contributions et aux distributions" (livre cinquième, traduction de Victor Cousin).

II. Car la décentralisation évoque plutôt les transferts de pouvoir de l'État central vers des échelons politiques territoriaux.

les échelles, devra favoriser et accompagner, par son exemplarité, son pouvoir d'entraînement, ses décisions et toutes les mesures possibles (réglementaires, fiscales, etc.), une nouvelle décentralisation, une redistribution progressive de la population vers les villes moyennes, les bourgs, les villages et les campagnes.

8

CONSTRUIRE MOINS, ACCUEILLIR MIEUX

To build or not to build, construire ou non, voici donc la question[1]. D'un point de vue strictement environnemental, on l'a vu, construire moins ne présente que des avantages, du moins si l'on entend par "construire" l'acte de faire sortir de terre de nouveaux bâtiments : moindre énergie embarquée dans les matériaux et les activités du chantier, moindre artificialisation du territoire, moindres émissions de carbone durant l'exploitation, moindres déchets en fin de vie... Sobriété, réduction à la source, évitement, juste dimensionnement sont des leviers terriblement efficaces.

Évidemment, par les temps qui courent, une solution aussi hérétique, pour tout dire *malthusienne*, même venant comme la conclusion "logique" d'une démonstration basée sur l'insoutenabilité des rythmes de consommation actuels, ne peut que faire hérisser le poil à tous les "décideurs", ou peu s'en faut. Du côté des professionnels et de la puissance publique, on y verra le risque d'une baisse d'activité certaine, malgré la montée en puissance de la partie rénovation et réhabilitation (chiffre d'affaires en berne et impact négatif sur toute l'économie "tirée" par le bâtiment[I]) ; à "gauche" comme à "droite", on pointera le manque d'offres et l'augmentation consécutive du prix des logements et des loyers, on s'inquiétera des possibilités pour les entreprises de croître ou de s'installer, ou tout simplement de pouvoir recruter des salariés dans les bons bassins d'emploi...

Aujourd'hui, on cherche plutôt à construire *plus*, à "relancer durable[ment]" la construction de logements[2], voire à créer un "choc d'offre" grâce à un *"build deal*[3]*"*. Selon les professionnels et les pouvoirs publics[4], il faudrait au bas mot 500 000 logements par an – au lieu de 350 000 environ comme ces dernières années – faute de quoi "une crise majeure de l'offre" se profilerait[5]. Un chiffre "effet d'annonce" déjà utilisé depuis quelques années par différents gouvernements.

I. Le BTP représente 8 % du PIB, mais auquel il faut ajouter les activités industrielles en amont (matériaux, équipements, etc.) et annexes (services immobiliers, bancaires, etc.).

Pourtant, nous avons bien "acté", à relativement bas bruit, une réduction très significative des volumes à construire à moyen terme. Instaurée par la loi de transition énergétique pour la croissance verte de 2015, la stratégie nationale bas carbone, qui doit permettre à la France de tenir ses engagements internationaux et vise la neutralité carbone d'ici 2050, prévoit (presque) *zéro émission* dans le secteur du bâtiment[6], grâce à un programme radical (et exhaustif) de rénovation thermique et une décarbonation des énergies utilisées. Mais celle-ci s'appuie également sur un ralentissement substantiel de la croissance du parc : le rythme de construction neuve passerait de 324 000 logements en 2016 à 204 000 logements en 2050, avec une part de logement collectif passant de 61 % (en 2015) à 75 % ; dans le tertiaire, on passerait d'un rythme annuel de 10 millions de mètres carrés à 7 millions de mètres carrés. Cette réduction n'est pas liée à l'évolution démographique – le scénario central de l'Insee retenu table sur une croissance de la population de 0,3 % par an, sensiblement la même qu'aujourd'hui –, mais plutôt à une réduction des facteurs ayant mené aux besoins supplémentaires des dernières décennies : phénomènes de "décohabitation" (réduction de la taille des ménages), augmentation des surfaces construites par personne, augmentation du taux de vacance des logements[7].

Dans son rapport *Transition(s) 2050*, l'Ademe imagine quatre scénarios contrastés. Les plus ambitieux sur la baisse de consommation d'énergie et de ressources, "génération frugale" et "coopérations territoriales", sont également très sobres en construction : les résidences secondaires passent de 9 % à 2,5 % du parc de logements, les villes moyennes et les villages sont réinvestis, les logements sont occupés par 2,1 personnes en moyenne – au lieu de 2,0 en "tendanciel" –, le partage des bâtiments, des pièces de vie, des équipements "se généralise" ; après optimisation des locaux vides, on ne construit plus que 150 000 logements par an[8] (l'honnêteté nous oblige à mentionner qu'il y a aussi un scénario "technologies vertes", où un programme de nouvelles constructions haussmanniennes, dont on a vu l'efficacité en termes de densité[I], est mené dans les métropoles, mais celui-ci conduit à une consommation cumulée de matières premières de 1,4 milliard de tonnes entre 2015 et 2050, contre "seulement" 600 millions de tonnes dans les scénarios plus frugaux).

Les associations impliquées dans le débat sur la transition énergétique vont encore plus loin, ou plus vite. The Shift Project[9], par exemple, recommande, dans son plan de transformation de l'économie française (PTEF, initié en 2020), de "faire preuve de sobriété dans la construction neuve", et propose de "réduire rapidement la construction neuve de maisons individuelles à environ un tiers de la production actuelle, tout en maintenant la production de logements collectifs à son niveau actuel". Dans la nouvelle version de son scénario (2022), négaWatt ne fait plus croître le parc résidentiel au-delà de 2025 (les constructions neuves ne font plus que compenser les démolitions) – grâce à une réduction d'un tiers, notamment, du stock de résidences secondaires et de logements vacants[10].

Ces scénarios sont-ils donc irréalistes, irréalisables ? Comment inverser des tendances historiques bien installées qui ont conduit à "nous étaler" un peu plus ? Les villes sauront-elles trouver *in situ* les "ressources" pour continuer à se développer ? On peut oser un parallèle entre l'exploitation du foncier urbanisable et celle des énergies fossiles, pétrole et gaz en particulier : elles partagent les mêmes caractéristiques de départ, celles d'être disponibles, à terme, en quantité limitée, et d'être non renouvelables[II]. Avec la ZAN, c'est la partie "conventionnelle" du gisement foncier qui a vocation à disparaître, c'est-à-dire la partie abondante (illimitée presque), bon marché et "facile à extraire" que sont les sols agricoles ou naturels aux portes

I. Cf. chap. 1.

II. À une échelle de temps différente néanmoins : des dizaines ou centaines de millions d'années pour les énergies fossiles, tandis qu'un sol doit pouvoir intégralement se reconstituer en quelques siècles ou quelques milliers d'années tout au plus.

de nos villes. Bientôt, nous n'aurons plus accès qu'au foncier "non conventionnel", difficile d'accès (imbriqué, enchâssé dans la ville), dispersé, souvent pollué, tout ce qui va être bien plus long et coûteux à "extraire", car nécessitant un préalable et/ou une intervention à bien plus petite échelle. Sortir, plus ou moins volontairement, de notre addiction à l'artificialisation sera aussi complexe que sortir de notre addiction aux produits pétroliers.

Nous avons officiellement, dans nos lois comme dans les trajectoires de prospective publique, "acté" une double réduction : celle des volumes à construire, un "construire moins" qui suggère que nous devrons faire, de plus en plus, avec ce que l'on a, que nous devrons bien partager et mieux utiliser le bâti existant, optimiser les capacités d'accueil de la ville grâce à un "gisement" – continuons à filer la métaphore pétrolière – plus ou moins mobilisable ; et celle des surfaces à artificialiser, un "artificialiser moins" qui implique que nous devrons mieux utiliser les sols déjà urbanisés, transformer la ville, la réparer, la préparer aux transitions qui lui permettront de rester désirable, soutenable et vivable. Connaître et valoriser notre héritage urbain à toutes les échelles doit désormais guider nos réflexions urbaines et nos politiques d'aménagement.

Mieux occuper et se partager le bâti : intensifier les usages de l'existant

Construire moins, c'est donc d'abord *faire avec l'existant*, réinvestir et se partager les murs et les planchers dont on dispose déjà (parc de logements, parc de bureaux, équipements publics ou privés, locaux commerciaux ou d'activité), soit parce que ces bâtis sont inoccupés (vacances) soit parce qu'ils sont sous-occupés ou ne correspondent plus à l'usage pour lequel ils ont été conçus. Le bâti vacant ou sous-occupé peut être réinvesti pour le même usage (comme remettre des logements vacants dans le circuit des résidences principales) ou pour un usage différent (comme transformer des bureaux en logements). Le bâti est souvent dédié à un usage particulier et peu "réversible", mais il est parfois possible d'en changer l'usage, voire d'en mixer les usages pour en partager les capacités.

Logements vacants

Commençons par le gisement le plus connu, le plus évident, celui des logements vacants, dont nous mentionnions l'augmentation en introduction de notre ouvrage – une progression de 30 % sur les quinze dernières années. Le taux de vacance actuel interroge légitimement le besoin constant de production de logements neufs. L'alternative qui consiste à remettre sur le marché des logements inoccupés, de façon à "produire" des logements sans avoir à les construire est de plus en plus mise en exergue, tant par les acteurs politiques, à travers le renforcement de dispositifs de lutte contre les logements vacants, que par les populations, notamment en réaction à la réalisation de nouveaux projets immobiliers et d'opérations de densification urbaine. Quel est le potentiel mobilisable ?

La France[I] comptait, en 2021, 37,2 millions de logements, dont 81,8 % de résidences principales (30,4 millions), 9,9 % de résidences secondaires ou logements occasionnels (3,7 millions) et 8,3 % de logements vacants (3,1 millions). Sur les presque 3 millions de logements vacants de la seule France métropolitaine[II], 60 % se situent hors unité urbaine ou dans des unités urbaines de moins de 100 000 habitants, 27,5 % dans des unités urbaines de 100 000 habitants ou plus (hors Paris), et 12,5 % dans l'unité urbaine de Paris[11]. C'est le premier problème : la majorité des logements vacants ne se situe pas là où sont les besoins – la seule manière de rapprocher l'offre

I. Inclus les DOM, hors Mayotte.

II. 2,968 millions *vs* 3,085 millions inclus les DOM. Les DOM comptent, en proportion, moins de résidences secondaires et occasionnelles (6,1 %) et plus de logements vacants (12,3 %).

et la demande étant alors de faire en sorte que les populations se redistribuent de manière plus "équitable" sur le territoire – nous y reviendrons dans le prochain chapitre[I].

L'Insee[12] définit un logement vacant comme un logement inoccupé correspondant à l'un des cas suivants : proposé à la vente, à la location ; déjà attribué à un acheteur ou un locataire et en attente d'occupation ; en attente de règlement de succession ; gardé vacant et sans affectation précise par le propriétaire (par exemple un logement vétuste). Les deux premiers cas relèvent de la vacance dite "frictionnelle" ou de courte durée, nécessaire à la rotation des ménages dans le parc privé pour garantir la fluidité des parcours résidentiels et l'entretien du parc de logements. Les deux autres cas relèvent de la vacance dite "structurelle" ou de longue durée, celle qui peut être intéressante à (re)mobiliser.

La partie vacante depuis au moins deux ans représente 38 % des logements, soit un parc de 1,1 million d'unités – soit l'équivalent de trois à quatre ans de "production[II]". Dans le parc privé, 74 % des logements durablement vacants se situent dans les marchés "détendus", ce qui en laisse de l'ordre de 300 000 dans les zones tendues. Certes, les logements vacants structurels ne se situent donc pas toujours là où la demande est la plus forte, mais il y a d'autres raisons à l'inadéquation entre l'offre et la demande : la taille, le prix, la localisation, le contexte, un état d'insalubrité nécessitant des travaux que le propriétaire ne peut ou ne souhaite pas prendre en charge… Dans le parc social, le taux de vacance est bien plus faible et ne recouvre pas les mêmes enjeux de remise sur le marché que le parc privé : en 2020, celui-ci s'élevait à 2,7 % en France métropolitaine, dont 1,3 % de plus de trois mois (équivalent à "seulement" 65 000 logements), considérée comme vacance structurelle[13].

I. Cf. chap. 9.

II. Le taux de vacance "frictionnelle", raisonnable, se situe autour de 5 % (environ 60 % des 8,2 %).

Depuis plusieurs années, dans le cadre des politiques nationales successives, différents dispositifs ont été mis en œuvre pour lutter contre les logements vacants. Les collectivités peuvent recourir à des mesures coercitives, fiscales comme la taxe sur le logement vacant (TLV) ou la taxe d'habitation sur le logement vacant (THLV), ou juridiques comme la mise en place d'arrêtés de péril pour contraindre le propriétaire à réaliser des travaux ou l'engagement de procédures d'expropriation, voire de réquisition de biens vacants. Du côté des propriétaires, des mécanismes incitatifs existent : aide financière aux travaux, apport gratuit d'expertise technique ou juridique, garantie de loyer, primes et avantages de mise en location conventionnée sociale et très sociale…

Le dernier dispositif en date est le plan national de lutte contre les logements vacants, lancé en janvier 2021 par le ministère du Logement avec différents partenaires (DHUP[14], Anah[I], etc.). L'accent est mis sur de nouveaux outils à destination des acteurs locaux, d'identification et de mobilisation des surfaces inoccupées. Même s'il est trop récent pour en évaluer les résultats, ce plan apporte une amélioration par rapport aux dispositifs précédents car il s'attaque à une double problématique, celle du niveau de connaissance des collectivités du patrimoine vacant sur leur territoire[15] et celle de la transformation en logements d'autres bâtiments vacants[II].

Indéniablement, la remise sur le marché d'un maximum de logements vacants peut contribuer à répondre, dans une mesure limitée, à la forte demande de logements résidentiels en zone tendue. Cependant, les résultats des dispositifs mis en œuvre pour enclencher cette dynamique restent encore très modestes. Si la seule "incitation" des propriétaires à remettre sur le marché (vente ou location) leurs biens immobiliers vacants s'avère insuffisante, aller plus loin implique le courage de s'attaquer au sujet sensible de la propriété

I. Agence nationale de l'habitat.
II. Les immeubles de bureaux notamment, cf. *infra*.

privée, à peu près intouchable depuis la Révolution française : mener, à l'échelle des collectivités locales, une politique publique plus volontariste de rachat au nom de l'intérêt général (acquisition amiable dans le meilleur des cas, réquisition ou expropriation sinon…) et de réhabilitation, afin de les remettre sur le marché (vente) ou d'en confier la gestion à des bailleurs sociaux.

Évidemment, une telle politique pose la question des moyens opérationnels – ici, les "véhicules" possibles ne manquent pas : établissements fonciers, sociétés d'économie mixte, sociétés publiques locales, bailleurs sociaux, structure(s) *ad hoc* – et surtout financiers. Différentes pistes pourraient être examinées, comme la réorientation partielle des fonds publics dédiés à la construction des logements sociaux (le "1 % patronal"), la revoyure des dispositifs de défiscalisation qui pourraient être fléchés vers la réhabilitation du patrimoine ancien, la mise en œuvre d'un plan massif de rénovation du parc existant et de ses performances énergétiques[I].

Les résidences secondaires

Le deuxième sujet, très mentionné dans les médias, est celui des résidences secondaires. Contrairement aux logements vacants, leur proportion est restée relativement stable sur les quatre dernières décennies, suivant la progression moyenne, de l'ordre de 1,1-1,2 % par an, du parc global de logements[II], avec toutefois une accélération notable depuis 2014[III].

Il a de quoi irriter ceux qui ont du mal à se loger, car il évoque immédiatement la longère normande du banquier d'affaires ou le mas provençal du directeur marketing, et la question des inégalités de

I. Au-delà des premiers programmes comme "Habiter mieux" de l'Anah, la prime énergie "MaPrimeRénov"…

II. Passant de 2,279 millions en 1982 (9,2 % du parc) à 3,678 millions en 2021 (9,9 % du parc).

III. Augmentation annuelle de 1,4 à 1,8 %.

patrimoine. Qu'il y ait de grandes inégalités dans le domaine immobilier, c'est indéniable : 3,5 % des ménages, possédant cinq logements ou plus, détiennent *un quart* du parc immobilier privé… et *la moitié* des logements privés mis en location ! Ils possèdent même 37 % des logements situés dans le centre des grandes villes[16]. Eh oui, il y a encore des gens qui possèdent des immeubles entiers, à Paris et ailleurs, pendant que d'autres s'endettent sur trente ans, merci pour eux. Mais revenons à nos bergeries et nos chalets et dégonflons tout d'abord une baudruche pour partie fantasmée, grâce à l'Insee :

> En France, un logement sur dix est une résidence secondaire au sens fiscal. Ces résidences se trouvent sur le littoral (40 %) ou en altitude (16 %) mais aussi dans les intercommunalités les plus densément peuplées, hors littoral et montagne, pour 12 % d'entre elles. Elles sont souvent plus petites que les résidences principales : une sur quatre fait moins de 40 mètres carrés, contre seulement une résidence principale sur dix.
>
> Une résidence secondaire sur dix appartient à une personne résidant à l'étranger. Parmi celles détenues par un ménage résidant en France, deux sur trois le sont par un ménage de soixante ans ou plus, et même trois sur quatre dans certaines zones littorales. 34 % d'entre elles sont détenues par des ménages aisés[17].

La notion statistique de "résidence secondaire ou logement occasionnel" recouvre une réalité extrêmement hétéroclite : le pied-à-terre parisien de quelques riches Américains, Suisses ou Émiratis (au total, de l'ordre de 200 000 logements dans la métropole du Grand Paris, tout de même, soit 5,8 % du total du parc), le moulin anglais en Dordogne ou la villa russe sur la Côte d'Azur, etc. ; le parc de (tout) petits logements pour les congés d'été ou d'hiver ; les logements Airbnb dans les métropoles touristiques ; la maison "dans le Sud" achetée par le couple qui prépare sa retraite avec un peu d'anticipation…

Comme pour le vacant, tout le parc n'est donc pas "mobilisable" : même en distribuant mieux la population sur le territoire, il est peu probable qu'on installe beaucoup de monde à l'année à L'Alpe d'Huez ou aux Arcs. De même, difficile d'envisager que des familles puissent se loger dans les petits appartements de plage d'Hossegor, de La Grande-Motte ou du Lavandou... Diviser par quatre la proportion de résidences secondaires à l'horizon 2050, comme l'envisage l'Ademe dans ses scénarios les plus frugaux[I], semble un objectif très ambitieux, atteignable seulement avec des mesures drastiques qui permettraient de "mettre la main" sur 100 % des logements "pertinents" pour une résidence à l'année.

Dans l'urgence de la tension actuelle, c'est dans les métropoles et sur les littoraux que le bât blesse surtout. Sur les littoraux, l'augmentation de la demande de résidences secondaires (qui semble bien avoir lieu depuis la crise sanitaire) y accentue la crise du logement. Les prix flambent et les logements deviennent inaccessibles aux populations locales, condamnées à habiter de plus en plus loin, à s'éloigner de la façade maritime si recherchée, et à aller contribuer à l'artificialisation un peu plus loin dans les terres, tout en subissant des trajets domicile-travail de plus en plus importants.

Il revient alors à la puissance publique de tenter de garantir un équilibre, au nom de l'équité sociale et de l'intérêt collectif – à commencer par l'intérêt économique : dans certaines zones, par exemple, les acteurs du tourisme n'arrivent plus à embaucher. Aujourd'hui, une majoration de la taxe d'habitation à hauteur de 60 % est permise sur les résidences secondaires[18] des communes situées dans le périmètre d'application de la taxe annuelle sur les logements vacants[19] (les zones d'urbanisation continue de plus de 50 000 habitants, où existe un déséquilibre marqué entre l'offre et la demande).

Si une telle mesure était généralisée sur les territoires éligibles, voire généralisée aux zones en tension immobilière, elle pourrait

I. Cf. *supra*.

contribuer à remettre sur le marché un certain nombre de logements – quoique, peut-être, car le banquier d'affaires parisien ne devrait pas avoir trop de difficultés à conserver sa longère normande… Mais enfin, cela irait quand même dans le bon sens, sous réserve de ne pas jouer des dérogations à foison, et surtout de s'attaquer en parallèle au problème de la capacité financière des populations locales à accéder aux logements qui seront remis sur le marché.

D'autres mesures, sans doute beaucoup moins populaires, consisteraient à mettre en place un quota maximum de vente de résidences principales à des fins de résidences secondaires, ou à surtaxer ce type de transaction pour permettre aux collectivités de constituer un parc de logements accessibles à la population locale, peut-être de moduler le tout en fonction du taux d'occupation réel des résidences… qui reste mal connu aujourd'hui (de l'ordre de 42 nuitées par an, ou 12 % – pour celles qui ne sont pas offertes à la location saisonnière –, ce qui reste quand même beaucoup mieux que le taux d'utilisation des bateaux de plaisance, de 40 à 60 *heures* par an…).

Quant aux métropoles touristiques, le "phénomène Airbnb" n'est plus à décrire : avec de nombreux logements désormais dédiés à la plateforme de location de courte durée en ligne – dont la rentabilité supérieure aux locations à l'année n'était plus à démontrer, du moins avant le coup d'arrêt au tourisme mondial[1], que beaucoup espèrent temporaire –, nous voilà bien loin des "matelas gonflables et petit-déjeuner" (Airbed and Breakfast) à l'origine de cette belle aventure entrepreneuriale initiée en 2007-2008. L'ampleur a été telle, sur la baisse de disponibilité de logements en location et l'augmentation du niveau des loyers, que de nombreuses villes (de l'ordre d'une centaine en France) ont pris des mesures de restriction, de taxation voire de compensation (obligation de créer des logements supplémentaires) pour les meublés de tourisme.

1. Parfois avec l'aide de subtiles manœuvres d'échappement au fisc… cf. la polémique qui a éclaté en 2017, à propos d'une carte de paiement qu'Airbnb proposait à ses hôtes.

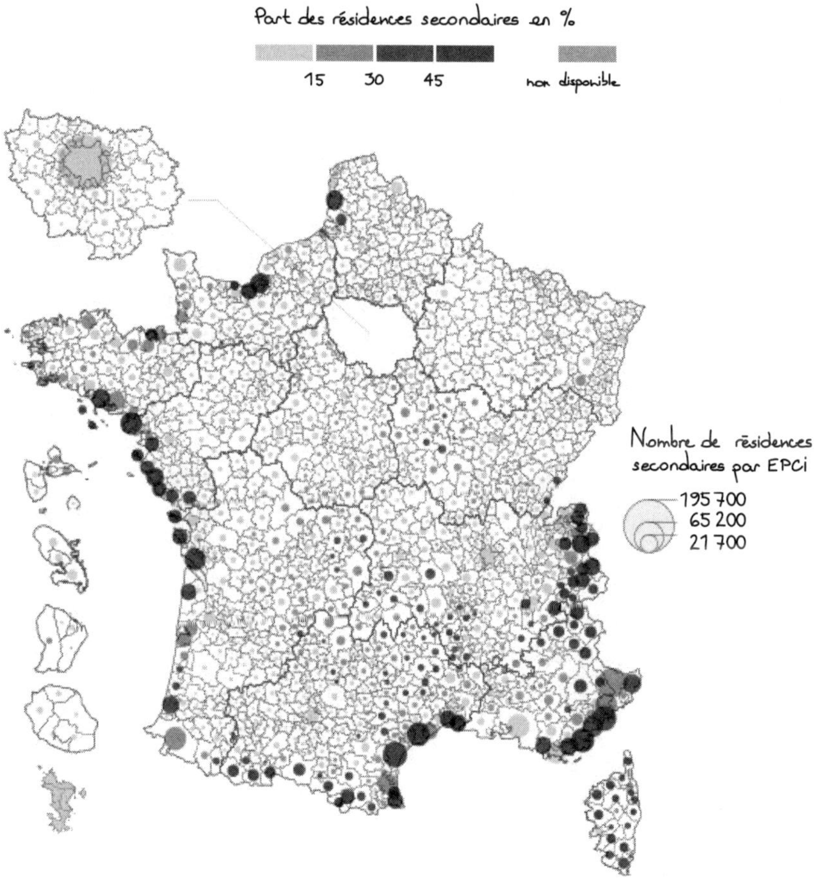

Figure 8.1 Localisation et proportion de "résidences secondaires ou logements occasionnels[20]"

Logements sous-occupés

Bien moins présent dans le débat public que les logements vacants ou les résidences secondaires basques, bretonnes ou provençales qui rendent les prix immobiliers inabordables pour les "locaux", la baisse du taux d'occupation moyen des logements devrait tout autant, sinon plus, nous interpeller. Lorsque l'on parle dans les médias d'occupation des logements, c'est surtout pour dénoncer la *sur-occupation*, le mal-logement ; c'est bien compréhensible, car la situation de familles de trois ou quatre personnes logées dans une ou deux pièces est plus préoccupante, et plus urgente, que celle d'une personne seule dans un six-pièces ! Pourtant, les chiffres impressionnants de *sous-occupation* devraient nous inviter à investiguer les pistes multiples d'une meilleure répartition des mètres carrés déjà construits.

Les chiffres sont bien connus des statisticiens. Suivant les évolutions profondes, démographiques et sociologiques du pays (vieillissement de la population, mariages plus tardifs, hausse des séparations, baisse du nombre moyen d'enfants par femme, etc.), la taille moyenne des ménages (et donc du nombre de personnes par logement) ne cesse de baisser : 2,9 personnes en 1975, 2,7 en 1984, 2,4 en 1999, 2,2 en 2017[21, 22]... Parallèlement, la surface de la résidence principale a crû de 72 mètres carrés (1973) à 91 mètres carrés (2012)[23] ; en quelque quatre décennies, la surface par personne est donc passée d'un peu moins de 25 mètres carrés à plus de 40 mètres carrés. Même si, comme toujours, cette augmentation de "confort" est sans doute mal répartie, elle n'en est pas moins indéniable.

La diminution du nombre moyen de personnes par logement résulte de nombreux facteurs. Après le départ de leurs enfants, les parents restent souvent dans leur logement, de même que le conjoint survivant lorsqu'un des membres du couple décède, et cela d'autant plus que le maintien des personnes âgées à domicile progresse. Celle-ci s'explique aussi par la multiplication des décohabitations provoquées par les ruptures conjugales[24]. Le nombre de personnes de quinze ans et plus vivant seules, par exemple, est passé de 5,9 millions (13,1 % de la population totale) en 1990 à 10,9 millions (20,5 %) en 2018[25]...

Dans le Code de la construction et de l'habitation[26], sont considérés comme insuffisamment occupés les locaux comportant un nombre de pièces habitables[27] (non compris les cuisines) supérieur de plus de deux au nombre de personnes qui y ont effectivement leur résidence principale. L'Insee raffine cette définition avec une approche par nombre de pièces mais aussi des notions de surfaces[I]. Ainsi, ce sont plus de 8 millions de logements qui seraient sous-occupés, dont 7,2 millions de maisons et 1,2 million d'appartements, tandis que "seulement" 1,5 million de logements seraient sur-occupés (deux tiers d'appartements et un tiers de maisons), correspondant à 5 millions de personnes en situation de surpeuplement[28].

	1 personne	2 personnes	3 personnes	4 personnes	5 personnes	6 personnes	TOTAL
1 pièce	1 494	142	25	10	3	1	1 676
2 pièces	2 691	821	145	53	15	5	3 731
3 pièces	2 687	2 097	825	385	108	35	6 137
4 pièces	1 993	2 565	1 209	998	317	123	7 205
5 pièces	1 112	2 106	931	961	341	133	5 583
6 pièces	711	1 745	764	883	404	162	4 669
TOTAL	10 688	9 476	3 899	3 290	1 188	458	29 000

8,5 Millions
logements "sous-occupés"

1,5 Million
logements "sur-occupés"

Figure 8.2 Répartition des résidences principales selon le nombre de pièces et l'occupation (en milliers)[29, II, III]

I. Minimum 18 m² par personne et 25 m² pour les personnes vivant seules dans un studio.
II. Données 2018 pour la France métropolitaine, d'où le total de 29,0 millions de résidences principales ; au 01/01/2021 celui-ci est de 29,7 millions en France métropolitaine et de 30,4 millions inclus les DOM, hors Mayotte.
III. Merci à Corinne pour l'analyse.

Si “la vie était bien faite” – et les parcours résidentiels plus “fluides”, pour que l’offre et la demande se rencontrent miraculeusement –, c’est plus de *10 millions* de personnes qui pourraient être logées. Même en prenant une énorme marge de sécurité, le gisement potentiel reste significativement au-delà de ce qui peut être “exploité” dans le vacant (1 million de logements au mieux, soit de l’ordre de 2 millions de personnes) et les résidences secondaires (peut-être un chiffre du même ordre de grandeur). La sous-occupation des logements, dans le parc privé comme dans le parc social, apparaît donc comme un vrai potentiel théorique de mètres carrés à redistribuer ou à mobiliser – une “production” de logements totalement “neutre en carbone” celle-là –, mais les moyens d’opérer cette redistribution sont complexes, tant sur un plan social (équité sociale), que sur un plan juridique (droit de la propriété privée) et technique (faisabilité technique et financière pour transformer les logements, le cas échéant)... Les réserves sont donc théoriques mais, en réalité, plus ou moins mobilisables[1].

La première piste, avant de chercher à augmenter le parc bâti, c’est de mieux connaître et comprendre les besoins, pour mieux y répondre : produire des logements, oui, mais une offre adaptée qui fluidifie le parcours résidentiel et qui diminue *in fine* le besoin en construction neuve, transformer les logements existants pour répondre aux évolutions démographiques, sociales et culturelles. Actuellement[30], les logements de trois ou quatre pièces représentent 46 % du parc, les logements de cinq pièces ou plus 35 %. Les logements de deux pièces ne représentent que 13 %, et les studios 6 %. Dans le parc social, 5,1 millions de logements (majoritairement dans le collectif), les appartements de trois ou quatre pièces sont très majoritaires (66 % du parc)[31]. Or le profil

1. Pour ne prendre qu’un exemple, la garde alternée des enfants est cause d’une sous-occupation “temporaire” évidemment non mobilisable. Mais les divorces ne peuvent expliquer de tels chiffres de sous-occupation : selon l’Insee, il y a en France 480 000 enfants mineurs en garde alternée.

des personnes en précarité évolue : il ne s'agit plus seulement de loger des familles avec plusieurs enfants mais aussi, par exemple, des femmes et des hommes séparés avec un enfant ou des personnes âgées.

La deuxième piste, c'est de lutter contre, voire inverser la tendance historique à la décohabitation. Nous pourrions espérer qu'on divorce moins dans la France "neutre en carbone" de 2050. Comme le dit l'ingénieur Jean-Marc Jancovici, peu connu pour prendre des pincettes :

> C'est l'énergie abondante qui a permis le développement du divorce (qui nécessite deux logements plutôt qu'un) [...] divorcer représente une augmentation de 60 % d'énergie par ex-conjoint (deux fois plus de logements à construire, à chauffer ; deux fois plus d'objets à fabriquer et utiliser ; des déplacements supplémentaires pour les enfants...)[32].

Mais en attendant le pic de pétrole – ou la fin de l'abondance des énergies fossiles et de l'approvisionnement à bon marché –, on pourrait déjà mobiliser tous les moyens d'action et de conviction pour favoriser la "recohabitation" : vieillir à plusieurs, garder ses enfants ou ses parents à la maison, adapter la taille de son logement, quand c'est possible, à sa situation familiale, adopter la cohabitation à plusieurs dans toutes les configurations possibles. Dans le parc privé, tout un continuum de "solutions" s'expérimente et se développe, qui demandent plus ou moins d'engagement personnel et de socialisation : béguinage, cohabitation intergénérationnelle, accueil d'étudiants dans les familles ou chez les retraités, etc. Les programmes d'habitat partagé, qui permet de mutualiser des pièces comme la buanderie, une salle de jeux pour les enfants, une chambre supplémentaire pour accueillir les visiteurs, les espaces extérieurs, apparaissent aussi, et sont souvent montrés en exemple dans le petit collectif. Dans le parc social, il s'agit de tendre vers une meilleure adéquation du parc aux besoins et de mieux accompagner la mobilité pour la rendre acceptable[I] : proposer des logements plus petits à des personnes seules, des couples dont les enfants sont partis, tout en laissant la possibilité de recevoir ou d'héberger quelqu'un occasionnellement, en offrant une nette amélioration du cadre de vie, une baisse de loyer très substantielle, et un nouveau logement localisé de façon à permettre de garder ses repères, ses habitudes et un niveau de services dont les personnes disposent déjà. Dans les deux cas, un travail de dentelle sociale, mais qui pourrait s'avérer pertinent et efficace si une dynamique s'enclenche.

La transformation des bureaux vides

L'autre sous-occupation, actuelle ou potentielle, c'est celle des bureaux. Le fait qu'il y ait, dans certaines zones et certaines configurations, une offre excédentaire n'est pas nouvelle et la puissance publique s'est intéressée à la possibilité de transformation de bureaux en logements bien avant la crise sanitaire. En 2018, une charte d'engagement portant sur 500 000 mètres carrés en Île-de-France a été établie par le ministère du Logement et signée par plusieurs grands opérateurs. Actuellement, quelques centaines de milliers de mètres carrés font déjà l'objet d'une autorisation d'urbanisme (permis de construire) en agglomération parisienne et ailleurs.

Depuis le confinement du printemps 2020, durant lequel 34 % des personnes en emploi ont télétravaillé (alors qu'elles n'étaient encore que 3 % en 2017), les discours autour du travail à distance – qui restera, sous une forme ou une autre, un "acquis" de la pandémie – ont bien évolué et la question des bureaux vides ou sous-occupés s'invite de plus en plus dans les débats. Nombre d'immeubles tertiaires restent encore aujourd'hui sous-occupés, et la demande de bureaux a nettement ralenti en 2020 (baisse des investissements de 42 % et des prises à bail de 45 % dans l'immobilier de bureaux[33]).

I. Pour l'instant, le taux de mobilité est d'environ 9 %.

Une tendance conjoncturelle ou structurelle ? Les avis sont partagés. Les évolutions des modes de travail sont encore trop récentes et trop peu stabilisées pour apprécier les impacts, à long terme, sur le taux d'occupation et le taux de vacance des bureaux.

Une des dispositions du plan national de lutte contre le logement vacant[1] vise ainsi à s'attaquer également au stock de mètres carrés tertiaires vacants, afin de le transformer en logements, considérant que le volume de celui-ci va, dans les années à venir, probablement augmenter avec la pérennisation ou le développement du télétravail – en attendant le futur métavers peut-être, promis pour bientôt par le fondateur de Facebook Mark Zuckerberg, qui nous permettra de rester encore plus (volontairement confinés) chez nous en mode "réalité virtuelle".

Mais les choses ne sont pas si simples. D'abord, il faut que le télétravail conduise effectivement à une baisse des surfaces de bureaux nécessaires ; ce n'est *a priori* pas le plus compliqué, mais cela demande néanmoins une certaine organisation (si tout le monde télétravaille le lundi et/ou le vendredi, les besoins en surface restent inchangés les autres jours...) et une certaine souplesse (bureaux "flexibles" non attribués). Ensuite, il y a divers obstacles techniques, sauf si l'immeuble est de type haussmannien, auquel cas il n'est pas très difficile de le retransformer en logements, qui était sa destination initiale : l'épaisseur du bâtiment de bureaux est plus importante (typiquement 16 à 18 mètres *vs* 13 mètres) et contraint à des logements "mono-orientés" ou plus grands ; les ajouts d'ascenseurs, de trémies d'escaliers supplémentaires, de pièces humides, etc. sont coûteux ou complexes, de même que les ouvertures sur l'extérieur (balcons, terrasses, etc.) ; les réglementations (environnementale, anti-incendie) diffèrent ; etc.

Ces difficultés techniques rendent évidemment l'équation financière complexe, d'autant plus que les mètres carrés de circulation

1. Cf. *supra*.

(desserte des logements) ne sont pas valorisables à la vente ou à la location (seule compte la surface habitable), contrairement à la pratique dans les immeubles tertiaires. Pour beaucoup d'opérateurs, l'équation économique est "quasi insoluble" (comprendre, il nous faudra des aides publiques), et il vaudrait parfois mieux démolir et reconstruire à neuf, ce qui, d'un point de vue carbone et ressources, n'est pas terrible[I]. L'autre frein, c'est que l'immobilier de bureaux – produit financier par excellence – est plus lucratif que celui du logement. Les investisseurs, même soumis à un peu de vacance dans leurs portefeuilles d'actifs – aujourd'hui les taux oscillent entre 3 et 6 % selon les marchés –, préféreront patienter, ou proposer une baisse de loyer, plutôt que prendre la décision de dégrader leur actif en le transformant, qui plus est en investissant. Il faudrait donc une vacance massive et structurelle – on n'en est pas encore là, mais qui sait ? –, à moins que le tout récent "décret tertiaire[II]", qui réclamera de forts investissements dans la rénovation thermique, ne les fasse changer d'avis.

Quels volumes peut-on attendre de ce gisement ? Le parc de bureaux représente près de 80 millions de mètres carrés pour les sept plus grands marchés régionaux (55 millions[34] pour l'Île-de-France et 25 millions pour Lyon, Lille, Toulouse, Aix-Marseille, Bordeaux et Nantes[35]). Livrons-nous à un calcul de coin de table. À peu près 30 % des emplois seraient "télétravaillables" en Europe, et même 60 % en Île-de-France ; évidemment, les emplois "de bureaux" le sont dans une proportion encore supérieure. Imaginons que le télétravail puisse libérer 10 % des surfaces – on tombe à peu près sur ce chiffre en appliquant 70 % des emplois de bureaux en Île-de-France, 50 % ailleurs, avec 30 % de temps de télétravail en moyenne, mais ne menant qu'à 15 % de gain en surface, pour tenir compte d'un

I. On le fait même pour transformer des bureaux... en bureaux !

II. Objectif de – 40 % de consommation en 2030 et – 60 % en 2050 par rapport à l'année de référence 2015 pour les bâtiments tertiaires.

certain effet “jour de pointe[I]”. Cela représenterait environ 8 millions de mètres carrés, soit à peu près 90 000 logements, ou de quoi loger 200 000 personnes[II].

Pas mal ! Mais cela ne représente, en ordre de grandeur, qu'un dixième du gisement de logements vacants ou du gisement de résidences secondaires… et un cinquantième du gisement (certes, bien plus théorique) de la sous-occupation chronique. Mais après tout, bien sûr, dans une démarche sobriété, tous les mètres carrés existants sont bons à prendre, surtout s'ils se situent, ce qui est le cas ici, dans les zones tendues ! À condition, bien sûr, que le télétravail lui-même – une manière d'intensifier l'usage des logements qui se retrouvent aussi occupés en journée pendant la semaine – ne provoque pas des effets rebonds indésirables : “birésidentialité”, désir d'une ou deux pièces en plus pour servir de bureau à la maison, gains des moindres trajets hebdomadaires annulés par des trajets plus longs, et même chauffage excessif du logement en journée si on n'a pas pris l'habitude de travailler avec un plaid sur les genoux… On peut également imaginer, plus ponctuellement, la transformation d'autres bâtiments en logements (anciens commerces, équipements publics), mais cela devrait rester marginal.

Bref, qu'en dire ? Si le télétravail n'impacte pas (du moins à court terme) significativement les besoins en surfaces de bureaux, il implique *a minima* de nouvelles formes d'organisation. Les immeubles de bureaux devront répondre à de nouvelles attentes – plus de flexibilité, plus de mixité fonctionnelle, qualités d'usages (salles de réunion, terrasses, espaces extérieurs), accueil des nouvelles mobilités, proximité des pôles d'intermodalité et des services… qui pourraient, en plus du décret tertiaire sur les consommations d'énergie, les frapper d'obsolescence accélérée. Une opportunité pour les

I. 55 Mm^2 × 70 % (proportion télétravailleurs) × 15 % (gain en surface) + 25 Mm^2 × 50 % × 15 % = 7,6 Mm^2, presque 10 % des 80 Mm^2.

II. À 2,2 par logement, si vous nous suivez… Surface moyenne du logement = 40 m^2/personne × 2,2 personnes = 88 m^2.

Figure 8.3 : Ordre de grandeur des "gisements" mobilisables en logement

transformer ou les réaffecter, de façon opportuniste, sachant qu'il serait plus pertinent de concentrer ces opérations sur les bâtiments les plus simples à faire muter, typiquement les bâtiments anciens en ville-centre, sans hésiter à développer la mixité tertiaire/logement dans les mêmes immeubles. Quant aux bureaux neufs, il serait prudent de les contraindre bien plus fortement, pour forcer à l'occupation et la réhabilitation du parc existant.

Le patrimoine public et les lieux d'activité

Avec le logement, nous avons abordé la sous-occupation et la capacité à mieux investir l'existant essentiellement sous un angle "monofonctionnel". Mais on peut aussi intensifier l'utilisation des lieux par la mixité d'usage – le télétravail en est un exemple, puisqu'une partie des mètres carrés consacrés à la fonction "habiter" se retrouvent, une partie de la journée, dédiés à la fonction "travailler".

C'est l'approche dite "chronotopique[36, I]", qui permet de mutualiser les surfaces en jouant sur les alternances, les différents rythmes d'occupation (jour/nuit, semaine/week-end, périodes de vacances scolaires, saisons). Celle-ci n'est pas tout à fait nouvelle, que ce soit pour les lieux ou pour les espaces publics : les écoles servent de garderie en fin d'après-midi, accueillent les activités de centre aéré pendant le mercredi ou les vacances, parfois des clubs ou des associations ; les gymnases scolaires accueillent les sportifs du soir ou du week-end ; l'avenue ou la place servent de parc de stationnement, mais sont aussi le lieu du marché hebdomadaire ou de la fête annuelle du village, etc. Mais nous pourrions aller, sans doute, beaucoup plus loin dans la mobilisation des surfaces.

La catégorie des équipements échappe à l'appellation "vacance". Le patrimoine, ainsi que son utilisation réelle, est souvent mal connu des collectivités propriétaires – même si les choses devraient s'améliorer

I. De χρόνος (temps) et τόπος (lieu).

avec les schémas directeurs immobiliers[1] et les besoins de diagnostics techniques liés à la mise en œuvre du décret tertiaire – et il n'existe pas d'indicateur spécifique pour confirmer qu'un bâtiment est "bien" utilisé, tout au long de la journée, de la semaine ou de l'année... il faut collecter "à la main" les plannings de présence des différents utilisateurs des locaux. Pourtant, on sent intuitivement que certains lieux ne sont pas souvent occupés, ou au maximum de leur capacité, et pourraient être mutualisés... Évidemment, tout n'est pas raisonnablement envisageable : on ne transforme pas facilement la salle des mariages de la mairie ou l'école maternelle en boîte de nuit, mais accueillir le club d'échecs, l'association du coin, des sessions de cours du soir, une école de théâtre ou de musique est absolument faisable, en installant les procédures adéquates, les bons schémas de circulation et de clefs, etc.

Ces dernières années, on a vu se multiplier les "tiers-lieux" hybrides, croisant de multiples usages par nature, des expériences qui ne sont pas forcément généralisables mais sont intéressantes, font appel à de nouveaux référentiels socioculturels, de nouveaux modes de fonctionnement et de gestion... de quoi inspirer acteurs privés comme publics. Si les bureaux ou les lieux d'activités "traditionnels" sont potentiellement difficiles à ouvrir à des tiers (pour des questions de confidentialité ou de sécurité par exemple), il n'en est pas de même pour les nouveaux types d'aménagements (bureaux partagés, *flex offices*) qui sont conçus pour accueillir des visiteurs de passage ; les salles de réunion, les lieux de convivialité, les espaces extérieurs, les vestiaires sont encore plus faciles à partager ; les espaces de restauration peuvent être ouverts au public et se muer en restaurant le soir et le week-end. Du côté des espaces publics, l'exemple des cours d'école qui deviennent parc public ombragé le week-end est en train de devenir un classique du genre. Enfin, on

1. Le schéma directeur immobilier (SDI) est un outil de pilotage et de rationalisation du patrimoine immobilier grâce à un diagnostic complet : technique, énergétique, taux d'occupation des bâtiments.

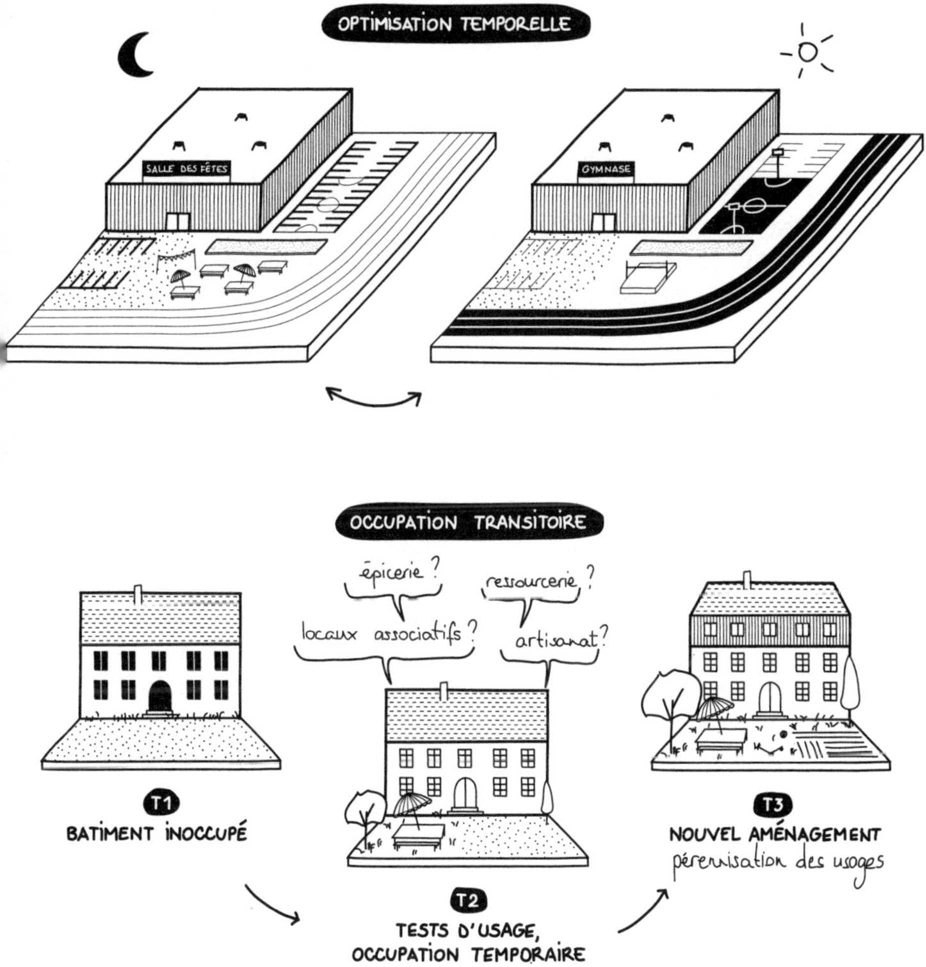

Figure 8.4 : Optimisation des lieux d'activité

peut aussi hybrider les usages avec l'espace privé des logements : au lieu de construire une nouvelle crèche, offrir des modes de garde aux enfants à domicile, chez les parents ou les assistant(e)s maternel(le)s, à condition d'avoir d'autres lieux pour se retrouver plus nombreux de temps en temps. Ainsi chaque lieu, existant mais aussi à construire, devrait être pensé (en amont, dès le programme, dans le cas des bâtiments neufs ou réhabilités) dans une logique de bonne "maîtrise d'usage" optimisant les précieux mètres carrés.

Ce fugace tour d'horizon serait incomplet sans évoquer le fameux "urbanisme transitoire", bien connu des praticiens de l'immobilier et de la ville. Il s'agit ici d'optimiser l'usage des bâtiments en s'inscrivant dans le temps long de l'aménagement, en permettant l'occupation transitoire de lieux vacants, généralement en attente de lourdes (et lentes...) opérations de rénovation urbaine. Si ce type d'action a vocation à rester plutôt marginal (il n'y a pas tant d'opportunités), il n'en est pas moins crucial : en activant des lieux, en développant les interactions sociales et les liens territoriaux, en s'ancrant dans la nécessaire transition environnementale (mobilités douces, jardins partagés, compostage, lieux de réparation, de bricolage partagé, etc.), ces expériences permettent de tester de nouvelles pratiques, de nouveaux modes d'habiter ou d'occuper, de faire émerger de nouveaux concepts, de diversifier l'offre d'activités urbaines, de contribuer à la cohésion du futur quartier, et lui donner un coup de publicité au passage (les promoteurs l'ont bien compris)... mais il ne faut sans doute pas en attendre beaucoup sur la possibilité de diminuer les "volumes à construire".

Mieux utiliser les sols déjà artificialisés

Une fois passée en revue la question "où trouver des mètres carrés sans construire ?", vient la question "où construire sans artificialiser ?" et si possible sans multiplier les "externalités négatives" de l'acte de construire : ajout d'infrastructure, construction d'une voie d'accès, de réseaux d'assainissement ou d'approvisionnement pour desservir un cœur d'îlot, déplacements induits si les équipements et services sont loin...

Construire sans artificialiser, c'est réutiliser/recycler les ressources foncières qui ont, pour la plupart, déjà un usage et une occupation[I], il faudra donc "composer", d'une manière ou d'une autre, avec les usagers et les occupants pour trouver de la place. Cela suggère que les "tissus" de nos villes laissent encore des possibilités de construire : dans les interstices, visibles ou invisibles, sur les toits, dans les jardins, sur les parkings des supermarchés, sur les "terrains vagues" ou en remplacement de bâtiments désertés.

Difficile de s'y retrouver, tant la sémantique est mouvante pour nommer les différentes facettes de la "fabrique de la ville" qui n'artificialise pas. Pour le Code et les documents d'urbanisme, le "renouvellement urbain" est un terme générique qui s'oppose au développement en extension urbaine[II], intégrant toutes les possibilités de faire la ville sur elle-même sans en désigner une en particulier... mais on parle aussi de "projet de renouvellement urbain" pour désigner l'action spécifique de démolition/reconstruction qui transforme un quartier – les exemples les plus connus concernant les quartiers prioritaires de la politique de la ville[III]. *Idem* pour la densification, qui est un terme générique désignant l'action de passer d'une densité à une autre plus élevée, mais sans préciser si c'est en démolissant ou non... ce qui oblige certains à distinguer densification "douce", lorsqu'il n'y a pas de démolition ni changement radical, et densification "forte", lorsqu'un immeuble remplace une petite maison voisine.

I. Cf. chap. 6.
II. Cf. chap. 7.
III. Le nouveau programme national de renouvellement urbain (NPNRU) de 2014 prévoit la transformation de 450 quartiers prioritaires (cf. anru.fr).

La notion d'intensification a aussi parfois un double sens : utilisée pour désigner une augmentation des usages dans un lieu donné (bâtiments ou espaces publics), c'est aussi un élément de langage bien pratique pour remplacer "densification" ou "construction" et éviter de prononcer les mots qui fâchent dans des quartiers existants ! Bref, "renouvellement", "recyclage urbain", "densification" ne nous aident pas vraiment à qualifier les manières de "mieux utiliser les sols artificialisés". Pour classifier les ressources foncières potentiellement mobilisables, partons sur une qualification par l'occupation du foncier.

Les dents creuses

Commençons par les parcelles libres situées dans le continuum bâti, qui sont théoriquement les premières candidates à la construction : les "dents creuses". Là encore, pas de définition dans le Code de l'urbanisme ; si l'on comprend intuitivement de quoi il s'agit, la jurisprudence permet d'éclairer la notion : dans une ville ou un village, "la dent creuse est un espace non construit entouré de parcelles bâties[37]", qui peut toujours avoir été vierge de constructions ou issu de la démolition d'un édifice.

La dent creuse est en quelque sorte une "anomalie" du tissu urbain : la parcelle est située dans l'espace artificialisé, elle est théoriquement constructible au regard du règlement d'urbanisme, elle est équipée, desservie, parfois proche d'une centralité urbaine et pourtant elle n'est pas construite. Les droits à construire, fixés par la collectivité pour répondre aux besoins du territoire, ne sont donc pas utilisés par le ou la propriétaire, qui reste *in fine* seul(e) décisionnaire. L'intérêt privé ne converge pas forcément avec celui de la collectivité, en tout cas pas au même moment !

Lorsque cette divergence dure longtemps, qu'aucune transaction pouvant susciter un changement d'usage n'est constatée pendant un certain nombre d'années, on parle de "rétention foncière". Celle-ci recouvre des réalités économiques ou sociologiques très différentes. La rétention peut être motivée par une spéculation volontaire, lorsque le terrain est gardé dans l'attente de plus-values lors d'une vente future ; mais cela peut être aussi une valeur symbolique, patrimoniale, qui retient le ou la propriétaire de s'en défaire, lorsque le terrain de famille est conservé comme héritage à transmettre.

La dent creuse peut aussi n'être creuse qu'en apparence et avoir une valeur d'usage. En situation rurale ou en lisière agricole, il arrive que des terrains constructibles soient mis en location, pour du pâturage par exemple. En ville, elle peut être le prolongement d'une propriété, jardin d'agrément, jardin potager... Dans le contexte

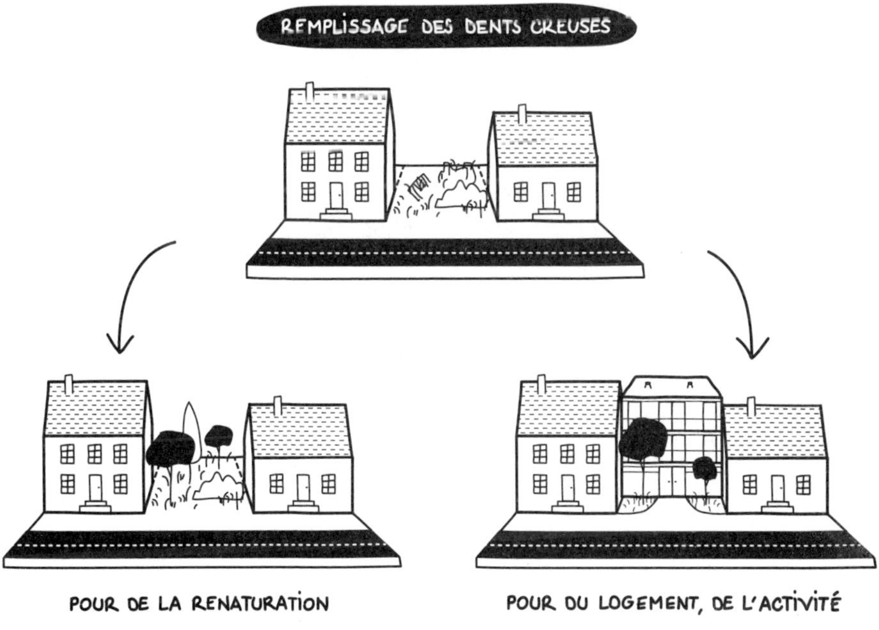

Figure 8.5 : Remplissage "raisonné" des dents creuses

actuel, où la présence de nature en ville et la pratique de l'agriculture urbaine sont de plus en plus plébiscitées par les habitants, se pose évidemment la question de l'arbitrage à faire entre besoin en développement et maintien, voire amélioration du cadre de vie.

Pour mobiliser ce gisement diffus et dispersé, il faut une "ingénierie" plus complexe, on n'a d'autre choix qu'agir au cas par cas. La propriété privée étant consacrée par le Code civil ("Nul ne peut être contraint de céder sa propriété, si ce n'est pour cause d'utilité publique, et moyennant une juste et préalable indemnité[38]"), les possibilités d'action sont limitées : négocier directement avec les propriétaires, mettre en place des outils d'incitation fiscale – les collectivités peuvent recourir à des mesures coercitives comme la majoration de la taxe foncière sur les propriétés non bâties –, engager une expropriation... ce qui est possible de façon simplifiée si la parcelle est en état d'abandon manifeste.

Il existe encore peu d'études sur l'évaluation du gisement des dents creuses, mais celui-ci est potentiellement important. En 2016, l'étude menée sur le territoire du Pas-de-Calais avait estimé que la rétention foncière, pour l'habitat uniquement, représentait "plus de quatre ans de la consommation d'espaces du département[39]".

Les friches

À l'origine, la friche relève du langage agricole et correspond à une "terre non cultivée" ; transposée dans le vocabulaire urbain, elle désigne un espace déjà artificialisé qui a perdu son usage, qui est donc en attente d'un éventuel, ou d'un potentiel réemploi. Depuis la récente loi Climat et résilience[I], le Code de l'urbanisme en propose une définition :

I. En attente des décrets d'application, à l'heure où nous écrivons.

> On entend par "friche" tout bien ou droit immobilier, bâti ou non bâti, inutilisé et dont l'état, la configuration ou l'occupation totale ou partielle ne permet pas un réemploi sans un aménagement ou des travaux préalables[40].

La désindustrialisation des années 1970 et 1980 a produit de nombreuses friches industrielles et portuaires, révélant un patrimoine singulier largement hérité de l'architecture industrielle du XIXe siècle : grandes halles, moulins, ateliers, silos, etc. Issues d'une autre forme de déprise, on peut citer également les friches militaires – si les forts ou les bases de sous-marins ne sont pas faciles à reconvertir, les casernes ou les ateliers de fabrication sont de bons candidats au réemploi – et ferroviaires, dont les sites (voies de service, zones de triage, anciens ateliers, etc.) sont souvent localisés stratégiquement dans la ville.

On trouve aussi une multitude de petites friches ordinaires issues d'un passé où l'activité était bien mieux intégrée aux tissus de nos villes, villages, bourgs ruraux : anciennes usines, ateliers, garages et stations-services, commerces, que les mutations économiques récentes ont fait disparaître ou ont déplacés vers des zones d'activité plus proches des flux. C'est ainsi qu'est née une nouvelle "poétique de la ruine" auprès d'un public amateur de *city trips* sous forme d'*urbex*[1], une pratique consistant à visiter (et à photographier) des lieux construits et abandonnés par l'homme. Des sites internet[41] recensent ainsi les "endroits abandonnés", manoirs, châteaux, forts militaires, carrières, hôpitaux, anciennes usines et halles industrielles, parfois même gratte-ciel (des objets techniquement difficiles à démanteler)...

Ces friches, souvent polluées et situées pour certaines dans des territoires de limites, berges et littoraux, n'ont pas soulevé un intérêt immédiat pour le recyclage urbain, en dehors de quelques endroits stratégiquement situés. Certaines friches ont pu laisser libre cours à des occupations "pirates", réinvesties comme lieux de création par

1. Pour *urban exploration* (exploration urbaine).

des collectifs d'artistes ou des associations ne trouvant pas leur place dans les circuits institutionnels : ces "friches culturelles" existent dans de nombreux pays européens. En France, pour ne prendre que quelques exemples, le Confort Moderne à Poitiers (inauguré officiellement en 1985) qui occupe un ancien entrepôt électroménager, et la Friche la Belle de Mai (1992), ancienne usine à tabac de la Seita à Marseille, sont devenues célèbres et font partie intégrante du marketing urbain. Les friches culturelles ont progressivement évolué – en s'ouvrant au public, en proposant des espaces de convivialité (cafés) voire des services de proximité – de "lieux de création" en "lieux de vie" bien ancrés dans leur territoire avec une forte dimension culturelle et sociale... au point que les collectivités et l'État cherchent aujourd'hui à pérenniser et à reproduire ces "tiers-lieux" qui produisent animation, lien social et (re)dynamisation de centres-villes[42].

Bien sûr toutes les friches ne sont pas des tiers-lieux en puissance, certaines sont tout simplement laissées à l'abandon, avec parfois un impact négatif sur le voisinage qui côtoie ces zones délabrées. Elles ont en général hérité de sols pollués, parfois de toitures amiantées, de bâtiments obsolètes qu'il faudra démolir ou profondément transformer... Ces contraintes engendrent un surcoût important rendant tout projet bien souvent impossible dans le marché classique, où dépenses et recettes doivent s'équilibrer. La plupart du temps, ces sites ne peuvent pas se recycler sans une intervention des pouvoirs publics.

Aujourd'hui, dans une perspective de "tarissement" (toujours notre métaphore pétrolière) des gisements fonciers en extension urbaine, ces friches reviennent sur le devant de la scène comme alternative à l'étalement urbain. Le ministère de la Transition écologique considère donc que "les friches représentent [...] un gisement foncier dont la mobilisation et la valorisation doivent être préférées à l'artificialisation d'espaces naturels pour développer de nouveaux projets", et dont "la reconquête [...] constitue un enjeu majeur d'aménagement

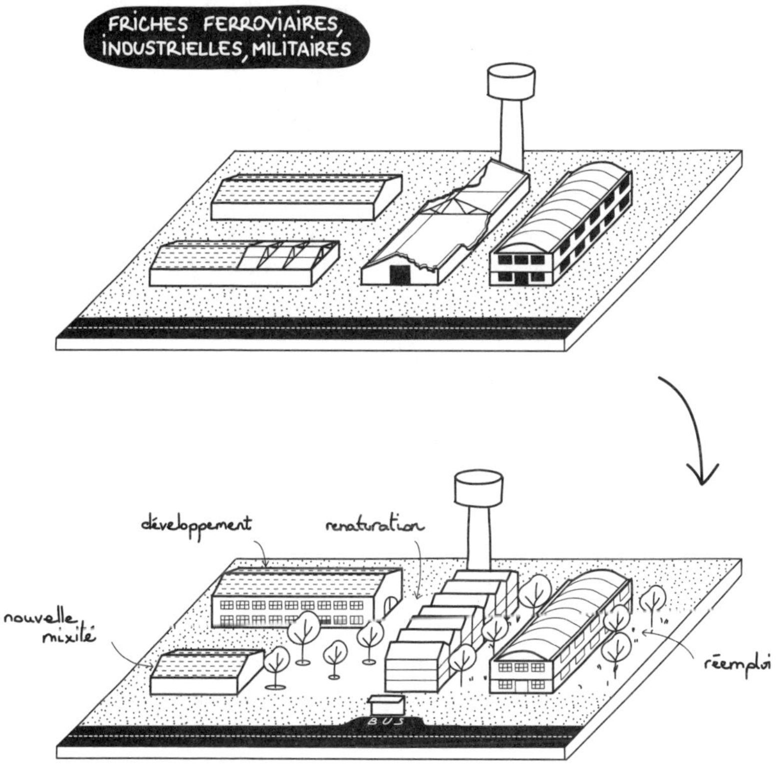

Figure 8.6 : Recyclage de friches urbaines

durable des territoires". Dans cette lancée, le gouvernement a déployé un "fond friche" (dans le cadre du plan de relance post-Covid) pour financer "des opérations de recyclage des friches et la transformation de foncier déjà artificialisé".

Les deux premières éditions en 2021 ont porté sur une enveloppe de 650 M€ et devraient faciliter le recyclage de 2 700 hectares de friches sur plus de 1100 projets, permettant de générer 5,7 Mm² de surfaces d'habitation[I], 4,1 Mm² de surfaces d'activités économiques (bureaux, commerces, etc.) et 3,9 Mm² d'équipements publics. Si les chiffres – qui s'étalent sur plusieurs années, compte tenu de la durée de ce type d'opérations – restent *in fine* modestes en termes de logement, cela permet de réduire la pression dans les zones tendues ; cela permet aussi de faire émerger de véritables quartiers où la mixité fonctionnelle est nativement offerte, contrairement aux extensions pavillonnaires. Face au succès des deux premières éditions, une troisième est en cours pour une enveloppe de 100 M€.

Les réserves de densité dans le tissu d'habitation

En dehors des dents creuses ou des friches, certains tissus présentent des opportunités de construire tout simplement parce qu'ils sont "lâches", que les terrains sont grands, les bâtiments espacés ("discontinus"), bref, que les densités pratiquées y sont faibles, offrant, théoriquement au moins, la possibilité d'insérer "en douceur" de nouvelles constructions sans perturber outre mesure le paysage et le cadre de vie. Cela revient à considérer que le foncier est en quelque sorte "sous-occupé" et peut être optimisé, comme le bâti est sous-occupé et peut être mieux utilisé.

Cette idée est bien acquise dans les grands ensembles, où les opérations de renouvellement urbain s'accompagnent aussi de "valorisation foncière" ou de densification. Dans les quartiers de maisons individuelles (pavillonnaires), l'idée est plus récente, mais procède de la même intention de densifier un tissu réputé généreux en foncier.

Une grande partie de notre patrimoine bâti a plus de cinquante ans[43, II], beaucoup de nos maisons ont traversé les années en s'adaptant continuellement aux normes de confort, de surfaces, de

I. Environ 70 000 logements sur la base d'une moyenne de 80 m² par logement.
II. 53 % des maisons individuelles datent d'avant 1974, dont un peu plus de la moitié d'avant 1915.

distribution des espaces. On entretient et on rénove, prolongeant ainsi la durée de vie du patrimoine et cet entretien s'accompagne çà et là d'extensions, de surélévations (on achète une maison avec "un potentiel" autant pour adapter son logement à un besoin que pour rentabiliser un investissement), de constructions lorsqu'un logement est ajouté sur la parcelle... aboutissant – souvent à l'occasion d'un changement de propriété – à une densification progressive des tissus.

La forme la plus "douce" de densification est celle qui ne touche pas à l'enveloppe du bâtiment, lorsqu'un petit logement est créé en partitionnant la maison principale (dans un soubassement, un garage, des combles, etc.) moyennant un réaménagement et la création d'un accès indépendant. Ce logement additionnel peut aussi se faire en extension ou dans le jardin de l'habitation principale sans division foncière : c'est le *granny flat* anglo-saxon, l'"appartement de mamie" plus petit, mieux adapté au vieillissement et permettant un revenu locatif complémentaire, ou bien "l'appartement accessoire" canadien[44]. Le degré suivant, c'est la division parcellaire, lorsqu'un morceau de terrain est détaché pour construire une nouvelle maison, au mieux sur le côté, sinon en fond de parcelle, nécessitant une nouvelle voie d'accès très consommatrice de surface malheureusement. Enfin la forme la plus complexe est l'opération d'ensemble mettant en jeu plusieurs parcelles et nécessitant un remembrement pour permettre par exemple la création de plusieurs logements à l'échelle d'un îlot.

Que ce soit pour des revenus locatifs ou pour la vente, ces nouveaux logements permettent de diversifier l'offre, de mieux l'adapter à la variété des besoins et de fluidifier (ou tout simplement de rendre possibles) les parcours résidentiels, en proposant notamment des logements plus petits et donc plus abordables. À l'exception des secteurs historiques très protégés, cette forme de densification naturelle de la ville est permise, contenue et encadrée par les documents d'urbanisme, qui donnent des plafonds de hauteurs, imposent des alignements et des emprises au sol maximum pour préserver les

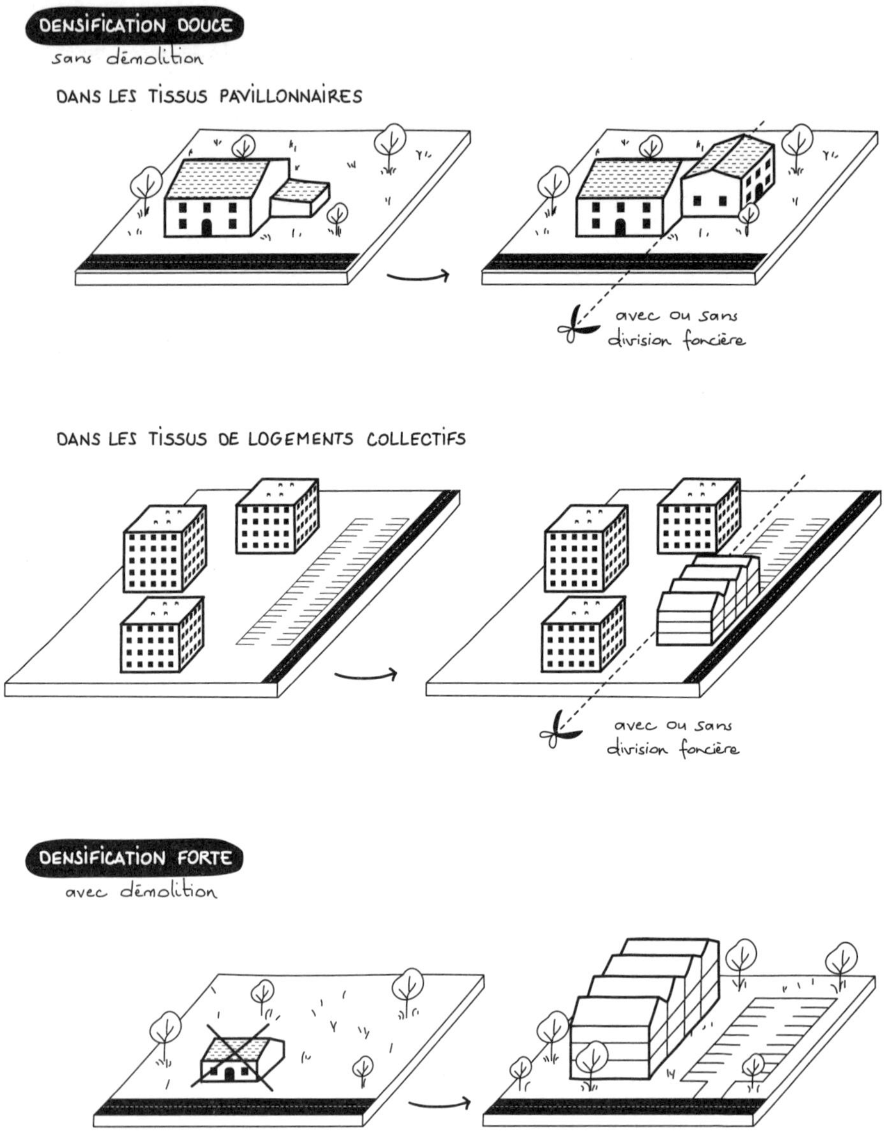

Figure 8.7 : Densification dans les tissus d'habitation

jardins, réclament des places de stationnement pour les logements créés... La densification des tissus d'habitation est donc d'abord un phénomène spontané, d'initiative privée et individuelle, dite "densification douce" car elle reproduit une forme pavillonnaire sans changer de manière significative les formes urbaines.

Considérant les volumes en jeu, plusieurs programmes de recherches menés dans les années 2000[45] font l'hypothèse que la densification douce pourrait bien être "un complément substantiel aux filières traditionnelles de production de logements[46]" voire un gisement majeur de production résidentielle, pour autant qu'elle soit mieux prise en compte dans les politiques publiques, encadrée et accompagnée. Mais comment mobiliser ce gisement largement diffus et privé ? Jouant sur un détournement de l'acronyme Nimby (*"not in my backyard"*, qui désigne l'opposition des riverains à un projet local), le programme Bimby propose de miser sur le *"build in my backyard"* en déployant des outils de communication publique, de coconception avec les habitants pour concevoir une "nouvelle filière de production de la ville [...] capable d'intervenir au sein des tissus pavillonnaires existants[47]".

Car il ne suffit pas de repérer les espaces libres dans le pavillonnaire, d'agir réglementairement "d'en haut" sur les droits à construire à travers les documents d'urbanisme (en permettant la construction sur les limites séparatives ou la possibilité d'un étage de plus par exemple) et de lever les freins juridiques et opérationnels : encore faut-il motiver, convaincre, susciter l'initiative habitante qui sera *in fine* la seule clef de passage au projet. Il faut mettre en place des outils de communication et de médiation, animer des permanences de projet, mettre les outils et les acteurs de la fabrique de la ville à la portée des usagers... ce qui est encore largement à inventer.

Dans ce processus qui implique plus de logements, donc plus d'habitants, plus d'enfants à scolariser, mais aussi plus de voitures à garer, l'action publique reste essentielle pour garder à niveau les services urbains et veiller à ce que la densification, même douce, s'accompagne d'une amélioration du cadre bâti : espaces publics, accès aux transports en commun, stationnements communs... et préservation d'une rationalité dans la consommation d'espaces pour que cette densification ne prospère pas trop sur les cœurs d'îlots et les derniers espaces de nature.

Le programme Profeel[48], qui s'attache à construire des outils – très intéressants – pour la rénovation des bâtiments existants, va plus loin encore, proposant d'associer la densification douce des tissus pavillonnaires à leur rénovation thermique, considérant que le complément financier apporté par la vente d'une partie du terrain ou le revenu locatif d'un logement accessoire pourrait et même devrait financer sa rénovation énergétique : "D'une part, nous devons rénover 17 millions de maisons individuelles pour atteindre les objectifs de la stratégie nationale bas carbone. [...] D'autre part, l'objectif du « zéro artificialisation nette » nous oblige à réfléchir à la sobriété foncière, à imaginer l'évolution de la ville déjà existante, et notamment des tissus pavillonnaires, sous la forme d'une densification douce et soutenable[49]."

Là encore, l'action publique est fondamentale. Dans sa stratégie, Profeel propose la mise en place d'une démarche opérationnelle intégrant l'accompagnement des propriétaires privés pour qualifier et dimensionner leur projet, mais aussi l'acquisition d'un bâtiment existant (un des pavillons) par la collectivité pour servir de "démonstrateur" en phase de mise en œuvre : démonstrateur de division interne, d'extension, de division parcellaire avec construction nouvelle, d'auto-rénovation... Une véritable "maison du projet" permettant aussi à la collectivité de mettre en place des services d'information, des services collectifs ou publics, une salle de réunion avec les propriétaires. Et une fois l'opération terminée, cette maison du projet est retransformée en équipement multifonctionnel, commerce de proximité, logements, maison de santé, tiers-lieu... Voilà une proposition qui donne – enfin – une piste, une incarnation crédible du défi de la rénovation thermique et de la sobriété foncière ! On a hâte de voir se déployer une telle méthode un peu partout en France...

Quel volume pourrait être concerné ? Le programme Bimby "vise la production chaque année de 200 000 maisons sans étalement urbain, connectées aux infrastructures existantes[50]" – mais les hypothèses sous-tendant cette ambition ne sont pas explicitées. En Île-de-France, la démarche IUDO, qui "accompagne les propriétaires fonciers dans leur démarche d'optimisation foncière et dans la réalisation d'opérations de micro-promotion[51]", a identifié un potentiel de "droits à construire résiduel" de 140 millions de mètres carrés sur l'ensemble des 1 398 420 maisons en Île-de-France "soit 2 millions de logements de 70 mètres carrés et une réponse pendant vingt-huit ans à l'objectif de 70 000 logements par an fixé par la loi du Grand Paris du 3 juin 2010[52]".

Ces chiffres sont sans doute bien optimistes, compte tenu du "frottement social" à attendre de la part des propriétaires existants. Le programme Profeel apporte une précision supplémentaire grâce à un recensement très complet de l'ensemble du parc français de maisons individuelles, sous la forme d'un catalogue typologique national. Si on sélectionne uniquement les maisons "périurbaines isolées" ou "pavillons" construits après 1915, c'est-à-dire les maisons non mitoyennes laissant un "reste à construire" sur la parcelle, le "gisement" représente 11 millions de maisons. Cela donne une idée des volumes en jeu : une mobilisation de 1 % par an de ces terrains représenterait ainsi un potentiel d'environ 110 000 logements à l'échelle française, moins important que ceux annoncés plus haut, mais notable.

Si les grandes friches urbaines présentent l'opportunité d'une densification "plus forte" en mettant en œuvre une programmation de logements collectifs, activités et équipements dans une temporalité plutôt "rapide" (à la mesure du temps long de l'aménagement), on a peu de retours sur la densification douce, et peu d'acteurs semblent positionnés sur le secteur (on n'a pas encore vu passer de "fonds densification douce" du ministère de la Transition écologique).

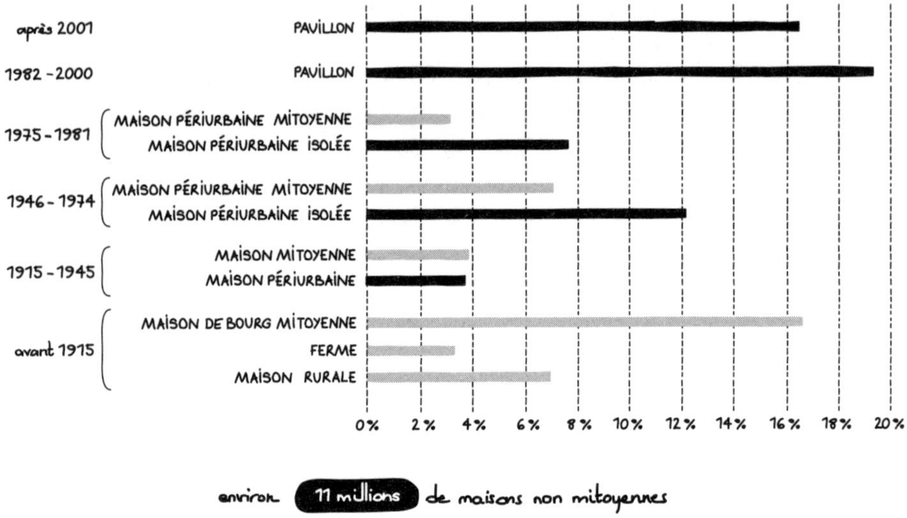

Figure 8.8 : Répartition des maisons individuelles en France[53]

La densification douce des tissus pavillonnaires semble donc être intéressante à deux titres : d'abord sur le volume potentiel de production de logements (dans le contexte actuel où ce gisement est toujours en concurrence avec l'extension urbaine, cela peut paraître accessoire, mais dans un contexte de contraction foncière, les choses vont changer) ; ensuite sur le type de logements produits, puisqu'il laisse entrevoir que ce n'est pas encore la mort annoncée de la maison individuelle – un produit toujours fort recherché –, qu'au contraire celle-ci a potentiellement quelques beaux jours devant elle, pour autant qu'on réussisse à l'"emboîter" dans le tissu des maisons déjà existantes, et à condition de penser et d'agir plus "collectif"...

Les réserves de densité dans le tissu d'activité

La logique de densification douce ou d'optimisation foncière peut aussi s'appliquer aux zones et bâtiments dédiés à l'activité. Dans les années 1970, l'essor de la pratique de l'automobile a conforté les politiques urbaines de zonage visant, à l'origine, une cohabitation harmonieuse entre les différentes fonctions urbaines, en les séparant spatialement les unes des autres : habitat, équipements, petite et grande industrie, activités productives et artisanat, centres commerciaux, etc. Selon leur niveau de nuisances, leurs spécificités (besoin d'aires de stationnement, de logistique et de stockage, etc.), certaines activités économiques et industrielles sont contraintes de s'implanter en périphérie, souvent à proximité des grandes infrastructures routières réalisées plus ou moins concomitamment (rocades, périphériques, etc.), en extension urbaine sur des terrains acquis à faible prix.

Or, si ces zones économiques et commerciales sont encore considérées comme relativement incompatibles avec un environnement urbain résidentiel, elles n'en sont pas moins rattrapées par l'urbanisation, entourées par des zones pavillonnaires, tertiaires ou hôtelières et progressivement mieux desservies par des transports en commun. Cette proximité voire cet enchevêtrement avec des zones mixtes ou résidentielles en font des contributrices potentielles à la production de "la ville sur la ville" : avec une (très) faible densité bâtie (moins de 30 %), une vaste emprise au sol artificialisée (typiquement plus de 60 % des surfaces), du moins pour les plus anciennes, elles ne doivent plus être considérées seulement comme des lieux de production, des bassins d'emplois ou des espaces de consommation et de loisirs, mais comme un véritable gisement foncier d'ores et déjà artificialisé et largement sous-exploité.

Quelle est l'importance du gisement ? Encore une fois, les chiffres précis et récents manquent. En 2007, à l'occasion du Grenelle de l'environnement, le nombre des zones d'activités économiques (ZAE) avait été estimé entre 24 000 et 32 000, pour une surface d'environ 450 000 hectares[1]. Ces ZAE recouvrent diverses formes : parcs ou lotissements d'activités, pôles d'activités économiques et technologiques, écoparcs, écozones, entrepôts ou simplement fonciers dédiés à l'activité économique, industrielle ou logistique.

La performance de ces zones d'activités existantes, en matière de densité, de mixité, de qualité d'usage et de desserte, peut être améliorée afin d'y accueillir un plus grand nombre et une plus grande diversité d'activités économiques : activités productives, artisans, services et commerces, bureaux, équipements de sport et de loisir, mais également tout un pan de nouveaux services liés à l'économie circulaire (acteurs du partage, de la réparation, du réemploi, de la logistique urbaine)... Pour cela, il faudrait rationaliser l'usage des espaces entre les différentes entreprises, notamment par la mutualisation des parkings, des aires de stockage-livraison-manœuvre, voire, pourquoi pas, de certains locaux annexes (vestiaires, sanitaires) ou administratifs, tout en améliorant les "performances environnementales", en débitumant, en améliorant la gestion des eaux pluviales, en multipliant les espaces d'accueil de biodiversité...

Si cette conception "mutualisée" de l'activité économique permettrait indéniablement d'optimiser les emprises foncières, elle présente néanmoins une certaine complexité car elle nécessite des remembrements fonciers et réinterroge les modalités de propriété et de gestion foncière de ces zones. Certaines grandes ZAE sont régies par un gestionnaire (qui peut être aussi le propriétaire) ou un concessionnaire unique, qui peut prendre l'initiative d'une telle démarche ; mais dans la plupart des cas, les zones d'activités économiques appartiennent à plusieurs propriétaires (occupants ou bailleurs), ce qui complexifie la mise en commun d'espaces et de locaux, et cela d'autant plus en site occupé. La mise en œuvre pourrait être facilitée par l'évolution des règlements d'urbanisme – pour y intégrer des dispositions plus

1. Soit environ 10 % du total des sols artificialisés à cette date.

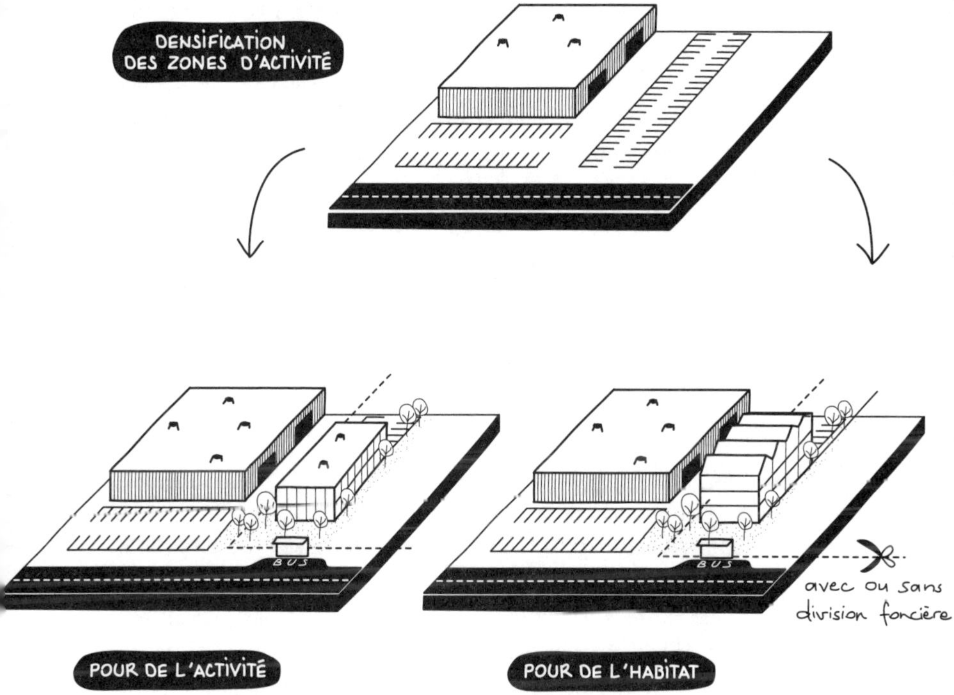

Figure 8.9 : Densification dans les tissus d'activité

souples sur la hauteur et la mutualisation d'espace, mais aussi sur l'augmentation des surfaces exigées en pleine terre –, l'adoption de mesures fiscales incitatives, l'apport d'expertise pour l'accompagnement des projets, ainsi que, lorsque c'est nécessaire, la fourniture de solutions de relocalisation temporaire aux opérateurs économiques.

Pour ce qui est d'y intégrer des logements, la problématique est un peu différente. Sans y projeter, tout de suite et partout, de nouveaux projets résidentiels sur les parkings de supermarchés ou au-dessus d'entrepôts logistiques, la densification des zones économiques est une très belle piste, qui permet en outre de construire d'emblée des quartiers avec plus de mixité fonctionnelle et moins de temps de déplacement. Ici, la faisabilité dépendra de la capacité à offrir des lieux de vie d'une grande qualité urbaine (cf. *infra*). Les projets doivent être l'occasion de réduire les emprises artificialisées – à l'heure des nouveaux usages de la voiture, il est probable, par exemple, que les nappes de parking dimensionnées sur les pointes de fréquentation constituent une manne –, d'arborer et de renaturer les espaces, de restaurer les corridors écologiques – en réduisant au passage les vulnérabilités des sites (îlots de chaleur, risques d'inondation, etc.) –, de choisir le "bon" niveau de densité, de hauteur et de compacité des habitations.

De telles évolutions devront faire appel à de nouveaux référentiels culturels et socioéconomiques : même si historiquement les activités productives (menuiseries, petits ateliers de fabrication, entreposage, etc.) étaient souvent implantées au cœur du village ou en centre-ville, souvent en rez-de-chaussée d'immeubles mixtes d'ailleurs, et parfaitement tolérées et intégrées par la population, les notions de "confort" et de tolérance aux autres activités ont évolué. Même s'il ne s'agit pas de réinstaller des forgerons, des charrons et des maréchaux-ferrants au sein des écoquartiers en devenir, les éventuels conflits d'usage, l'impact lié aux nuisances sonores, aux horaires d'ouverture, etc. nécessitent d'être anticipés et étudiés au cas par cas ; si en effet, les activités économiques se retrouvent évincées au profit d'implantations tertiaires et/ou résidentielles, elles iront s'installer plus loin, alimentant la spirale de l'étalement.

La mise en œuvre d'opérations témoins, combinant mixité fonctionnelle et forme urbaine dense, pourrait démontrer la faisabilité de cette approche et la qualité des quartiers rénovés. Avec la ZAN, la raréfaction et le renchérissement inéluctable du foncier, il est probable que les zones commerciales et les zones d'activité vont devenir des nouveaux terrains de jeu pour les opérateurs immobiliers… autant anticiper et mettre en place les règles d'urbanisme qui garantiront l'exemplarité des projets et impulseront la transition environnementale des "entrées de ville".

Pas de densification sans amélioration du cadre de vie

Bâtir dans les creux urbains, réinvestir les friches, démolir pour reconstruire un peu (parfois beaucoup) plus haut... le processus de densification urbaine interagit puissamment avec le cadre urbain déjà installé, les habitudes, l'histoire du quartier, une sociologie préexistante, un niveau d'équipements plus ou moins performant... Il peut alors se heurter à l'acceptabilité du voisinage, *a minima* susciter des inquiétudes ou un ressenti négatif, voire provoquer une résistance ou une franche opposition chez les populations en place, qui voient les immeubles monter à côté de chez eux, les espaces interstitiels se remplir, les lieux, les routes (les écoles parfois) se saturer[I]...

De nombreux travaux se sont attachés à étudier les conditions d'acceptabilité de la densification urbaine et à mettre en exergue la notion de la densité "vécue[II]", qui renvoie à une approche qualitative et multidimensionnelle (historique, sociale, culturelle, cognitive) du sujet. Quelle est la densité "désirable", acceptable ou maximale admissible ? En fait, la densité n'a pas de valeur en soi ; elle n'est pas recherchée pour elle-même mais pour ce qui lui est corrélé : elle est le résultat d'une forme d'attractivité exercée et d'"intensité" réalisée par les centralités.

> Ce n'est évidemment pas la densité bâtie que les gens recherchent dans les centres des villes. Ils ne souhaitent pas y vivre pour le plaisir de s'empiler les uns sur les autres dans des logements souvent sombres, bruyants et sans vue. Ils y viennent pour l'animation, les facilités de déplacements et l'accès simple et rapide aux emplois, aux commerces, aux équipements[54].

I. Cf. chap. 2.
II. Cf. chap. 1.

Ainsi, l'acceptation de la densification dépend plus de sa capacité à maintenir, à rétablir, ou à offrir un cadre urbain qualitatif et attractif qu'à développer des formes urbaines consensuelles et cohérentes – ce point pouvant être garanti par les dispositions du règlement d'urbanisme. Pour être acceptable, toute action urbaine, qu'elle soit faite ou non au titre de la sobriété foncière, doit apporter du "mieux" pour les populations en place, avoir une vertu réparatrice, à l'échelle d'un immeuble, d'un voisinage, d'un îlot, d'un quartier : renouveler et compléter l'offre existante en équipements, en services de proximité, en commerces, mettre à niveau les espaces publics, la desserte en transport en commun, l'accès aux espaces verts... La puissance publique doit planifier, anticiper à la fois les besoins d'adaptation et d'évolution de la zone urbaine ouverte à la densification et les besoins nouveaux, engendrés plus spécifiquement par l'arrivée d'habitants supplémentaires.

Malheureusement la densification, particulièrement les opérations très concentrées des centres-villes, rentre en concurrence avec l'idéal de la ville "renaturée". Alors que la "ville végétale" et la "nature en ville" deviennent le nouvel imaginaire désirable, dans la perspective d'une adaptation au changement climatique (débitumer, planter, créer des îlots de fraîcheur), d'une lutte contre l'érosion de la biodiversité (accueillir les espèces sauvages) mais aussi d'une meilleure connexion à la "nature" dans un contexte post-pandémique (accéder à des espaces verts à moins de cinq minutes, des jardins partagés, des composts...), voir se bâtir une friche alors même qu'elle était (devenue) la promesse d'un espace potentiellement "renaturable" n'a rien pour enthousiasmer le voisinage... Invoquer la sobriété foncière n'y change pas grand-chose !

Auparavant confidentiels et réservés aux plus aisés (parcs royaux, jardins botaniques, etc.), les espaces verts commencent à faire partie de l'aménagement des villes à partir du XIXe siècle, dans un contexte d'émancipation sociale et de lutte contre l'insalubrité et les épidémies. Pour le Paris d'Haussmann, le service des promenades et plantations conçoit un réseau de parcs de plusieurs hectares (25 pour les Buttes-Chaumont, 15 pour le parc Montsouris), de squares (qui prennent la place d'un îlot), de plantations d'alignement qui participent de la recomposition urbaine. Un siècle et demi plus tard, dans le modèle de la ville durable, la nature devient un outil d'aménagement pensé dans ses continuités, ses "trames" vertes et bleues englobant les parcs, les jardins, l'ensemble des espaces végétalisés le long des voies et des berges ou associés aux ouvrages hydrauliques comme les noues.

L'Organisation mondiale de la santé documente désormais les liens entre espaces verts, bien-être et santé humaine et relaie les travaux de recherche tendant à démontrer leurs bénéfices physiques, psychologiques, sociaux et économiques à partir d'indicateurs comme l'état de santé globale, la santé mentale, l'obésité, la fréquence cardiaque, le diabète, la mortalité[55]... Reprenant les objectifs chiffrés d'une circulaire de... 1973[56] relative à la politique en matière d'espaces verts, elle recommande un ratio de 10 mètres carrés par habitant en zone centrale et 25 mètres carrés par habitant en zone périurbaine... espaces qui doivent être accessibles à tous.

Pour l'heure, aucune base de données nationale ne recense l'ensemble des espaces verts publics, mais les habitants connaissent bien leur quartier et toute action sur la ville qui ne prend pas en compte le rétablissement d'une forme d'équité dans l'accès aux espaces verts urbains rencontre de plus en plus l'opposition de collectifs de citoyens. En concentrant les populations sans pouvoir garantir une augmentation proportionnelle des lieux de loisirs, de promenade, de nature, les métropoles ont de plus en plus de mal à garantir (ou maintenir...) la qualité du cadre de vie de leur population, qui contribue pourtant à l'acceptation de la densité !

Las, dans les quartiers centraux, déjà denses, au foncier coûteux, la densification entre directement en concurrence avec la renaturation. Dans une opération d'urbanisme, un espace vert "se paye" au prix d'une péréquation, d'un équilibre entre constructions (qui sont des recettes) et espaces verts (des dépenses) permettant difficilement la création de nouvelles surfaces de nature à l'échelle d'un quartier, ou alors au prix d'une densité bâtie vraiment trop forte, d'une hauteur repoussoir. Pour l'heure, le modèle économique de la renaturation n'a pas été trouvé et certaines grandes opérations de renouvellement ou d'aménagement urbain en cœur de métropole, censées incarner la lutte contre l'étalement, se disqualifient d'elles-mêmes : trop denses, trop hauts, trop minéraux, trop "hors-sol"... alors qu'elles pourraient être l'occasion, pour les quartiers concernés, de se bonifier, d'améliorer le niveau de services, d'apporter une diversification des types de logement pour de meilleurs parcours résidentiels...

A contrario le grignotage des espaces verts privés dans le "diffus", celui des cœurs d'îlots et des fonds de parcelle, génère peu d'opposition car il se fait loin des yeux et de manière plus diffuse : une nouvelle maison et son parking, une extension qui grignote sur le jardin, une terrasse ou une piscine, mises bout à bout vont pourtant finir par entamer sérieusement le "capital végétal" des villes. S'ils concernent le bien-être de leurs bénéficiaires uniquement, les services écosystémiques de ces espaces, eux, sont rendus pour tous : maintien d'une biodiversité urbaine, régulation du cycle de l'eau, rafraîchissement... Pour ne pas dégrader l'équilibre urbain, il faut donc lutter contre la tentation de "tout consommer", ne pas forcément vouloir remplir toutes les dents creuses et autres espaces libres.

Tout est donc affaire de contexte, de mesure, d'équilibre aussi, car la densification ne se fait pas de manière uniforme : elle est souvent polarisée dans les quartiers qui subissent déjà une forte pression immobilière, parce qu'ils sont bien desservis, avec une offre en équipement recherchée, une bonne valeur de localisation, etc. Renouveler la ville sur elle-même ne veut pas forcément dire renforcer les dynamiques là où elles sont déjà en place, au risque d'une saturation et d'un rejet, c'est aussi – d'abord ? – apporter une intensité urbaine là où elle n'existe pas ou quasiment pas, dans tous les espaces impensés des politiques urbaines, les espaces périurbains, les espaces ruraux, les entrées de ville, les "entre-deux" – entre urbain et rural –, les zones d'activité mono-fonctionnelles... bref, mieux répartir les efforts d'aménagement pour améliorer le déjà-là.

Assumer la complexité : injonctions contradictoires et inerties du "système"

Encore une fois, tout cela ne sera pas simple. Pour passer de la "fabrication standard" de la ville à la dentelle fine, la haute couture que réclame la logique d'"urbanisme circulaire" – terme élégamment proposé par Sylvain Grisot[57], qui fait un parallèle fructueux avec la sobriété, le partage, le réemploi, la réparation, le recyclage de l'économie circulaire –, chacun va devoir y mettre du sien !

En "ville", la production immobilière répond à un impératif de rentabilité dans une situation de spéculation foncière, une logique de croissance rapide et efficace pour répondre aux "besoins" pressants provoqués par la métropolisation. Les opérations restent assises sur des standards immobiliers "sans prise de risque", des produits d'investissement (petits logements, immeubles de bureaux, etc.) qui ne tiennent compte ni des évolutions sociétales, ni des besoins de mixité fonctionnelle, ni des enjeux de transition environnementale. L'offre se retrouve assez décorrélée des réels besoins. À la "campagne", les "plaques pavillonnaires" dopent par à-coups la croissance des villages et petits bourgs, et proposent également une offre standardisée à destination des familles, une population homogène qui vieillit en même temps... Une fois les enfants partis, une ou deux décennies plus tard, il faut sauver l'école communale et donc construire de nouveaux lotissements[58]... tandis que les personnes âgées habitent des logements et des jardins trop grands dont ils aimeraient parfois ne plus avoir à s'occuper.

Pour optimiser et dynamiser les parcours résidentiels, et la qualité des logements, il faut diversifier (et adapter) le parc de logements et les modes d'habiter, sortir des "conditions procustéennes[1]" que nous ont imposées les principes de l'architecture moderne – expression que nous empruntons à Lewis Mumford[59] qui critiquait vertement le principe des cités radieuses de Le Corbusier – et les contraintes économiques... bref, changer de paradigme, comme on dit, sortir de la logique de l'offre et se recentrer sur la demande (les besoins).

Dans cette ville qui se "recycle" sur elle-même, les injonctions contradictoires seront nombreuses. Il va falloir faire entrer au chausse-pied l'ensemble des besoins : satisfaire la demande soutenue en logements, en équipements, en activités économiques... tout en engageant, par ailleurs, l'énorme chantier de réhabilitation et de rénovation thermique. Le contexte de transition écologique va demander un effort de réaménagement de l'espace urbain. Il s'agira de "faire" la ville de proximité et assurer une mixité fonctionnelle pour réduire les déplacements et favoriser les modes de transport "doux". Mais il faudra, dans le même temps, accueillir les besoins nouveaux en espaces, que ce soit pour relocaliser certaines activités économiques (dopées peut-être par la prise de conscience post-crise sanitaire) si possible pas trop loin des bassins de consommation, mais aussi pour fournir les espaces nécessaires aux nouveaux usages, aux nouveaux modes de consommation et de production à l'ère "post-carbone" (composteurs de quartier pour valoriser les déchets ; stockage de matériaux pour le réemploi ; espaces de réparation et d'entretien ; logistique du dernier kilomètre ; vente et distribution en rez-de-chaussée pour les circuits courts ; solutions de chauffage urbain dans toute leur diversité, du biogaz au mini-*data center* peut-être...), pour remplir les fonctions "d'amortissement" du changement climatique (espaces de renaturation, végétalisation pour lutter contre

1. De Procuste (ou Procruste, du grec ancien Προκρούστης "celui qui martèle pour allonger"), brigand qui coupait ou étirait les jambes de ses hôtes pour les ajuster à la taille de ses "lits de douleur" et fut tué par le héros Thésée. Le lit de Procuste fait référence aux tentatives de réduire les individus, leurs besoins, leurs façons de penser, etc. à un modèle unique.

les îlots de chaleur, accueillir la biodiversité, réduire les risques d'inondation...). Certes, pour l'instant, dans le scénario *business as usual*, ce sont plutôt les entrepôts d'e-commerce, les *dark stores* et les *data centers*[60] qui réclament leur lot de mètres carrés. Mais les temps changeront.

Toutes ces nouvelles fonctions de la ville vont "prendre de la place", solliciter des "ressources en sol", s'accompagner de besoins en matière d'aménagement, de réaménagement et de réparation, en concurrence directe avec les besoins en développement. Pas de souci à "recycler" le foncier des friches urbaines, à "remplir les dents creuses", à produire "la ville sur la ville, mais pas en excluant systématiquement les activités productives ni ses espaces de "respiration" pour y empiler de nouveaux logements. Si la ville continue à se développer, il faut que ça soit *par-dessus la couche de la transition*, en prenant appui sur elle : construire oui, mais pas n'importe où, et pas n'importe quoi, sous prétexte qu'on serait déjà en zone artificialisée.

Voici pour les injonctions contradictoires... Quant à l'inertie, elle est partout, dans les modèles économiques des acteurs privés – toute la profession doit s'embarquer dans cette aventure bien éloignée des habitudes prises dans le "monde d'avant" –, dans les postures des acteurs publics qui devront certainement évoluer pour devenir plus interventionnistes (politiques "offensives" de maîtrise et d'acquisition du foncier, mobilisation des grands propriétaires comme les aéroports et les universités, courage réglementaire...), mais aussi dans les schémas culturels bien ancrés dans la population.

Sans doute la question de la maison individuelle, à laquelle aspirent tant de Français, est de ce point de vue emblématique. La ministre du Logement Emmanuelle Wargon en a fait l'amère expérience à l'automne 2021 : la remettre en cause est un sujet explosif. Présentant les dix pistes du gouvernement pour "habiter la France de demain", elle appelait à "gagner la bataille culturelle de la densité", précisant que "le rêve de pavillon avec jardin n'est pas compatible avec les enjeux environnementaux" et qu'il fallait s'attacher à rendre plus désirable le logement collectif et les quartiers denses[61]. Preuve que les spots diffusés sur M6 dans les mois précédents et vantant les mérites – par ailleurs tout à fait réels – de nouveaux quartiers à la fois denses et écolos n'avaient pas suffi à convaincre tout le monde, la levée de boucliers médiatique a été fulgurante (de méchants esprits ont rapidement relevé, dans sa déclaration de patrimoine, sa maison à Saint-Mandé) tandis que les puissants lobbies professionnels s'étranglaient, ou faisaient mine de s'étrangler. Il lui fallut rapidement faire amende honorable, puis mettre un genou à terre devant l'Assemblée nationale en affirmant au contraire "sout[enir] le modèle de la maison individuelle". Que c'est cruel parfois, la politique !

De fait, soyons honnêtes, le rêve pavillonnaire ne date pas tout à fait de la France giscardienne, la même qui, après avoir construit les premiers grands ensembles des années 1960 et lancé les projets de villes nouvelles, se serait précipitée dans les supermarchés et sur les autoroutes toutes fraîches... Le désir d'un chez-soi, d'un *home sweet home* entouré de verdure, le socialiste Pierre Joseph Proudhon l'exprimait déjà au milieu du XIXe siècle, pendant que d'autres expérimentaient plutôt les phalanstères fouriéristes :

> Je donnerais le musée du Louvre, les Tuileries, Notre-Dame, – et la Colonne par-dessus le marché, – pour être logé chez moi, dans une petite maison faite à ma guise, que j'occuperais seul, au centre d'un petit enclos d'un dixième d'hectare, où j'aurais de l'eau, de l'ombre, de la pelouse et du silence. Si je m'avisais de placer là-dedans une statue, ce ne serait ni un Jupiter ni un Apollon : je n'ai que faire de ces messieurs ; ni des vues de Londres, de Rome, de Constantinople ou de Venise : Dieu me préserve d'y demeurer ! J'y mettrais ce qui me manque : la montagne, le vignoble, la prairie, des chèvres, des vaches, des moutons, des moissonneurs, des bergerots[62].

Un dixième d'hectare, déjà les 1 000 mètres carrés de parcelle, un chiffre typique encore aujourd'hui – du moins pour ceux qui peuvent encore se les payer… –, soit une bien faible densité de dix logements à l'hectare (voire huit ou neuf, puisqu'il faut aussi les desservir), qui devient, on l'a vu, difficile à accepter par les temps qui courent…

Si tout le monde ne rêve pas d'une maison "quatre façades" – comme on les appelle en Belgique, où les interrogations sur l'artificialisation sont vives également – et de passer son week-end à jardiner, il faut reconnaître qu'il s'agit néanmoins d'une envie majoritaire : selon les sondages, 75 à 80 % des Français souhaiteraient habiter une maison individuelle, ce qui donnerait, en comparaison des 56 % de résidences principales actuelles, *a minima* un bon cinquième des ménages frustrés par leurs conditions de logement. Cependant ce chiffre est sans doute à relativiser et il conviendrait, pour faciliter la victoire dans cette "bataille culturelle" de la densité, de mieux comprendre les frustrations et les envies de nos concitoyens.

Évoquons quelques pistes pour explorer le continuum entre l'appartement et le pavillon tant rêvé. On peut avoir envie d'une maison, d'abord, tout simplement parce qu'en moyenne, une maison est plus grande (environ 110 m²) qu'un appartement (environ 65 m²) et qu'elle évoque donc un gain de place : retour aux considérations sur les logements sous-occupés ou sur-occupés ; ensuite, parce que les qualités intrinsèques des appartements ne sont pas toujours au rendez-vous (isolation phonique, qualité des abords, accès aux espaces extérieurs privatifs, partagés ou publics, etc.) – mais la maison n'évite pas forcément le bruit extérieur ou les conflits de voisinage, au contraire peut-être, quand il s'agit de réparer la clôture ou de couper une branche d'arbre qui dépasse, ou d'entendre le voisin tondre sa pelouse tous les week-ends ; enfin, les enquêtes ne distinguent pas les types de maisons individuelles… Dans de nombreux cas, une maison mitoyenne remplit parfaitement le cahier des charges, et si l'on continue encore (un temps) à construire des maisons individuelles – soyons réalistes, une autre position est de toute façon *intenable politiquement*, à très court terme –, le minimum est qu'elles soient mitoyennes[1]. Et puis, le rêve du moment change avec le parcours de vie. Comme l'exprime bien la journaliste Sophie Divry[63], qui remet brillamment en cause "l'idéologie du bonheur familial" projetée sur le pavillon périurbain, le rêve de maison calme avec un grand jardin est d'abord une envie (socialement construite) de jeunes parents ; devenus adolescents, les enfants, loin de tout, peuvent vivre le lotissement comme un enfermement.

Gardons-nous donc de projeter des logements idéaux, comme nous nous garderons de projeter des villes idéales. Comme la nature, nous devrons rechercher la résilience – et le bonheur ! – dans la diversité des solutions. Pour certains, ce sera l'envie de hauteur sous plafond – avec mezzanine ou lits superposés si ça optimise les mètres carrés –, à l'image du philosophe allemand Ludwig Feuerbach, que l'écrivain Baudouin de Bodinat cite pour brocarder l'abrutissement collectif de nos sociétés industrialisées et consuméristes :

> "Dans un palais, on pense autrement que dans une chaumière dont le plafond bas nous semble exercer une pression sur le cerveau." Nous sommes d'autres hommes à l'air libre qu'au salon : les espaces étroits oppressent le cœur et la tête, les espaces larges les élargissent, ajoute-t-il. C'est là le secret de l'adaptation indolore : on s'habitue à n'avoir que des pensées et des sentiments qui tiennent très bien sous la hauteur de plafond standard [...][64].

Mais les "palais" avec une grande hauteur sous plafond n'ont pas que des avantages : ils sont par exemple plus difficiles à chauffer – puisque l'air chaud monte. Quant aux pensées plus larges, difficile de se prononcer : Le Corbusier, lui, préférait les faire advenir en contemplant l'horizon et en prenant de la hauteur – ce qu'on allait pouvoir faire grâce aux tours d'habitation ou de bureaux :

1. Cf. chap. 7.

> [...] si j'escalade les plates-formes de la tour Eiffel, j'acquiers en montant un sentiment d'allégresse ; [...] au fur et à mesure que l'horizon s'élève, il semble que la pensée soit projetée en trajectoires plus étendues : si, physiquement, tout s'élargit, si le poumon se gonfle plus violemment, si l'œil envisage des lointains vastes, l'esprit s'anime d'une vigueur agile ; l'optimisme souffle. Le regard horizontal conduit loin : c'est en somme un grand résultat sans un travail pénible. Songez que jusqu'ici les horizons ne nous ont été révélés que par des yeux à peine élevés au-dessus du sol ; on ne connaissait pas autrefois ces à-pics saisissants ; les alpinistes seuls avaient eu la sensation grisante[65].

Notons au passage que les impératifs économiques ont tranché pour les recommandations de Le Corbusier ; "la hauteur sous plafond moyenne a diminué de 27 centimètres en soixante ans, alors que les Français, eux, ont grandi de 7 centimètres[66]" ; impératifs économiques qui, peut-être, expliquent aussi le récent "boom" (encore marginal néanmoins) des micro-maisons ou l'apparition d'autres formes d'habitat léger. Mais si les considérations économiques peuvent rejoindre les intérêts écologiques (plus petite maison = plus faible impact, sans compter le sol potentiellement préservé d'un bétonnage de dalle...), tout le monde n'a pas envie d'habiter dans une *tiny house* malgré "l'engouement[67]" qu'elles semblent susciter, ni dans une yourte – une forme d'habitat bien peu adaptée à la métropole, de toute façon.

Ces habitats légers ou ultra-légers pourraient, en revanche, être envisagés de façon plus systématique (privilégiés ?) pour les constructions de résidences "secondaires et occasionnelles", dont on a vu qu'une bonne partie est constituée de capacités d'accueil dédiées au tourisme, plutôt que de cossus pavillons de chasse ou des manoirs familiaux. Il est sans doute plus facile de convaincre (une partie) des gens de passer leurs congés d'été[1] dans une yourte ou un bungalow

1. Rappelons au passage qu'un tiers de la population ne part tout simplement pas en vacances... et pas par manque de lits d'accueil.

que d'y passer l'année entière[1]... ne serait-ce que pour des raisons météorologiques. La preuve, c'est que le camping, dans toutes ses déclinaisons, reste un mode d'habitation encore très pratiqué malgré la multiplication, depuis quatre ou cinq décennies, des immeubles et des résidences en bord de mer, ou des gîtes d'accueil à la campagne.

1. Le Corbusier appréciait son modeste cabanon en bois de Roquebrune-Cap-Martin...

9

REDISTRIBUER À TOUTES LES ÉCHELLES

À force d'agilité, de changements de pratique et d'évolutions culturelles, de volonté et d'intervention publiques, les villes de demain pourraient donc encore "encaisser" une certaine croissance démographique, en construisant moins, de manière plus "légère" (d'un point de vue environnemental) et en n'empiétant plus que de façon marginale sur leurs territoires périphériques.

Mais cela ne peut durer qu'un temps : si le phénomène de métropolisation perdure – définissons-le, pour simplifier, par le fait que les grandes aires urbaines, plus concentrées et populeuses, continuent à croître plus rapidement que les autres villes et agglomérations, ou même à leur détriment –, nous réussirons d'autant moins à atteindre la neutralité carbone. Au risque de nous répéter, s'il existe différents scénarios de réduction des émissions de gaz à effet de serre (et de consommation des ressources, point de passage obligé) à l'horizon 2050, *aucun* ne se permet de tabler sur une poursuite des tendances actuelles, et pour cause : sans "sobriété" à tous les étages (des mètres carrés à construire, des usages, des modes de vie et de déplacement...), personne n'a réussi à montrer comment "boucler" un système durable.

Au lieu de construire des logements dans les zones où se trouvent déjà concentrés tous les emplois, pourquoi ne pas inverser la logique et travailler à créer des emplois, une dynamique, un cadre de vie, dans les territoires où se trouvent déjà les logements ? Pourquoi ne pas réinvestir – en les améliorant – les espaces urbanisés que nous avons déjà, au lieu d'en fabriquer de nouveaux, en apportant de la qualité résidentielle, du service, du lien social, une vocation là où il en manque, dans les "petites villes de demain[1]", les bourgs, les villages, mais aussi dans le "périurbain de demain" ? C'est une autre vision de l'aménagement du territoire, tournée vers la réparation et le prendre-soin mais aussi vers les enjeux énergétiques et de transition[1], faisant la part belle à de nouveaux métiers et de

1. Nom d'un programme de financement de l'État ; cf. *infra*.

nouvelles méthodes : diagnostics de territoires, programmation de nouvelles fonctions urbaines adaptées à l'existant, tests et activation de nouveaux usages, investissement dans la médiation, l'animation, la sensibilisation, l'accompagnement, la sociologie, le "faire advenir plutôt qu'imposer", puisqu'on travaille en milieu habité...

Bien sûr, depuis la crise sanitaire et le "grand confinement" du printemps 2020, pendant lequel un million de Franciliens avaient quitté leur domicile pour rejoindre des villes moins inhospitalières (considérées comme plus "résilientes", moins dangereuses que la région parisienne peut-être ?) et/ou des habitations plus arborées[2,1], pas une semaine ne se passe sans que le mérite des villes moyennes ne soit vanté (elles tiendraient là leur "revanche"), que l'évolution des prix de l'immobilier ne soit scrutée ici ou là, que les signes d'une éventuelle évolution structurelle des flux démographiques – liée aux nouvelles envies et aux nouvelles pratiques de travail – ne soient commentés.

Et pourtant, sur le fond, à peu près rien ne change – même si on nous explique à longueur de temps qu'il faut que tout change, ou que tout va changer (par l'innovation, entre autres) – *Le Guépard* de Tomasi de Lampedusa reste décidément d'une brûlante modernité : on continue à lancer la construction de tours de bureaux, à programmer des lignes de train à grande vitesse, à se réjouir du retour de la croissance... Puisque les dynamiques territoriales restent sensiblement les mêmes, pour l'instant, nous ne pouvons que rejoindre, dans leur analyse, les adeptes d'un "choc de l'offre" sur le marché du logement qui encouragent à la construction massive :

> La construction neuve, pour dynamique qu'elle soit dans les secteurs attractifs, peine à répondre à la demande, du fait de la démographie, du solde migratoire, des transformations sociétales et – surtout – de la polarisation des créations d'emplois. *Sauf à ce qu'une politique d'aménagement du territoire*

1. Mais aussi 300 000 habitants de Bordeaux, Toulouse, Lille, Grenoble...

> *massive et très volontariste vienne corriger ce déséquilibre*, nous allons durablement devoir vivre avec des métropoles dont la croissance exigera la production de logement abordable[3].

Mais nous divergeons sur la conclusion : selon eux, puisqu'une (autre) politique d'aménagement du territoire est inenvisageable (ou irréaliste), il faudra bien continuer à construire, beaucoup, et dans la durée. Mais on peut retourner le raisonnement : puisque nous ne pourrons (pouvons) plus nous permettre de construire autant, nous n'avons pas d'autre choix que de revoir la politique d'aménagement du territoire, de façon, oui, *massive et volontariste* ; d'autre choix que d'inciter, provoquer et accompagner, par tous les moyens (démocratiques, merci), une redistribution urbaine progressive des populations et, pour ce faire, des services et des emplois.

Personne ne dit que ce sera simple. Mais sera-t-il simple de revoir et d'adapter tout notre système de production et de distribution énergétique (carburants automobiles compris) ? De faire muter notre modèle agricole vers des pratiques respectueuses des sols et du vivant ? De rénover thermiquement une quantité phénoménale de logements[I] ? De faire advenir une économie (bien plus) circulaire à base d'objets durables, réparables, réutilisables, réellement recyclables ? De s'adapter aux conséquences *inéluctables* du changement climatique dont le coup est déjà parti ? Pour ces trente prochaines années, et les suivantes, on n'est plus à un défi – enthousiasmant – près !

Et puis, la fabrique de la ville "classique" n'est plus particulièrement simple non plus, il faut l'avouer. Pour construire un simple bâtiment de quelques dizaines de logements sur une ZAC[II], il faut un aménageur, un architecte-urbaniste coordinateur et sa maîtrise d'œuvre, un promoteur ou un bailleur, un ou plusieurs architectes,

I. Cf. "Conclusion", pour se faire peur avec quelques chiffres.
II. Zone d'aménagement concertée.

un certificateur NF habitat, un BIM[I] manager, différents bureaux d'études techniques, un AMO[II] développement durable pour le bâtiment et un pour l'opération d'aménagement, un contrôleur technique, un coordinateur SPS[III], un OPC[IV] bâtiment et un OPC interchantier – navrés pour tous ces acronymes –, pour ne parler que de la partie " ingénierie"...

Obstacles à la redistribution urbaine

Inverser, ou du moins contenir, la tendance à l'accroissement et la concentration des villes n'est pas un défi particulièrement nouveau pour l'humanité. Longtemps, les villes ont dû essaimer pour composer avec les limites imposées par des contraintes environnementales – en premier lieu la capacité à nourrir leur population.

À une époque où les transports étaient particulièrement coûteux (en travail humain et en ressources), seules les villes exceptionnellement riches, "villes-mondes" chères à l'historien Fernand Braudel[4], pouvaient, le cas échéant, se permettre de dépasser une certaine taille critique : le quatuor Gênes, Venise, Florence, Milan, plus tard Amsterdam, Londres, New York... sans oublier la Rome antique – dont la population[V] ne sera dépassée que par la Londres du XIXe siècle – alimentée, entre autres, en blé sicilien, égyptien et tunisien.

L'émigration reste une méthode éprouvée et efficace pour remédier à la surpopulation urbaine (et même, depuis l'aube de l'humanité, à la surpopulation sur un territoire donné par rapport à

I. Building information modelling (la "maquette numérique" de l'objet à construire).
II. Assistant à maîtrise d'ouvrage.
III. Sécurité et protection de la santé.
IV. Ordonnancement, pilotage et coordination.
V. 1 à 2 millions d'habitants.

sa "capacité de charge[I]"). Dans la Méditerranée antique, les Grecs et les Phéniciens avaient érigé la fondation des colonies en sport national. Platon peut ainsi maintenir sa ville à une taille idéale :

> Enfin, s'il était absolument impossible de s'en tenir au nombre toujours égal de 5 040 familles, et que l'union entre les deux sexes produisît une trop grande affluence de citoyens, dans cet embarras il sera toujours libre de recourir à l'ancien expédient dont nous avons tant de fois parlé, je veux dire d'envoyer, avec des témoignages réciproques d'amitié, l'excédent des citoyens s'établir en quelque autre lieu qu'on aura jugé convenable[5].

Un expédient – c'est bien le cas de le dire ! – qui reste un classique de la ville modèle (Thomas More y fait aussi appel quand son île d'Utopie se trouve "surchargée d'habitants[6]"), mais est aussi, naturellement, une pratique effective, notamment depuis la découverte du Nouveau Monde. D'ailleurs, 3,5 millions de Français sont actuellement installés à l'étranger, soit la bagatelle d'une petite vingtaine d'années de croissance démographique tout de même[7]... bien sûr, ils ne l'ont pas fait pour "soulager" de leur présence nos métropoles surpeuplées.

Les circonstances des flux migratoires sont désormais bien différentes. L'abondance des énergies fossiles – dont la durée est comptée, même s'il est fort probable qu'on "heurte" le mur climatique avant la fin du pétrole, du gaz et du charbon accessibles –, la facilité des transports terrestres et maritimes ont fait progressivement, depuis la révolution industrielle, tomber l'impérieuse obligation pour les villes d'être immédiatement adossées à un territoire productif – en nourriture comme en ressources et en matériaux divers. À l'échelle locale, même si certains inconvénients peuvent surgir[II], il n'y a plus de limite "physique" à la taille, plus de contraintes

I. Ou capacité porteuse : en écologie, taille maximale de population d'un organisme qu'un milieu donné peut supporter.
II. Cf. chap. 2.

géographiques locales – qu'on peut toujours faire "tomber" grâce aux infrastructures (tunnels, digues, viaducs, barrages, etc.).

Si contrainte il y a, elle est globale désormais, et les limites sont planétaires. Peut-on faire le choix de l'a-croissance, voire de la décroissance des plus grandes villes ?

Enjeux politiques

Le premier obstacle, et sans doute pas le plus petit, est politique. Quel édile rêve de stabiliser sa ville, de renoncer à la croissance ? "La grandeur des villes ne s'exprime pas par l'étendue du site ou l'ampleur de la muraille, mais par le nombre des habitants et le pouvoir qui est le leur", disait déjà le penseur italien Giovanni Botero (1544-1617) dans son traité *Des causes de la grandeur et de la magnificence des villes*[8].

Dans les envies de grandeur, dans la course à la taille, dans le marketing territorial, n'hésitons pas y voir, d'abord, une volonté de créer des emplois et des opportunités économiques aux habitants, aux jeunes qui entrent dans la carrière, avec bonne foi sans aucun doute. D'autant plus que c'est toujours plus simple de gérer un périmètre en croissance, grâce aux moyens dégagés par des entrées fiscales plus importantes. Mais il y a aussi, très certainement – nous nous permettrons de ne citer personne –, des rêves de grandeur plus personnels et l'envie de couper des cordons inauguraux frise parfois la mégalomanie.

Si la rivalité mimétique entre villes, ou leurs représentants, dépasse les derbys des divers championnats sportifs, il faut aussi reconnaître que celle-ci joue également à l'échelle étatique. Pour un pays, avoir des villes grandes et puissantes (avec les *business districts*, les universités, les *clusters* industriels, les centres commerciaux – pardon, les *shopping malls* –, les musées prestigieux, les ports, aéroports et infrastructures qui vont avec...), c'est peser plus fort dans le rayonnement international et le concert des nations.

Dynamiques économiques et culturelles

Le deuxième obstacle est évidemment intimement lié au premier. Depuis le début de la révolution industrielle s'est mise en place une "dynamique" qui tend à faire croître les grandes villes[9]. N'y cherchons pas l'œuf et la poule, les deux effets se conjuguent et se renforcent : les grandes villes, qui regroupent une masse critique d'habitants et les lieux de pouvoir, permettent l'accumulation de capitaux, les innovations techniques et les marchés de taille suffisante pour les lancer et les soutenir, la juxtaposition de compétences et de talents complémentaires… tandis qu'elles exercent une attractivité sur les populations du fait même de ces éléments.

Au début des années 1960, le compositeur, architecte et ingénieur Iannis Xenakis – ayant travaillé un temps auprès de Le Corbusier – remet en cause l'idée de décentralisation urbaine, et prône au contraire une forte concentration, ce qui l'amènera à imaginer des "villes cosmiques", grandes unités verticales de centaines de milliers d'habitants :

> D'abord, si nous nous plaçons en observateurs de l'histoire contemporaine, nous assistons au développement d'une force aveugle, irréversible, qui crée des concentrations urbaines en dépit de tous les freinages concertés des gouvernements ; force qui augmente la densité et l'étendue des villes. […] Ensuite, si nous nous plaçons sur le plan socioculturel aussi bien que sur celui de la technique et de l'économie, *les grands centres favorisent les expansions et les "progrès" de toute nature*. C'est une constatation historique, faite depuis des millénaires mais constamment oubliée et dont on pourrait trouver l'équivalent en d'autres domaines, par exemple dans celui des cultures biologiques complexes, ou tout simplement dans ces phénomènes de masses qui, en conformité avec la loi des grands nombres, rendent possible l'apparition d'évènements exceptionnels, hautement improbables (= impossibles) dans des populations plus petites.
>
> En revanche, la *décentralisation* conduit à un éparpillement des centres, à une augmentation de la longueur des voies et de la durée des échanges,

à une spécialisation étanche des collectivités et à un *marasme socio-culturel*[10].

Avec quelques décennies de recul supplémentaire, le raisonnement est plus que questionnable. D'abord, la biologie ne permet certainement pas de filer la métaphore de la croissance et de la complexité croissante ; s'il y a bien un domaine où la croissance sait s'arrêter après un certain stade de développement, c'est bien la vie. À suivre le mathématicien et philosophe Olivier Rey, au-delà d'un certain stade, on ne parle plus de (saine) croissance, mais d'"enflure" : "Si l'on pouvait demander à une intelligence extraterrestre d'observer notre monde et d'énoncer sa principale caractéristique, elle répondrait sans doute : il est boursouflé[11]."

Ensuite, indéniablement et à de nombreuses reprises dans l'Histoire, la concentration urbaine a permis une incroyable efflorescence des idées, des arts, des innovations de toute sorte ; mais il n'y a pas équivalence entre les deux phénomènes. Certaines "petites" villes ont connu de longs moments de grâce sans croître exagérément. Pour n'en prendre qu'un exemple, Weimar, environ 65 000 habitants actuellement[I] : Jean-Sébastien Bach y est organiste quelques années, Franz Liszt maître de chapelle, Goethe y passe la plus grande partie de sa vie, Walter Gropius y fonde la fameuse école d'architecture et d'arts appliqués du Bauhaus... N'en jetez plus ! Certes, Weimar n'est pas tout à fait un "trou", c'est l'ancienne capitale du duché de Saxe-Weimar[II], mais tout de même, Gropius aurait pu choisir Cologne, Hambourg, Berlin, ou Dresde à la rigueur !

Inversement, la concentration urbaine favorise-t-elle systématiquement les "« progrès » de toute nature" ? Les quelque 2 000 villes de plus de 300 000 habitants ou la bonne trentaine de mégapoles[III]

I. Nous n'avons pas les chiffres historiques, mais l'on peut présumer qu'elle ne fut jamais une métropole millionnaire...

II. Puis du grand-duché de Saxe-Weimar-Eisenach. Merci encore Wikipédia.

III. Cf. chap. 1.

sont-elles (toutes) d'incroyables centres de culture et d'innovation, à la pointe du progrès humain ? Permettons-nous d'en douter...

Il ne s'agit pas de *renoncer* aux (très) grandes villes ou de s'attrister de leur présence – encore une fois, elles sont là et il va nous falloir faire avec – mais sachons raison garder : elles ne sont pas désirables *en tant que telles* et, à l'âge de l'information où les communications et les personnes circulent plus vite que dans les multiples duchés de Saxe-quelque chose du XVIIe au XIXe siècle, on peut imaginer que des villes de taille "moyenne" peuvent *elles aussi* offrir à leurs habitants des environnements stimulants et suffisamment d'opportunités économiques et culturelles, en même temps qu'un peu de calme, de sérénité, moins de course à la consommation ostentatoire, une plus grande proximité avec la nature, une meilleure compréhension de l'impact de nos activités...

Quelles actions concrètes ?

Autant vous l'avouer tout de suite, nous n'avons pas de recette miracle ni de formidables recommandations de politique publique pour organiser – ou plutôt *favoriser* – concrètement quelque chose d'aussi complexe qu'une "redistribution effective des populations[12]".

La cause est entendue, les villes sont mues par une "dynamique propre" de croissance et de concentration, dans ce système économique du moins. C'est aussi une question de *système technique*. D'une part parce que ce sont les solutions et les moyens techniques de transport de marchandises et de personnes, toujours plus efficaces et rapides – aux embouteillages près – et encore fort peu coûteux, qui permettent, facilitent et incitent à la concentration et à l'extension ; il y a belle lurette que l'on a pu constater que le déploiement des infrastructures de transport (voies rapides, autoroutes, lignes à grande vitesse, aéroports) n'avait pas "désenclavé" les territoires (le mantra de décennies d'aménagement du territoire, encore repris *ad nauseam* aujourd'hui), mais avait plutôt créé des phénomènes d'aspiration et contribué à la métropolisation plutôt qu'à un "développement local" harmonieux.

D'autre part l'évolution du système technique, toujours plus complexe, incite et réclame aussi une certaine concentration. Pour ne prendre qu'un exemple, ce n'est sans doute pas – seulement ? – pour des questions d'optimisation des coûts que l'on regroupe maternités, cabinets de radiologie ou compétences hospitalières au détriment de certaines villes de taille jugée insuffisante. Les équipements plus coûteux, les compétences nécessaires pour les maintenir, les faire fonctionner, les maîtriser, les exigences de résultat et de gestion des risques, *impliquent* probablement des organisations de plus grande taille. Il en est certainement de même dans de nombreuses industries : le degré de complexité des voitures au début du XXe siècle permettait la fabrication à petite échelle (155 constructeurs en France à la veille de la Première Guerre mondiale) ; il en va tout autrement aujourd'hui[I]. *Idem* pour des secteurs "complexes par nature", comme l'aéronautique, l'électronique, ou devenus complexes par le niveau élevé d'automatisation, comme le textile par exemple.

Pour un système technique donné, il existerait donc une densité de population minimale[13, II] : la déconcentration – ou la dépopulation, à plus long terme, si l'on considère que celle-ci est souhaitable car nous excédons la capacité de charge planétaire sur le temps long – ne serait donc possible que dans une certaine mesure, dans notre système technique très "avancé" ; ce qui rend assez absurde, au passage, les scénarios de sécession (en Nouvelle-Zélande ou sur des îles artificielles libertariennes) des hyper-riches aux tentations survivalistes, qui espéreraient continuer à avoir accès à des services médicaux élevés, des jets privés et des pompes de piscine en état de fonctionnement

I. On pourrait objecter que les constructeurs de luxe produisent encore en petites séries ; mais ils s'appuient essentiellement sur des réseaux de sous-traitants qui servent aussi les volumes des grands constructeurs.
II. Nous empruntons cette réflexion au chercheur Julian Carrey.

même dans un monde “extérieur” en processus d’effondrement[14]... mais pourrait expliquer, au-delà des actions publiques volontaristes et des effets de manche, une partie de la mode des *clusters* et autres *valleys* dans les domaines productifs les plus variés.

Mais revenons à nos moutons et à la redistribution urbaine. Si le laisser-faire, par inclination naturelle du fonctionnement d’un monde toujours plus complexe, ne permet pas d’enrayer le phénomène de métropolisation, c’est donc, comme souvent, à la puissance publique de s’y coller ; rien d’absolument choquant jusque-là. Certes, diront certains, la puissance publique réglemente déjà beaucoup (trop) de choses. Beaucoup, déjà, râlent contre l’inflation normative et réglementaire, fustigent l’atteinte au “droit à construire”. Imagine-t-on dans le futur une atteinte au “droit à s’installer” dans des zones géographiques ?

Écartons tout de suite les quelques tentatives historiques pour contrôler l’urbanisation, pas bien appétissantes, de la *propiska* (прописка), “permis obligatoire de résidence” en vigueur jusqu’à la chute de l’URSS[I], au *hùkǒu* chinois[II], récemment assoupli (et sans doute assez inefficace puisqu’il n’a pas empêché l’installation d’environ 200 millions de travailleurs migrants[III]), en passant par les passeports intérieurs de l’Afrique du Sud ségrégationniste. Écartons aussi les solutions encore plus radicales comme le déménagement de capitale, expérimenté avec la corbuséenne Brasília d’Oscar Niemeyer et que l’Indonésie s’apprête à mettre en œuvre sur les deux prochaines décennies. Jakarta, sur la populeuse île de Java, victime de saturation et en proie à de futures submersions, devrait céder le pas à Nusantara (l’archipel), dans l’Est de l’île de Bornéo, une ville nouvelle dont on se doute bien, évidemment, qu’elle sera une *eco-friendly smart city*, ville connectée au milieu de la nature[15] – ou des lambeaux de forêt tropicale qui auraient miraculeusement survécu au développement agressif des plantations de palmiers à huile. Mais en France, les déménagements (précipités et temporaires)

I. Mais elle existait depuis l’époque des tsars. Rendons-en l’initiative à César, donc.
II. Existant depuis encore plus longtemps, mais généralisé sous Mao Zedong.
III. *Mingong*.

du gouvernement sont associés aux-heures-les-plus-sombres-de-notre-histoire (septembre 1914, juin 1940), et puis la ville de Bordeaux est désormais elle aussi en *zone tendue*...

Une tendance déjà perceptible ?

La crise sanitaire aurait-elle initié un mouvement de "démétropolisation", qu'il suffirait maintenant d'accompagner et d'amplifier ? Il est encore un peu tôt pour le dire ; différents paramètres, comme l'évolution comparée du nombre d'inscriptions à l'école et des prix de l'immobilier, "confirm[eraient] la fuite des habitants des grandes villes vers les plus petites[16]". C'est possible, même si parler de "fuite" est peut-être un peu exagéré pour l'instant.

Nous ne serions pas tout à fait sortis de l'auberge pour autant. Dans cette amorce de démétropolisation se logent plusieurs effets potentiellement contre-productifs. Premièrement, si les installations en question ont été facilitées par une pratique plus importante et plus généralisée du télétravail, elles peuvent provoquer des "rebonds[I]", du nombre de mètres carrés par personne (avec plus de doubles résidences) comme de la quantité de déplacements engendrés (qui restent le plus souvent effectués en voiture individuelle). Deuxièmement, l'essaimage sur le territoire a peu de chance de se faire là où sont les logements vacants et les opportunités de "redensification douce" ; le phénomène de littoralisation du territoire est bien installé, et à moins de faire appel à des attaches familiales, le Francilien moyen se voit parfois plus facilement à Saint-Malo ou La Rochelle qu'à Saint-Dizier ou Sedan[II] ; le besoin éventuel de la proximité d'une gare bien connectée, pas trop loin de Paris, met des métropoles ou des villes moyennes en tension supplémentaire – pensons à Poitiers, Avignon, Rennes, Angers...

I. Cf. chap. 3.
II. Précisons que nous ne portons pas de jugement de valeur.

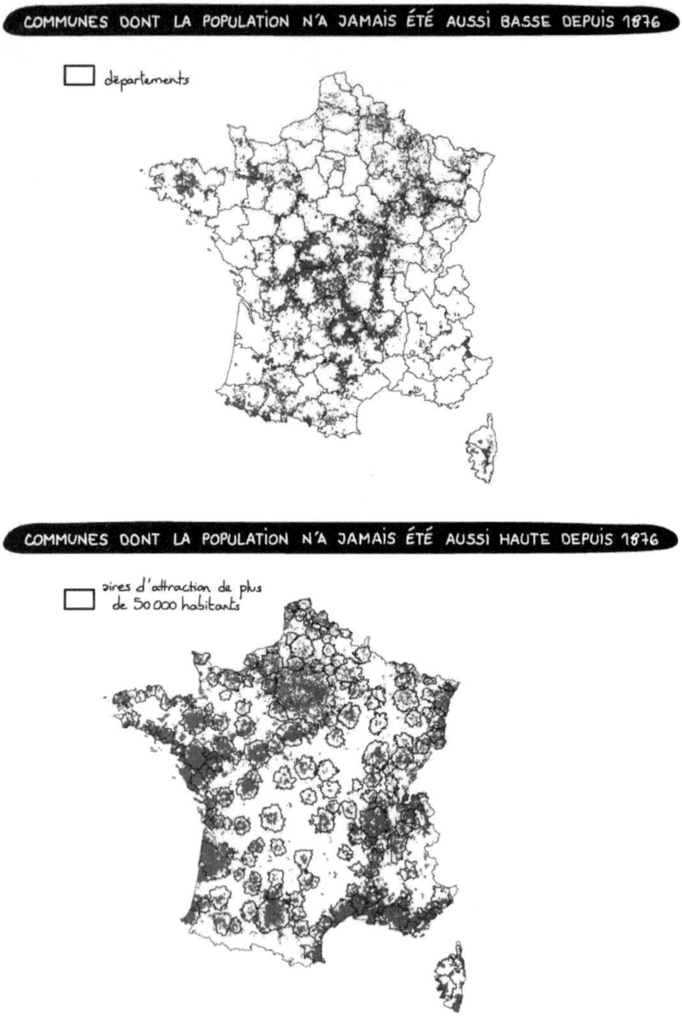

Figure 9.1 Carte des communes "jamais aussi peuplées" et "jamais aussi peu peuplées[17, I]"

I. Merci à Sacha Czertok de la Coopérative Acadie.

Peu de chances, donc, que ce soit la fameuse "diagonale du vide", des Ardennes aux Pyrénées – à laquelle s'ajoutent quelques zones dans le centre de la Bretagne, la Basse-Normandie, les confins des Alpes –, qui se remplisse. 30 % des communes n'ont jamais été aussi peuplées, mais 15 % n'ont *jamais été aussi peu peuplées* depuis le recensement de 1876[18].

Une France des territoires "en marche" ?

Qui a dit que le gouvernement n'en ferait pas assez pour les "territoires" ? Dans notre pays à la tradition jacobine bien établie, il est coutume d'en faire des tonnes pour expliquer le contraire ; d'autant plus, sans doute, depuis que les oubliés de la mondialisation heureuse se sont rappelés au souvenir d'un président champion de la *start-up nation* et des métropoles, et qu'il faut depuis toujours surveiller tout cela comme le lait sur le feu, notamment aux moindres incartades du baril du pétrole, du mètre cube de gaz ou du kilowattheure électrique.

Le fait est que plusieurs plans nationaux sont en cours. Le programme Action cœur de ville pour "revitaliser les villes moyennes" a été lancé en décembre 2017 et doté de 5 milliards d'euros sur cinq ans ; il concerne environ 220 collectivités, qui mènent des actions sur la réhabilitation d'habitat et la dynamisation des commerces en centre-ville, la mise en valeur de l'espace public, de déploiement d'écoles de production (usinage, chaudronnerie, métallerie, etc.), de suivis d'indicateurs sur les taux de vacance de logements et de commerce… Il a été complété, en sortie de confinement (octobre 2020), par le plan Petites villes de demain, doté de 3 milliards d'euros (toujours la magie des chiffres ronds !), concernant aujourd'hui plus de 1 600 communes de moins de 20 000 habitants.

Enfin une réforme interministérielle de "démétropolisation" est en route (nous admettons atteindre là nos limites de compréhension de la machine technocratique et étatique), consistant à relocaliser, hors des métropoles (dans des villes moyennes en ayant fait la candidature), environ 6 000 emplois de l'administration centrale, d'ici 2027 – la direction générale des Finances publiques devant fournir le gros des troupes – "pour redynamiser les territoires" et "améliorer la qualité de vie des fonctionnaires d'État". Tout cela nous semble aller dans le bon sens, même si nous restons interrogatifs sur cette "administration du dernier kilomètre"(?)[19] et prudents sur les objectifs exacts de toute "réforme". Sous cette sémantique, on connaît l'obsession des gouvernements successifs pour la réduction des effectifs et les synergies de regroupement qui ne se matérialisent jamais (exemple de la fusion des 22 régions en 15, qui devait générer 10 milliards d'économies[20]...), l'écart entre les effets d'annonce et la réalité de la mise en œuvre effective, l'inconstance presque maladive du système (il n'y a qu'à regarder les réformes de l'Éducation nationale...), le tropisme du numérique à tout prix sous prétexte de modernité...

Vers une approche plus systématique ?

Redéployer des emplois métropolitains dans des villes moyennes est une excellente idée. À moins d'être rentier, le nerf de la guerre reste le travail : avant tous les autres paramètres (cadre de vie agréable, école pour les enfants, proximité des activités culturelles, etc.), on s'installe dans une région parce qu'on a la possibilité d'y gagner sa vie – nous n'osons ajouter décemment tant c'est loin d'être systématiquement le cas. Mais 6 000 emplois publics en six ou sept ans, soit, dans le meilleur des cas, de l'ordre de 1 000 logements par an qui pourraient être doucement "réinvestis" dans des villes moyennes, voire en "cœur de ville" – à moins que les fonctionnaires d'État concernés ne fassent construire une belle maison avec piscine ! –, cela va dans le bon sens, sans doute, mais reste une goutte d'eau en comparaison du flux de centaines de milliers de logements qui seront mis en chantier chaque année dans les métropoles et leurs aires urbaines.

Les emplois publics ne peuvent, de toute façon, être redéployés que dans une faible proportion. Par leur nature même, ceux-ci sont au service des populations et nécessaires là où vivent les habitants : on se fait soigner, on va à l'école, on ramasse les poubelles, on répare les tuyaux d'eau potable au plus près de son logement. C'est donc un mouvement plus large, concernant toute l'activité économique, publique et privée, qu'il faudrait favoriser et accompagner. Comment peut-on passer à une échelle supérieure, qui puisse vraiment peser dans la balance et faciliter les objectifs de zéro artificialisation ? La puissance publique possède différents moyens d'action : pouvoir législatif et réglementaire, pouvoir économique, capacité d'exemplarité et d'entraînement.

Le pouvoir réglementaire, c'est celui autour duquel nous avons longuement tourné dans les chapitres précédents. Doucement, au rythme de la réécriture et de la validation successive des schémas directeurs régionaux, puis des SCOT (schémas de cohérence territoriale), puis des PLU (plans locaux d'urbanisme), à la vitesse des débats démocratiques – c'est-à-dire plutôt lentement, mais c'est ainsi... –, les lignes vont bouger. Au-delà de la zéro artificialisation (brute, sauf extrême exception !) à inscrire dans les documents d'urbanisme, il n'est pas certain que d'autres poussées réglementaires, dans le domaine de l'urbanisme, soient possibles ou souhaitables sans verser dans le très liberticide.

Le pouvoir économique est triple. Les évolutions fiscales permettent de faire bouger les “règles du jeu” dans lequel évoluent les entreprises et les particuliers (taxer bien plus fortement, voire entièrement “collectiviser” les plus-values foncières sur les terres à artificialiser rentrerait dans cette catégorie[1] et calmerait sans doute un certain nombre d'ardeurs autour des révisions de PLU ; à condition

1. Cf. chap. 6.

d'aider les agriculteurs qui comptent aujourd'hui sur les PLU pour prendre leur retraite !) ; par les achats de produits et de services qu'ils effectuent, les cahiers des charges qu'ils émettent, les marchés et les délégations qu'ils passent, les services de l'État, les collectivités territoriales et les entreprises publiques peuvent faire émerger, soutenir, favoriser des filières économiques ; enfin, un rôle économique et stratégique direct – pas toujours extrêmement bien assumé, pour les plus libéraux – peut être joué au sein des établissements et des entreprises publics.

Est-ce qu'on pourrait imaginer une sorte de *Small Is Beautiful Act*[21], favorisant encore plus systématiquement qu'aujourd'hui (car quelques marges de manœuvre existent déjà) les achats auprès des petites entreprises, des petites implantations locales, des acteurs de proximité ? Qui imposerait à toutes les grandes entreprises (en commençant par les publiques) une feuille de route de décentralisation de leurs activités non territorialisées (éclatement, redistribution, essaimage partiel, implantations nouvelles à petite échelle… des centres de recherche, des centres de formation, des sièges sociaux, des activités de développement, etc.) ? Le tout sans générer d'effets rebonds dans les transports de longue distance (et même la construction et l'artificialisation)… pas si simple !

La capacité d'exemplarité et d'entraînement ouvre aussi des possibilités, sans doute. La "démétropolisation" de quelques services administratifs centraux en est un exemple. Une réflexion plus globale sur un nouvel aménagement du territoire (qui deviendrait un "ménagement[22]", dans le sens où l'emploie depuis plus de trente ans le philosophe et urbaniste Thierry Paquot[23]) ne serait-elle possible ? Ainsi par exemple des implantations des écoles supérieures et des universités, ou des paramétrages du logiciel Parcoursup… Est-on certain qu'il optimise l'allocation des choix des lycéens dans une logique d'économie des besoins en logements étudiants ? À voir les étudiants qui traversent la France dans les deux sens alors qu'ils sont dans la même spécialité et qu'ils auraient pu faire une partie de leurs études en restant domiciliés chez leurs parents[I] – étrange équivalent des produits agricoles et industriels, tomates, aciers, qui eux aussi sillonnent l'Europe dans les deux sens –, nous n'en sommes pas totalement persuadés[II].

Ou une approche plus… systémique ?

Mais tout cela, peut-être, a-t-il vocation à ne rester que du (sympathique) bricolage si nous n'abordons pas les choses de façon bien plus radicale et systémique. Regardons les choses en face. À quoi pourrait bien ressembler, *sans se mentir*, cette France de 2050, ayant atteint à la fois la neutralité carbone (zéro émissions nettes) et la zéro artificialisation nette ?

Dans la version "gentillette" d'une sirupeuse croissance verte, à peu près à la même chose qu'aujourd'hui : sur les routes, on circule plutôt en voiture électrique bien sûr, sur du bitume recyclé issu de l'économie circulaire ; dans les rues, on se balade plutôt sur divers artefacts de *mobilité douce*, ou on emprunte les transports en commun efficaces, silencieux et sans doute autonomes ; les maisons, les petits immeubles, sont bien isolés et couverts de panneaux solaires ; l'agriculture s'aide parfois de petits robots désherbants pour cultiver bio ; cette fois, on y trie vraiment bien ses poubelles ! etc. Les villes moyennes, les bourgs, les villages et les campagnes sont redynamisés, forcément… mais on y est, autant ou plus qu'aujourd'hui, *data scientist* ou *analyst*, concepteur web, ingénieur *machine learning*, influenceur, *community manager*, développeur d'application Java ou Python, gérant de *store* voire "référenceur SEO[III]"…

I. Certes, ce n'est pas forcément un scénario désirable… Mais il est, notamment, économiquement plus abordable pour beaucoup de foyers modestes.

II. Il y aurait sans doute à dire aussi sur les règles d'affectation et de mutation dans l'Éducation nationale…

III. Hélas oui, ce job existe vraiment : SEO pour *search engine optimisation* ; il s'agit donc d'améliorer la visibilité des sites internet sur les moteurs de recherche, de faire en sorte qu'ils apparaissent dans les premiers résultats.

Quelle fable ! *Quid* de la profonde évolution des modes de vie, de la nécessaire réduction drastique de la consommation matérielle, de la profonde transformation de la structure agricole et industrielle que réclame ce monde "zéro carbone" ? Il ne s'agit pas de stigmatiser ces métiers du "numérique" parce que le numérique de 2050 y prendrait un peu moins de place qu'aujourd'hui – même si ce serait souhaitable[1]... mais d'admettre – c'est l'éléphant dans la pièce – que l'essentiel de ces activités, presque toujours liées au marketing, ne peuvent exister sans une consommation matérielle phénoménale, qu'elles servent et à laquelle elles s'adossent financièrement : sans, *in fine*, la commande réelle d'une croisière, d'un sac à main, d'un séjour au ski, d'un billet d'avion, d'un abonnement Netflix, vous n'aurez ni les moyens de vous payer un *data lake*, ni de rémunérer ceux qui pourraient vous en tirer une information commercialement valable.

Pourquoi cette incartade sur les métiers de demain ? Parce qu'il nous faudra beaucoup plus de paysans – exploiter de plus petites parcelles en agroécologie est plus intensif en travail humain –, de métiers manuels pour la réparation et l'entretien de proximité, pour le recyclage et le réemploi, pour la construction et fabrication locale à petite échelle... ce qui ne retirera rien, espérons-le, aux possibilités de mener une vie bonne, culturellement riche et socialement passionnante. Mais ce seront des métiers plus "ancrés", qui devraient réclamer moins de déplacements et être plus centrés sur les campagnes que sur les villes, sur les (futurs) bassins de population que sur les lieux de croisement d'une industrie mondialisée.

L'enjeu d'une redistribution de la population sur le territoire nous semble donc à articuler avec trois autres enjeux, de longue haleine, de la transition énergétique et environnementale : celui d'une certaine

1. On n'en prend pas trop le chemin pour l'instant, avec les milliers de développeurs métavers embauchés par Mark Zuckerberg...

“démobilité”, en diminuant nos besoins de déplacements quotidiens, en rapprochant les zones d’emploi et d’activité des logements, en favorisant le maillage pour les mobilités actives, chemins, sentiers piétons, vélo-routes articulés à de petits réseaux ferrés ; celui d’un retournement des tendances historiques de la productivité et de la machinisation agricole, pour faire muter notre système agricole vers des pratiques respectueuses du sol et du vivant, pour relocaliser une partie significative de l’alimentation et de la production agricole dans les territoires ; celui d’une reterritorialisation, à différentes échelles (pays, régions, voire “biorégions”...), de certaines productions essentielles ; le tout dans un objectif, entre autres, de plus grande résilience (nous y revoilà !).

Ne soyons pas découragés par ces défis immenses et complexes qui se présentent à nous. En réalité, ces efforts ne “s’empilent” pas les uns sur les autres, bien au contraire, ils *se nourrissent et se renforcent* les uns les autres. Il faudra des emplois locaux, pour cette agriculture du futur, pour l’entretien et la rénovation thermique du patrimoine bâti, pour les métiers de l’économie circulaire et de la réparation ; pour rendre cette transition désirable, les habitants devront apprécier leur cadre de vie, dans des territoires redynamisés, etc. La stratégie de “ville stationnaire” est capable de faire la synthèse avec les autres enjeux de résilience des territoires !

Sans une profonde refonte de nos modèles économiques, sociaux et culturels, la zéro artificialisation nette est impossible, de la même manière que le zéro émission nette est très certainement impossible sans cette même refonte. C’est à la fois une bonne et une mauvaise nouvelle. Bonne nouvelle, parce que la redistribution effective des habitants pourrait (pourra ?) presque s’opérer “naturellement”, se nourrir des évolutions qui seront impulsées par les évolutions sociales entraînées par les objectifs de neutralité carbone – qui iront de pair avec les aspirations grandissantes de la population ; à condition, bien sûr, que cette transition s’opère *d’abord* à base de sobriété et non de grands programmes “techno-solutionnistes”. Une mauvaise nouvelle aussi, car tout cela n'est pas gagné d'avance, et qu'avec tous ces enjeux imbriqués, le “plan de transformation[1]” ne sera simple ni à définir, ni à mettre en œuvre.

1. Pour reprendre l'expression du Shift Project.

CONCLUSION :
VERS LA VILLE VERTUEUSE

Nous voilà arrivés presque au terme de notre *urbex*[I] dans la ville "durable". À l'échelle des bâtiments et de la ville, il y a peu à attendre des miracles technologiques pour les faire "écologiquement atterrir" ; les exemples emblématiques et inspirants en écoconstruction ou en réhabilitation ne suffiront pas ; certaines pratiques, comme le réemploi, malgré l'implication d'acteurs engagés, mettront longtemps avant de décoller pour peser suffisamment. Bref, il faudra bien finir par construire moins, et construire moins facilitera le construire mieux et le rénover plus. À l'échelle territoriale, tendre vers la zéro artificialisation *brute* est à terme incontournable : nous ne pouvons pas nous permettre de continuer indéfiniment à grignoter *chaque jour* des dizaines d'hectares de terres agricoles[II].

Tout cela n'est pas une équation impossible : si ces mutations s'inscrivent dans la dynamique plus large d'une transition sobre, juste et sincère, on devrait pouvoir faire entrer, au chausse-pied, les besoins d'habitat, de commerces, de loisirs, de transports, mais aussi les fonctions productives et logistiques, incluse une (bonne) dose de relocalisation économique, tandis qu'à l'heure de l'adaptation au changement climatique, de nouveaux usages, de nouveaux modes de consommation et production, nécessiteront de repenser fortement la spatialité de nos organisations. Les villes – à commencer par les plus grandes, surtout – doivent et peuvent devenir stationnaires, accepter d'essaimer, de partager, de cesser la course à l'attractivité.

Indéniablement, la prise de conscience est là, elle progresse à tous les niveaux de la société. Mais ne soyons pas naïfs : l'envie réelle des décideurs publics de s'attaquer à un sujet aussi épineux, avec une vision suffisamment large, systémique, inscrite dans la durée, engagée, d'une certaine manière "quoi qu'il en coûte" (économiquement) voire "quoi qu'il [leur] en coûte" (politiquement...), est plus discutable, tant il est évident que les habitudes sont ancrées et le

I. Exploration urbaine, donc.
II. 70 à 150 hectares, selon les sources. Pour la conversion en stades de football, retour au chapitre 6.

système de “fabrique de la ville” bien installé. Quant aux futures résistances et aux injonctions contradictoires qui seront à concilier, on peut les prévoir nombreuses.

Pour s’en convaincre, il n’y avait qu’à écouter le Premier ministre à la Convention des intercommunalités, quelques mois après le vote de la loi Climat et résilience, à propos de “cette affaire d’artificialisation qui inquiète[1]” [les maires], pour prendre la mesure de la capacité de la puissance publique à ne *surtout pas* renverser la table (pourtant si bancale) : “le législateur ne dit pas stop à l’artificialisation ; [il s’agit de] réduire de moitié le rythme de progression de l’artificialisation [d’ici 2030]. [...] On va tenir compte des réalités territoriales, [...] on va répartir l’effort ; [dans] le décret en cours de concertation, [nous serons] pragmatique[s] dans le temps et dans l’espace ; [...] vous trouverez toujours des ayatollahs, nous n’en faisons pas partie[2]”. On aura au moins échappé à la métaphore des Khmers verts, c’est déjà ça !

On ne va donc pas arrêter de construire, rassurons les acteurs politiques et économiques inquiets, ni d’artificialiser. À court terme, il s’agira même “d’inciter les maires à construire davantage[3]” puisque les métropoles dynamiques de la *start-up nation* manquent cruellement de mètres carrés. Jusqu’à quand ? Nous verrons bien... tant que ça passe, penseront certains... jusqu’au prochain mandat au moins ! Las, les arbres ne montent pas jusqu’au ciel, comme le veut l’adage boursier. Les villes non plus, même si Dara Khosrowshahi, le patron d’Uber, nous a fait partager un temps ses rêves de villes verticales et de “voitures autonomes et volantes[4]”, avant de se séparer fin 2020 de sa division Uber Elevate. En attendant, elles peuvent toujours continuer à s’étendre, même si :

> [...] dans un monde limité, l’expansion ne peut se poursuivre indéfiniment : il doit arriver un moment où tous les territoires inconnus ont été explorés, où toutes les terres arables ont été mises en culture, où la plus grande ville elle-même doit cesser de s’étendre parce qu’elle s’est fondue avec une

douzaine d'autres grandes villes en une masse informe où ne subsiste plus rien de ce qui faisait une "ville"[5].

Faire avec les "coups partis"

Nos villes sont là, imparfaites, optimisées et construites autour de transports motorisés et d'énergies bon marché et abondantes, en partie inadaptées aux enjeux futurs. Les gens qui travaillent dans le domaine de la réhabilitation, du "renouvellement urbain" le savent bien : par leur complexité, par le fait qu'il faut intervenir dans des lieux occupés et habités, les projets s'étalent sur des années, voire des décennies. Il va donc falloir agir dans la durée, et surtout, composer avec les "coups" déjà partis ; pour ce qui est de la ville, ils sont nombreux – à commencer par l'inertie inhérente au processus de révision des documents d'urbanisme.

Remettons l'église au milieu du village : le coup parti le plus gigantesque reste, évidemment, celui du changement climatique ; le climat de 2030 ou 2040 est *déjà fait*, par nos émissions passées et actuelles ; et si les simulations de température ou de montée de niveau des mers s'arrêtent en général en 2100, "nous" en prenons en réalité pour quelques siècles ou quelques millénaires, quoi qu'il arrive. Les rares modélisations qui se projettent plus loin, à l'horizon de l'an 2500 par exemple, sont assez inquiétantes, elles aussi[6] ; quant à l'élévation des océans, si la messe n'est pas encore dite – chaque tonne supplémentaire de gaz à effet de serre dans l'atmosphère va compter –, les perspectives sont époustouflantes : selon les scénarios les plus pessimistes, l'inlandsis groenlandais pourrait intégralement fondre, quelque part d'ici les mille prochaines années ou un peu plus loin, soit une élévation de l'ordre de 7 mètres ; pourraient s'y ajouter, c'est un risque du même ordre, les quelque 4 ou 5 mètres de l'inlandsis ouest-antarctique, et un petit mètre de plus pour la route avec une combinaison de glaciers "mineurs" et de dilatation thermique. Nous vous laissons imaginer le recul du trait de côte correspondant à une élévation de 13 mètres[7]... alors que, la plupart du temps, les commentateurs des rapports du GIEC ergotent sur les dizaines de centimètres de l'année 2100 (bien sûr déjà fort effrayants pour certaines zones de la planète)... Devant l'énormité des changements environnementaux à venir, la solastalgie[I] survient rapidement. Pourtant, l'année 2200 n'est pas "si" lointaine : si les paramètres démographiques ne bougent pas trop d'ici là, certains petits-enfants des bébés qui naissent maintenant pourront la toucher du bout du doigt, dans leur futuriste Ehpad ou ailleurs.

L'autre grand coup parti, dont les simulations sont bien plus incertaines – mais doté lui aussi de ses propres mécanismes d'inertie –, c'est la question démographique et sociale : évolution des taux de natalité, vieillissement de la population, poursuite ou non des phénomènes de décohabitation, solde migratoire... L'occasion de dire un mot sur cette épineuse question.

En effet, notre "équation" urbaine et environnementale ne serait-elle pas plus simple à résoudre à population stable ? Comment imaginer des villes stationnaires avec une population continuant – indéfiniment ? – à croître ? La question démographique, qui avait été prégnante dans les années 1950 à 1980 dans les débats scientifiques sur l'impact environnemental global de l'espèce humaine[8], s'est éclipsée pendant quelques décennies mais semble revenir en force ces derniers temps. L'occasion de rappeler la fameuse équation "IPAT" lancée par les scientifiques Paul Ehrlich[9] et John Holdren au début des années 1970, ou $I = P \times A \times T$: l'impact est proportionnel à la population (P), la "richesse" ou la consommation par personne (A, pour *Affluence*) et le niveau technologique (T)[II]. Même si l'on peut contester la justesse de l'équation (en particulier le fait que les termes n'en

I. La solastalgie ou éco-anxiété est "une forme de souffrance et de détresse psychique ou existentielle causée par les changements environnementaux passés, actuels ou attendus, en particulier la destruction des écosystèmes et de la biodiversité, et par extension le réchauffement climatique" (Wikipédia).

II. L'équation de Kaya en est une expression similaire pour les émissions de CO_2.

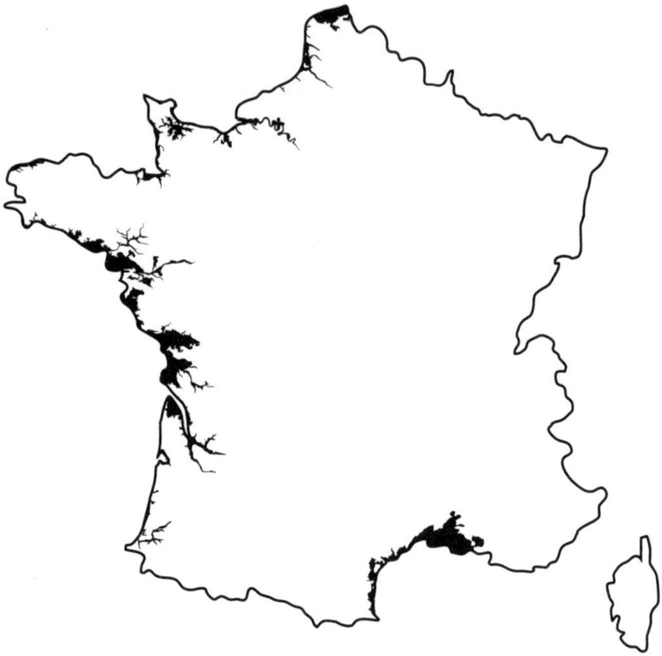

Figure 10.1 : La France à + 13 mètres

sont pas vraiment indépendants, le niveau technologique influençant, par exemple, le niveau de consommation, comme dans le cas de l'effet rebond[I]), il est difficile de faire fi du paramètre démographique.

Dans le domaine qui nous intéresse ici – la construction de nouveaux bâtiments, l'artificialisation des terres – c'est plus l'augmentation de la population que son niveau qui joue. Une population stable – nous finirons bien par atteindre ce stade, nous disent les démographes[II] –, s'inscrivant dans un patrimoine bâti qu'il n'y aurait

I. Cf. chap. 3.
II. Voire une baisse, selon les scénarios.

plus qu'à maintenir, permettrait certes de réduire la pression. Mais ce n'est pas une condition suffisante : rappelons-le, aujourd'hui d'autres phénomènes augmentent les besoins *même à population stable* : augmentation des surfaces par personne, des résidences secondaires, réduction de la taille moyenne des ménages, inadéquation des besoins, dans la taille, la forme ou la localisation des logements, vieillissement de la population... L'Allemagne en est un bon exemple : avec une population actuelle (83 millions d'habitants) quasiment égale à celle du début des années 2000, l'artificialisation est comparable à la France – de l'ordre de 20 000 hectares par an[1].

À moins que les transhumanistes ne nous fassent faire un nouveau bond dans l'espérance de vie, on peut imaginer se projeter (à un horizon supérieur à 2050 ?) dans la perspective d'un pays à population stable (ou légèrement décroissante) – une perspective, tout comme celle de la "neutralité carbone", très certainement incompatible avec les fondements du système économique actuel, qui réclame son lot de croissance (et son lot de travailleurs jeunes et mal payés pour l'économie fortement "tertiairisée"). En attendant, notre objectif, parmi tant d'autres, devrait être de ne pas construire trop de lieux qui seront, à l'avenir, frappés d'obsolescence, soit parce qu'ils ne correspondront plus aux activités économiques futures (tours de bureaux, hangars ou centres de données gigantesques, etc.), soit parce qu'ils réclameront des transports individuels motorisés trop dispendieux (logements éloignés, etc.).

Construire moins, rénover plus

Construire moins de neuf, c'est aussi dégager les moyens humains et financiers de mener, le mieux possible, l'impressionnant programme de rénovation thermique. Rappelons quelques chiffres pour

1. Avec toutes les incertitudes statistiques pointées au chapitre 6.

bien en situer les enjeux : sur 29 millions de résidences principales, seulement 1,9 million sont classées A ou B au diagnostic de performance énergétique, tandis que 5 millions sont classées F ou G – les fameuses "passoires thermiques".

Mais il s'agira de rénover bien plus que ces seuls logements énergivores. Pour le secteur du bâtiment (résidentiel et tertiaire), la stratégie nationale bas carbone (SNBC) prévoit une baisse de la consommation d'énergie de 40 %[10] entre 2015 et 2050 (de 775 à 461 TWh[I]) – soit une baisse de la consommation unitaire (par mètre carré) un peu plus importante, compte tenu de la croissance attendue du patrimoine bâti[II] ; le chauffage représente l'essentiel de la baisse[III]. La SNBC table ainsi sur une montée en puissance du nombre annuel de "rénovations complètes équivalentes[IV]" dans le résidentiel (de 200 000 en 2020 à 500 000 en 2030, puis 1 million à partir de 2045, et une rénovation de 3 % du parc tertiaire par an[V].

Tous les récents scénarios de transition énergétique suivent, peu ou prou, cette trajectoire. RTE, filiale d'EDF et gestionnaire du réseau électrique national, considère un parc entièrement au niveau BBC (bâtiment basse consommation) en 2050[11] ; l'Ademe, dans ses scénarios "génération frugale" et "coopérations territoriales", vise 80 % de BBC au même horizon[12] ; l'association négaWatt propose une trajectoire encore plus rapide, en passant de 33 000 logements par an rénovés au niveau BBC en 2020 à près de 800 000 avant 2030[13].

Cela représente donc une croissance très rapide, devant mener à une multiplication par vingt, pour se donner un ordre de grandeur, de la quantité de rénovations à réaliser chaque année. Comment

I. TWh = térawattheure (milliard de kilowattheures).

II. Et une baisse des émissions de gaz à effet de serre de 95 % par rapport à 2015.

III. – 52 % (de 436 TWh à 208 TWh).

IV. Qui pourront se composer de plus nombreuses rénovations unitaires, par exemple remplacement des fenêtres, des parois, des systèmes de chauffage...

V. La récente entrée en vigueur du "décret tertiaire" (objectif de – 40 % de consommation en 2030 et – 60 % en 2050 par rapport à l'année de référence 2015) devant soutenir cet objectif.

va-t-on faire tout cela ? Sans grande surprise, la machine a du mal à se mettre en route – le premier "budget carbone" de la SNBC pour la période 2015-2018 a été dépassé de 11 %, conduisant à réviser à la baisse, dans un souci de réalisme, les objectifs des périodes suivantes. La mise en œuvre n'a rien d'évident. Côté demande, il faut mobiliser les propriétaires et, encore plus difficile, les assemblées de copropriétaires, aider à financer (crédits d'impôt, certificats d'économie d'énergie, primes rénovation, etc.) ; du côté de l'offre, il faut des entreprises et des artisans formés en nombre suffisant, en évitant si possible les arnaques de type "isolez vos combles pour 1 €". C'est un véritable défi industriel, sociétal et humain ; rien ne garantit, pour l'instant, que nous saurons réaliser cette prouesse, qu'il faudra mener parallèlement à bien d'autres programmes d'ampleur, comme le déploiement des énergies renouvelables, la relance (sans doute[I]) et la maintenance des installations nucléaires, l'adaptation des réseaux de transport électriques, la relocalisation d'une partie de la production "essentielle", les travaux d'adaptation au changement climatique, la maintenance d'infrastructures vieillissantes (ponts, réseaux ferrés)...

Cela devrait nous conduire à remettre en cause la validité de l'approche actuellement suivie[14] ; mais cela devrait aussi nous inciter à redéployer les moyens de tout le secteur de la construction neuve sur la transformation, la réhabilitation et l'entretien, pour entrer dans l'*âge de la maintenance*[15].

Embellir, réparer et apaiser

Entretenir, c'est aussi l'occasion d'embellir, de *réparer la ville*, selon la belle expression de Christine Leconte et Sylvain Grisot[16]. Beaucoup a été dit, déjà, sur la dégradation esthétique des villes ; comme le

I. Compte tenu des récentes annonces du président de la République Emmanuel Macron.

disait Jean Giono il y a presque cinquante ans, “le plus important est d’avoir sous nos yeux un monde dont l’aspect ne nous fasse pas vomir. On doit pouvoir construire de belles maisons. Les générations qui nous ont précédés l’ont fait ; sommes-nous donc si imbéciles, si incapables, que nous ne sachions plus le faire[17]”... De belles maisons, mais aussi, surtout, de belles transformations architecturales et urbaines ! Les opportunités d’améliorer le cadre de vie sont et seront partout : végétalisation et retour de la “nature en ville”, désimperméabilisation et réduction des “nappes” de parking dans les zones commerciales et les zones d’activités, densifications légères, voitures remises à leur “juste place” dans la répartition des espaces publics rendus aux habitants, qualité des façades post-rénovation thermique, retour de spécificités régionales avec des choix de matériaux géosourcés forcément plus locaux, pour ne prendre que quelques exemples...

Réparer les villes, c’est aussi apaiser, adapter leur métabolisme aux enjeux de demain. C’est peut-être aussi apaiser la ville tout court, ses rythmes et ceux imposés à ses habitants, sans renoncer aux bons côtés – il y en a ! – de “l’intensification de la vie nerveuse[18]” qui fait le propre de la (grande) cité moderne. La charte du mouvement international Cittaslow[I], “le réseau des villes où il fait bon vivre[II]”, né en Italie en 1999 et méconnu en France, mais comptant aujourd’hui plusieurs centaines de villes dans plus de 30 pays, est de ce point de vue inspirante[19], si le label n’est pas dévoyé à des fins de marketing territorial pour vanter ces villes moyennes tranquilles où l’on peut passer des vacances reposantes ou s’offrir un sympathique *city break*. Pour l’instant, l’affiliation semble réservée aux communes de moins de 50 000 habitants... qui sait, peut-être qu’à l’avenir les métropoles décideront, elles aussi, de *ralentir pour mieux vivre* ?

I. Ville *(citta)* lente *(slow)*.
II. Le siège est à Orvieto, indéniablement une ville où il semble faire bon vivre...

Finir avec Mill

Il est temps de terminer cet ouvrage et, dans une approche fort classique – nous vous dévoilons le making of –, reboucler avec notre introduction, où les écrits sensés et résolument modernes de John Stuart Mill nous avaient accueillis et rassurés sur la pertinence potentielle de la stationnarité. Il se trouve par hasard qu'on attribue aussi à Mill une des premières utilisations du mot "dystopique" *(dystopian)*[20], prononcé dans un discours parlementaire sur la politique foncière du gouvernement britannique en Irlande[21].

La dystopie – δυστοπία[I] –, c'est la contre-utopie, celle qui hante la littérature, les films de science-fiction ou les séries apocalyptiques depuis quelques décennies (et même depuis le XIXe siècle, avec quelques auteurs comme H. G. Wells par exemple). Dans ces visions sombres de l'avenir, les cités, parfois déliquescentes, parfois puissants outils de contrôle social, y tiennent toujours une bonne place.

Pour les temps qui viennent, prenons garde, justement, à ce que nos villes ne deviennent pas dystopiques, si on ne les prépare pas correctement aux enjeux climatiques, de ressources, de résilience, d'inégalités sociales. Ne cherchons pas à les transformer en d'absurdes *technotopies* : si les cités réussissent à devenir réellement *smart*, ce ne sera que par l'intelligence collective de leurs habitants et des décisions qui auront été prises.

Ne cherchons pas non plus à créer de nouvelles utopies urbaines – même s'il est toujours bon de s'inspirer et de rêver un peu... Les villes idéales sont déjà là, ce sont celles que nous habitons. Elles ne sont pas idéales parce qu'elles sont parfaites – elles ne le seront pas avant longtemps, au moins du point de vue environnemental –, mais parce qu'elles sont les seules que nous avons à disposition et qu'il faudra bien faire avec. Belles ou laides, grandes ou petites, elles sont ce que nous devons nous attacher à conserver, à transformer

I. Littéralement le mauvais (δυσ, *dys*) lieu (τόπος, *topos*).

intelligemment et à transmettre. Efforçons-nous de les rendre plus apaisées, plus agréables, plus préparées et plus vertueuses. Un beau chantier s'ouvre à nous.

ANNEXE :
SOURCES POUR MESURER L'ARTIFICIALISATION

CORINE Land Cover

Origine

C'est la base de l'Agence européenne pour l'environnement et la source utilisée par le ministère de la Transition écologique et solidaire. Elle est produite dans 39 États européens, dans le cadre du programme européen de surveillance des terres Copernicus. La base de données géographique CORINE Land Cover (CLC) produit tous les six ans une "photographie" complète de l'occupation du sol français par interprétation visuelle d'images satellites. La base de données a été initiée en 1985 et les millésimes 1990, 2000, 2006, 2012 et 2018 ont été réalisés.

L'échelle de production est le 1/100 000e et permet de cartographier des unités homogènes d'occupation des sols d'une surface minimale de 25 hectares, si bien que les éléments de petite superficie (comme les hameaux et les habitats dispersés, ou les réseaux de transport) ne sont pas détectés.

Stock et flux : les données

Du fait de cette grande échelle, CORINE Land Cover ne voit pas tout, ce qui conduit à sous-estimer à la fois le stock de sols artificialisés mais aussi le flux d'artificialisation, puisque les changements d'usage de petite taille ne sont pas, non plus, détectés. CORINE Land Cover donne un taux d'artificialisation de 6,03 % pour la France métropolitaine (soit 3,3 millions d'hectares) en 2018, alors qu'on retient en général 9,0 % (cf. *infra*), *versus* 5,65 % en 2000, ce qui correspond à un flux annuel d'environ 11 500 hectares, là aussi bien plus bas que les autres sources.

Son intérêt est surtout de permettre la comparaison à l'échelle européenne, ce que n'autorisent pas les sources franco-françaises, le programme Copernicus fournissant de manière homogène des données sur l'occupation (Land Cover) et les changements d'occupation (Land Cover changes) des sols dans 39 États européens. Ainsi en 2018, 4,3 % de la surface totale des 39 États européens étaient artificialisés et la France, à 6,0 %, se situait donc bien au-dessus

	Superficie (km²) (1)	Taux d'artificialisation (2)	Population 2018 (millions) (3)	Densité moyenne de population (hab./km²)	Surface artificialisée par personne (m²)
BELGIQUE	30 688	20,93 %	11,4	371	560
PAYS-BAS	41 543	14,65 %	17,2	414	350
LUXEMBOURG	2 586	10,57 %	0,6	232	460
ALLEMAGNE	357 386	9,49 %	82,9	232	410
ROYAUME-UNI	242 545	8,72 %	66,5	274	320
SUISSE	41 285	6,83 %	8,5	206	330
FRANCE MÉTRO.	543 940	6,03 %	64,7	119	510
ITALIE	302 072	5,56 %	60,4	200	280
ESPAGNE	505 992	2,69 %	46,8	92	290

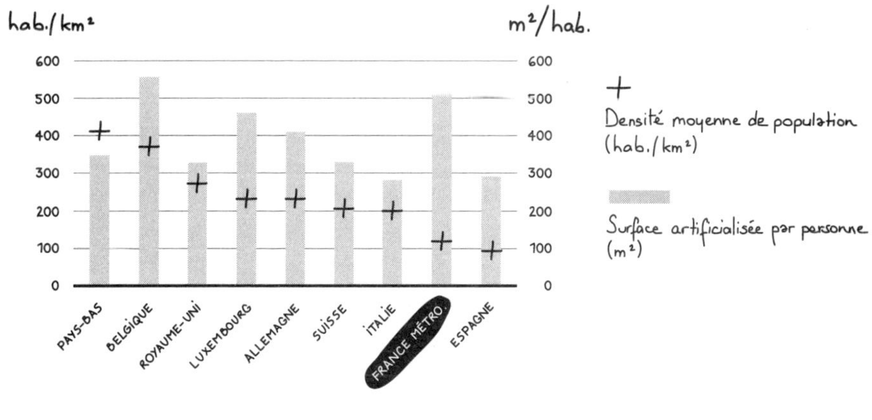

(1) Source : Eurostat
(2) Source : Agence européenne pour l'environnement, programme Copernicus (CORINE Land Cover) 2000-2018
(3) Source : populationdata.net

Figure A.1 : Comparaison entre la France et ses voisins

de cette moyenne – mais nettement en dessous de certains voisins comme la Belgique, les Pays-Bas ou l'Allemagne. En prenant en compte la densité de population (bien plus faible en France), on relativise ce "bon" résultat ; avec plus de 500 mètres carrés par habitant, la France est un des pays les plus artificialisés d'Europe[1].

L'enquête de terrain Teruti

Origine

C'est la source du ministère de l'Agriculture et de l'Alimentation, l'inventaire de référence pour la connaissance et le suivi de l'occupation des sols. Dédiée à l'origine à l'observation du territoire agricole, l'enquête Teruti est réalisée à partir d'un ensemble de points constituant un échantillon représentatif du territoire national (près de 9 millions de points pour la France métropolitaine selon une grille carrée de 250 mètres, chaque point représentant en moyenne 7,6 hectares), qui sont soit qualifiés automatiquement ou photo-interprétés (pour environ 80 %), soit enquêtés sur le terrain (20 % restants) sur un cycle de trois ans. À l'issue de ce cycle, un taux d'artificialisation est mesuré, analysé et rendu accessible par Agreste, le service statistique du ministère[I].

Stock et flux : les données

Du fait de sa résolution, l'enquête Teruti est généralement retenue pour décrire l'occupation du sol à l'échelle nationale : c'est la répartition exposée précédemment, sur laquelle il y a consensus, du moins lorsque l'on n'a pas besoin de comparaison à une échelle européenne ou supérieure, soit en 2018, un taux d'artificialisation de 9 % (5 millions d'hectares) pour le territoire métropolitain, et 8 % en incluant les DOM (qui ont des taux d'artificialisation très

I. Les résultats 2019 représentent ainsi la moyenne triennale du cycle 2017-2019, le cycle 2020-2022 est en cours.

variables, et notamment très faible en Guyane encore recouverte à 90 % par la forêt amazonienne)[2].

L'enquête Teruti entre dans le détail des sols artificialisés du point de vue de leur couverture physique et Agreste en déduit une information sur l'imperméabilisation, atteinte la plus radicale aux fonctionnalités du sol (puisqu'elle détruit même ses fonctions hydriques). Encore faut-il se mettre d'accord sur la notion d'imperméabilisation : si les sols bâtis, les routes, parkings et espaces publics minéraux sont à coup sûr étanches à l'eau, qu'en est-il des sols dit "stabilisés" comme les voies ferrées, les chemins ruraux, les carrières, les chantiers ? L'exercice quantitatif n'est pas si facile tant la question de l'étanchéité dépendra des matériaux employés en revêtement, de leur compacité... et des données contradictoires sortent du même ministère : en 2018 Agreste comptabilise ces sols "stabilisés" comme perméables, donnant une proportion de seulement 44 % de surfaces imperméables[3], mais les classait en 2015 comme imperméables, donnant lieu à une statistique plus alarmiste : les sols imperméabilisés – bâtis ou non – représenteraient alors deux tiers de l'ensemble des sols artificialisés, soit 6 % du territoire métropolitain[4].

Un autre intérêt de l'enquête Teruti est d'apporter des informations sur l'usage des sols artificialisés : alors, à qui la faute, plutôt à nos logements, à nos activités, à nos infrastructures de transports, de loisir ? Agreste n'a pas mis à jour ses statistiques de croisement pour le millésime 2018 mais les chiffres sont disponibles pour 2014 : l'habitat (qui comprend aussi les jardins, parcs et rues de desserte) vient en première position (42 %), puis ce sont les infrastructures de transport (28 %), les services (16 %) et les activités économiques (14 %).

La notion de flux est renseignée en procédant par comparaison entre millésimes, et elle est donnée pour l'ensemble des flux et non pas pour le seul flux d'artificialisation : on connaît ainsi les échanges entre sols naturels et agricoles, entre sols naturels et artificialisés, et entre sols artificialisés et agricoles. Si la statistique globale montre que l'artificialisation progresse massivement au détriment des terres agricoles, le détail des flux est plus nuancé et révèle que, pour un tiers, les sols transitent par un état "naturel" ou un

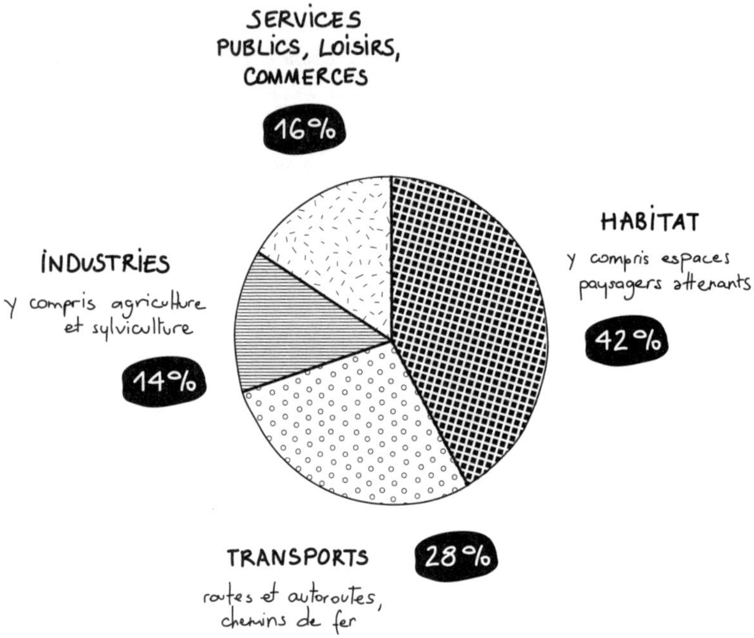

Figure A.2 : Les usages du sol[5]

enfrichement avant d'être artificialisés : aux abords des villes, la déprise agricole précède donc l'urbanisation qui prospère sur des terres où la vocation agricole a déjà disparu ; les mécanismes de pression foncière anticipent l'arrivée de la ville.

On apprend aussi que l'artificialisation cible non pas les grandes cultures annuelles et maraîchères, en constante progression (+ 2,6 millions d'hectares entre 1982 et 2018), mais les surfaces toujours en herbe, jachères, prairies temporaires, vignes et vergers (– 5 millions d'hectares).

Les données Teruti sont disponibles en séries longues, quasiment quarante ans, ce qui permet de repérer les périodes de stabilité et de "boom", et de se livrer à des recherches de corrélation entre flux d'artificialisation, croissance démographique, PIB et rythme de la construction. *In fine*, Teruti donne le rythme d'artificialisation le plus élevé, avec une moyenne depuis 1982 de 57 600 ha/an, équivalant, donc, à "un département tous les dix ans", qui est resté dans les esprits. Entre 2006 et 2009, il a même atteint 68 000 ha/an, dans un contexte de forte activité, avant de redescendre avec la crise économique de 2008-2009, puis de se stabiliser autour de 56 000 ha/an sur la période 2012-2018.

L'intérêt de l'enquête Teruti tient aussi dans son point de vue – celui du monde agricole – qui montre que la croissance urbaine n'est pas le seul déterminant de l'artificialisation, mais aussi une conséquence de la déprise agricole, et que les deux phénomènes sont étroitement imbriqués. Agreste montre par exemple que, sur le temps long, les pertes en sols agricoles n'ont pas toujours été immédiatement corrélées à l'artificialisation : elles ont été particulièrement lourdes au début des années 1990 (– 119 000 ha/an entre 1991 et 1995), pour partie du fait de la réforme de la PAC en 1992, qui a conditionné la distribution des aides au respect du gel d'une partie des terres. De même, l'infléchissement constaté en 2008-2009 dans le rythme de l'artificialisation correspond aussi à la diminution des départs à la retraite agricole, qui ont fortement diminué à partir de 2009 et freiné la libération de terres et donc leur disponibilité pour l'artificialisation. L'artificialisation consomme des terres agricoles, mais elle se nourrit, aussi, de la déprise agricole.

Les fichiers fonciers[6]

Origine

C'est la source de l'Observatoire gouvernemental de l'artificialisation des sols, mis en place pour répondre à l'action 7 du plan national biodiversité du 4 juillet 2018 : "[publier], tous les ans, un état des lieux de la consommation d'espaces et [mettre] à la disposition des territoires et des citoyens des données transparentes et comparables à toutes les échelles territoriales".

Ici, l'objectif est de se concentrer sur le flux spécifique de l'artificialisation – plus que de produire un inventaire de l'occupation des sols ou une comparaison de stock entre millésimes –, grâce aux informations contenues dans le cadastre fiscal maillant quasiment l'intégralité (96 %) du territoire français.

La base fiscale ne dispose pas en propre d'un indicateur sur l'artificialisation : les fichiers fonciers sont retraités par le Cerema (Centre d'études et d'expertise sur les risques, l'environnement, la mobilité et l'aménagement) sur la base des données brutes produites par la DGFiP (direction générale des Finances publiques). Les fichiers fonciers renseignent un flux d'artificialisation à la parcelle, c'est-à-dire que c'est l'usage dominant qui est retenu. Pour chaque millésime, le Cerema produit un rapport d'analyse sur "les déterminants de la consommation d'espace".

Les limites de la méthode résident dans le fait que sur la partie non cadastrée du territoire, c'est-à-dire non soumise aux taxes d'habitation et foncière (soit 4 % du territoire), le taux d'artificialisation doit faire l'objet d'une estimation. Ces surfaces relèvent pour l'essentiel des cours d'eau qui sont des espaces naturels, des infrastructures routières qui rentrent dans les espaces artificialisés, de certaines forêts domaniales, de camps militaires. Par ailleurs une autre imprécision vient du fait que les changements d'usages sont déclaratifs et dépendent de l'intérêt fiscal des propriétaires.

Le grand intérêt des fichiers fonciers réside dans leur résolution, car ils renseignent un flux d'artificialisation à l'échelle de la parcelle, donc bien plus précis que les deux autres sources. Pour aller encore plus loin, l'Observatoire de l'artificialisation est en train de se doter d'une nouvelle base de données l'OCSGE (occupation du sol à grande échelle), qui permettra d'atteindre une échelle de résolution infra-parcellaire et de mesurer une consommation réelle, utilisant pour cela des données d'occupation et d'usage des sols acquises à partir des prises de vues aériennes et d'autres bases, avec recours à des procédés d'intelligence artificielle (IA) de type *deep learning* afin d'automatiser au maximum le traitement des images aériennes et satellitaires, et permettre de réduire les délais de production et les coûts.

Cette base donnera un détail des surfaces artificialisées du point de vue de leur couverture physique comme le fait d'ailleurs Teruti, mais à une résolution bien plus fine : elle permettra notamment de "voir" les jardins privés en ville donc d'approcher la part de "naturalité" qui se cache derrière la notion peut-être trop englobante "d'espace artificialisé". Cette base devrait être disponible en 2024... et d'ici là il semble que l'État ait déjà noué un partenariat avec Google pour recouper les images satellitaires (avec une résolution d'image de l'ordre de 20 centimètres !) avec la base fiscale et ainsi détecter les piscines, garages, vérandas et autres extensions non déclarées chez les particuliers[7]. Des futures recettes pour l'État mais, pour ce qui est des nouvelles piscines, des pertes certaines pour la nature en ville.

Stock et flux : les données

Les fichiers fonciers ne donnent pas d'information sur le stock "à l'instant T", pour des questions de robustesse méthodologique (et tant que la base de données d'OCSGE n'est pas disponible). Le Cerema précise cependant que le taux global d'artificialisation tel que calculé par les fichiers fonciers est de l'ordre d'un peu moins de 10 % du territoire métropolitain[8]. Le rythme annuel d'artificialisation est en revanche surveillé chaque année : il est donné par le Portail de l'artificialisation à partir de l'année 2009, soit juste après le pic de la période 2006-2009 identifié par la source Teruti. De fait, le Cerema constate depuis ce pic une baisse de l'artificialisation jusqu'à 2015, puis une stagnation autour de 23 500 ha/an.

Ce sont les fichiers fonciers qui approchent le plus finement les dynamiques de répartition de l'artificialisation sur le territoire, et par catégorie (habitat, activité ou mixte[1]), grâce à leur résolution à la parcelle : la consommation d'espaces peut être analysée au niveau communal et même local pour repérer si par exemple on artificialise plus dans les villes-centres ou dans les couronnes périphériques. Les enquêtes Teruti et CORINE Land Cover ne permettent pas ce niveau de détail, restant à l'échelle départementale ou régionale.

Alors, où artificialise-t-on ? Presque toutes les communes sont concernées (97,9 %), mais de manière très hétérogène sur le territoire. Sans grande

1. Sans donner en revanche de renseignement sur le "poids" du réseau routier, qui, lui, est non cadastré.

surprise, le phénomène est très concentré sur les communes littorales d'une part, dans et autour des grandes métropoles d'autre part. L'essentiel de l'artificialisation est d'ailleurs porté par un nombre limité de communes : 10 % de communes les plus consommatrices sont responsables de 71,8 % de la consommation d'espaces. On apprend aussi que le phénomène est "centrifuge", c'est-à-dire que l'artificialisation s'opère à 69 % dans les communes périurbaines situées dans la zone d'attraction d'une ville mais pas dans son centre. L'artificialisation a aussi une composante diffuse, portée par un grand nombre de communes qui artificialisent peu, des petites opérations qui, mises bout à bout, finissent par avoir un impact important : "un profil type est une petite commune, artificialisant 3 terrains pour produire 3 logements peu denses sur une durée de cinq ans. Ainsi, la commune n'aura artificialisé « que » 5 000 mètres carrés". L'artificialisation d'un territoire dépend autant de très nombreuses petites opérations que de peu d'opérations de très grande ampleur[9]".

Enfin sur les flux d'usage, la consommation d'espaces pour l'habitat reste largement majoritaire (70 %) par rapport à l'activité (24 %), même si celle-ci, constituée de grandes emprises, a souvent un impact visuel très fort et donne l'impression de prédominer.

NOTES

INTRODUCTION (pages 8 à 19)

1. Nations unies, "2,5 milliards de personnes de plus habiteront dans les villes d'ici 2050", 16/05/2018.
2. Source : Insee.
3. Source : Insee.
4. Ademe, *Faire la ville dense, durable et désirable*, 2018, p. 11.
5. Source : Insee.
6. Titre original du fameux *Rapport au Club de Rome* de l'équipe Meadows, Massachusetts Institute of Technology, 1972.
7. John Stuart Mill, chapitre VI du volume II "De l'économie stationnaire", *Principes d'économie politique*, Guillaumin et Cie, 1854 [édition anglaise 1848]. Cité dans *La Revue du Mauss*, 2011/1, nº 37, La Découverte, p. 419-425.
8. *Ibid.*
9. *Ibid.*

CHAPITRE 1 – La ville dense n'est pas écologique (pages 20 à 58)

1. Jean Molinier, "L'évolution de la population agricole du XVIIIe siècle à nos jours", *Économie et statistique*, 1977, p. 79-84.
2. Abel Chatelain, "L'industrie automobile française", *Revue de géographie jointe au Bulletin de la Société de géographie de Lyon et de la région lyonnaise*, vol. 25, nº 2, 1950, p. 106-112.
3. Raymonde Caralp, "L'évolution de l'exploitation ferroviaire en France", *Annales de géographie*, t. 60, nº 322, 1951, p. 321-336.
4. William H. Whyte Jr., "Urban Sprawl", in *The Exploding Metropolis: The Editors of Fortune*, Doubleday Anchor, 1958 (reprise d'une série d'articles parus dans le magazine *Fortune* en 1957-1958).
5. Martin Simard, "Étalement urbain, empreinte écologique et ville durable. Y a-t-il une solution de rechange à la densification ?", *Cahiers de géographie du Québec*, vol. 58, nº 165, 2014, p. 331-352.
6. Lewis Mumford, *La Cité à travers l'histoire*, Agone, 2011 [édition originale 1961 / révisée 1989], p. 690.

7. Peter Newman, Jeffrey Kenworthy, *Cities and Automobile Dependence; an International Sourcebook*, Gower Publishing, 1989.
8. Cf. par exemple Xavier Desjardins, "Que retenir de la courbe de Newman et Kenworthy", in *Études foncières*, n° 145, "La densification en débat" (dossier coordonné par Éric Charmes), mai-juin 2010.
9. Guillaume Sainteny, "L'étalement urbain", in *Annales des Mines – Responsabilité et environnement*, n° 49, janvier 2008.
10. Xavier de Jarcy et Vincent Remy, "Comment la France est devenue moche", *Télérama*, 12/02/2010.
11. Éric Hamelin et Olivier Razemon, *La Tentation du bitume. Où s'arrêtera l'étalement urbain ?*, Rue de l'échiquier, 2012.
12. Institut d'aménagement et d'urbanisme de la région Île-de-France [désormais Institut Paris Région], "Appréhender la densité", *Note rapide sur l'occupation du sol*, nos 382-383-384, juin 2005.
13. Fédération nationale des agences d'urbanisme (FNAU), *Habitat, formes urbaines. Densités comparées et tendances d'évolution en France*, octobre 2006.
14. Institut d'aménagement et d'urbanisme de la région Île-de-France [désormais Institut Paris Région], "Appréhender la densité", *op. cit.*
15. Wikipédia, article "Mégalopole".
16. gouvernement.fr – Les métropoles ; consulté le 02/11/2021.
17. Source : Insee.
18. Article L. 5216-1 du Code général des collectivités territoriales.
19. gouvernement.fr – pacte État-métropoles, compte rendu du Conseil des ministres du 16/07/2016.
20. Lewis Carroll, *De l'autre côté du miroir*, chapitre 2 [1871].
21. Plan Climat de la ville de Paris ; sur la base de – 80 % d'émissions de gaz à effet de serre en 2050 et compensation des 20 % restants.
22. https://racetozero.unfccc.int/join-the-race
23. Arnaud Leparmentier, "Climat : la guerre culturelle des villes contre Trump", *Le Monde*, 18/09/2017.
24. Chiffres tirés d'une étude de 2011 de UN-Habitat, semble-t-il, régulièrement repris depuis, sous différentes formes. Le WWF cite un chiffre comparable (67 %) pour les villes françaises, dans son rapport *Le Défi climatique des villes* (2018).

25. Dominique Pialot, “Villes et climat : des destins inextricablement liés”, *La Tribune*, 27/11/2018.
26. Abel Wolman, “The Metabolism of Cities”, *Scientific American*, vol. 213, 1965, p. 179-190.
27. Cf. par exemple Sabine Barles, “Le métabolisme urbain et la question écologique”, *Les Annales de la recherche urbaine*, n° 92, 2002, p. 143-150.
28. Abel Wolman, “The Metabolism of Cities”, art. cité.
29. Union nationale des producteurs de granulats, *L'Industrie française des granulats*, 2020 (chiffres 2018).
30. Chiffres Insee de 1988 à 2018.
31. Ademe, *Plan de transition sectoriel de l'industrie cimentière en France : ciment, premiers résultats technico-économiques*, février 2021.
32. *Ibid.*
33. Francesco Pomponi, Ruth Saint, *et al.*, “Decoupling Density from Tallness in Analysing the Life Cycle Greenhouse Gas Emissions of Cities”, *Urban Sustainability*, 2021.
34. Ruth Saint et Francesco Pomponi, “Cities and Climate Change: Why Low-Rise Buildings Are the Future – Not Skyscrapers”, *The Conversation*, 27/10/2021. Traduction des auteurs. [Nous soulignons.]
35. Cf. par exemple : Ivan Illich, *Énergie et équité*, Seuil, 1973.
36. Éric Hamelin et Olivier Razemon, *La Tentation du bitume*, *op. cit.*
37. Vincent Bordenave, “Menacées en milieu rural, les abeilles se réfugient dans les villes”, *Le Figaro*, 15/01/2019.
38. ONU, *Millennium Ecosystem Assessment*, 2005.
39. https://uicn.fr/solutions-fondees-sur-la-nature/
40. Cf. Jean Claude Nicolas Forestier, *Grandes villes et systèmes de parcs*, Hachette, 1908.
41. Intergovernmental Science-Policy Platform on Biodiversity and Ecosystem Services, soit l'équivalent du GIEC pour la biodiversité.
42. IPBES, *Rapport d'évaluation mondiale de la biodiversité et des services écosystémiques*, résumé à l'intention des décideurs, 7e session de l'IPBES, Paris, 2019.
43. https://www.vie-publique.fr/parole-dexpert/272596-quel-est-letat-de-la-biodiversite-en-france-les-principales-menaces
44. Forum Vies Mobiles, *Enquête nationale mobilité et modes de vie*, 2020, p. 5-6 ; “plus de neuf heures vingt par semaine et 370 kilomètres, contre

près de onze heures vingt par semaine et plus de 420 kilomètres pour les unités urbaines de plus de 200 000 habitants", *ibid.*, p. 19.

45. Sébastian Compagnon, "Et maintenant... les jours de pointe", *Le Parisien*, 01/12/2021.

46. Thierry Brugvin, "Les grandes villes ne sont pas soutenables écologiquement", *La Tribune*, 28/08/2020.

47. Wikipédia, article "Effet barbecue".

CHAPITRE 2 – De l'attractivité territoriale à la ville repoussoir (pages 59 à 78)

1. Source : Insee.

2. Alain Minc, *La Mondialisation heureuse*, Plon, 1997.

3. Francis Fukuyama, *La Fin de l'histoire et le dernier homme*, Flammarion, 1992.

4. Jean-Pierre Le Goff, *La Fin du village. Une histoire française*, Gallimard, 2012.

5. Jane Jacobs, *Déclin et survie des grandes villes américaines*, Pierre Mardaga éditeur, 1991, p. 68 [Random House, 1961].

6. Forum Vies Mobiles, *Enquête mobilité et modes de vie*, 2021.

7. Sources : notaires.fr et insee.fr

8. Cf. Centre d'analyse stratégique, "L'évolution du prix du logement en France sur 25 ans", *Note d'analyse n° 221*, avril 2011.

9. Christophe Guilluy, *La France périphérique : comment on a sacrifié les classes populaires*, Flammarion, 2014.

10. Christophe Guilluy, "On nous fait craindre depuis trente ans le retour du fascisme... c'est du théâtre !", *Le Figaro*, 21/11/2021.

11. Camillo Sitte, *L'Art de bâtir les villes* (1889), cité *in* Françoise Choay, *L'Urbanisme, utopies et réalités. Une anthologie*, Seuil, 1965, p. 279.

12. Source : https://www.tomtom.com/en_gb/traffic-index

13. Guillaume Faburel, *Les Métropoles barbares : démondialiser la ville, désurbaniser la terre*, Le Passager clandestin, 2018, p. 133.

14. Richard Florida, *Cities and the Creative Class*, Routledge, 2005.

15. Lire au passage le court et excellent *Start-up Nation, Overdose Bullshit* d'Arthur de Grave (Rue de l'échiquier, 2019).

16. Hartmut Rosa, *Accélération : une critique sociale du temps*, La Découverte, 2010.
17. Le Corbusier, *Urbanisme*, éditions Vincent, Fréal & Cie, 1966 [1924], p. 79.
18. Lucien Febvre, *Combats pour l'histoire*, Armand Colin, 1952, p. 326.
19. Maurice Daumas, *Le Cheval de César ou le Mythe des révolutions techniques*, Éditions des Archives contemporaines, 1991, p. 316.
20. Jaime Semprun, *L'abîme se repeuple*, L'Encyclopédie des nuisances, 1997, p. 20.
21. Usbek & Rica, "Avec la crise de l'aérien, Toulouse s'interroge sur son avenir", demainlaville.com, 26/11/2020. [Nous soulignons.]
22. "Le monde d'après : « Il est temps de ne pas reprendre comme avant »", *Le Monde*, tribune, 07/05/2020 ; mais peut-être l'expression née lors du premier confinement lié à la crise du Covid-19, en mars 2020, est-elle déjà en train de passer de mode…
23. Philip Kotler et Sidney Levy, "Demarketing, Yes, Demarketing", *Harvard Business Review*, novembre-décembre 1971, p. 74-80.
24. Cf. par exemple : Valérie Saportas, "Par crainte de la saturation, ces régions touristiques promeuvent les chemins de traverse", *Le Figaro*, 12/05/2021.
25. Alexandra Foissac, "Bordeaux-sur-Mer : focus sur les plages les plus proches de la capitale girondine", *Le Figaro*, 09/08/2021.
26. Sources : (en haut) detoursenfrance.fr *vs* (en bas) Alamy.

CHAPITRE 3 – Les promesses délétères de la *smart city* (pages 79 à 105)
1. Wavestone, *5G : une nouvelle génération technologique, des usages à inventer*, 2019.
2. Stéphane Richard, PDG d'Orange, interview dans *Les Échos*, 22/09/2020.
3. InfraNum, *Construire son* smart *territoire*, rapport, 2018.
4. Pete Swabey, *IBM, Cisco and the Business of Smart Cities*, information-age.com, 23/02/2012.
5. Nicola Villa et Wolfgang Wagener, *Connecting Cities: Achieving Sustainability Through Innovation*, Cisco Internet Business Solutions Group, 2008.
6. http://en.wikipedia.org/wiki/Smarter_Planet
7. Wikipédia, article "Ville intelligente".
8. "C'est quoi la Smart City ? Une introduction à la ville intelligente", opendatasoft.com, 29/04/2016.

9. http://www.cnil.fr/fr/definition/smart-city
10. Françoise Choay, *L'Urbanisme, utopies et réalités. Une anthologie, op. cit.*
11. Norbert Wiener, *Cybernetics or Control and Communication in the Animal and the Machine*, MIT Press/Wiley, 1948.
12. Wikipédia, article "Projet Cybersyn".
13. *Austin Powers*, film de Jay Roach, 1997.
14. Sur la numérisation à marche forcée de l'école, cf. Philippe Bihouix et Karine Mauvilly, *Le Désastre de l'école numérique*, Points, 2021.
15. Les master 2 de l'écologie industrielle connaissent quand même d'autres exemples ; cf. france-ecologieindustrielle.fr
16. Francis Pisani, "Mais d'où vient cette idée bizarre de « ville intelligente » ?", *La Tribune*, 16/01/2015.
17. Wikipédia, article "Informatique ubiquitaire".
18. *Brazil*, film de Terry Gilliam, 1985.
19. Le Corbusier, *Urbanisme*, éditions Vincent, Fréal & Cie, 1922, 1966, pages 234-235.
20. L'agence EP, "*Smart city* : Google prend ses quartiers à Toronto", *ZDNet*, 24/10/2017.
21. Laura Fernandez Rodriguez, "Google city à Toronto : « J'aurais adoré voir ce quartier fonctionner, mais détesté y habiter »", *La Gazette des communes*, 15/05/2020.
22. Laurent Martinet, "Arabie saoudite : Neom, un projet fou pour inventer « le futur de l'humanité »", *L'Express*, 26/10/2017.
23. neom.com
24. AFP, "L'Arabie saoudite vise la neutralité carbone d'ici 2060", 23/10/2021.
25. Nikolaï Milioutine, *Sotsgorod, le problème de la construction des villes socialistes*, Les Éditions de l'imprimeur, coll. "Tranches de villes", 2002 [édition originale 1930]. Merci à Louis pour la référence.
26. *Le Sable : enquête sur une disparition*, film de Denis Delestrac, 2013.
27. Jeremy Rifkin, *La Troisième Révolution industrielle*, Les liens qui libèrent, 2012.
28. Cf. les travaux de l'International Resource Panel / United Nations Environment Program.
29. Soit 16 à 40 térawattheures : HCC, *Maîtriser l'impact carbone de la 5G*, décembre 2020.

30. Wikipédia, article “Effet rebond (économie)”.
31. William Stanley Jevons, *The Coal Question: an Inquiry Concerning the Progress of the Nation, and the Probable Exhaustion of Our Coal Mines*, MacMillan & Co., 1865. Non traduit en français.
32. Ademe, *La Ville low-tech. Vers un urbanisme de discernement*, rapport (Institut Paris Région et AREP), janvier 2022.
33. Le labo de l’ESS, *Pour des métropoles low-tech et solidaires*, rapport, février 2022.

CHAPITRE 4 – L’écoconstruction, cache-sexe du *business as usual* ?
(pages 106 à 143)

1. frugalite.org
2. Claude Lefrançois, “Labels de construction : sont-ils véritablement pertinents ?”, *Build Green*, 19/02/2020.
3. *Ibid.*
4. “Le béton-ciment, troisième « pays » des émissions de gaz à effet de serre”, AFP, 19/10/2021.
5. Production 2018 estimée à 3993 millions de tonnes selon *Infociments. L’essentiel 2020* (industrie cimentière française).
6. *Infociments, op. cit.*
7. Myriam Chauvot, “Quand le ciment et l’acier verdissent par un artifice de comptage du CO_2”, *Les Échos*, 26/02/2020.
8. Ademe, *Fiche technique “Déchets du bâtiment”*, 2017.
9. Ademe, *Étude de préfiguration de la filière REP Produits et matériaux de construction du secteur du bâtiment*, 2021.
10. Diane Valranges, “RE2020 : le béton, un matériau à l’aube de la révolution”, *L’Union sociale pour l’habitat*, 19/03/2021.
11. Ademe, *Fiche technique “Déchets du bâtiment”*, 2017.
12. Article L. 541-1-1 du Code de l’environnement.
13. Ademe, FCBA, IGN, *Disponibilités en bois d’origine forestière à l’horizon 2035*, rapport, février 2016.
14. Muryel Jacque, “Réchauffement climatique : « La forêt française est en crise »” [entretien avec Bertrand Munch, directeur général de l’Office national des forêts], *Les Échos*, 14/02/2022.

15. Ministère de l'Agriculture et de l'Alimentation, *La Filière forêt-bois* (infographie, données 2019).
16. Agreste, *Chiffres et données, Récolte de bois et production de sciages en 2019*, novembre 2020, nº 12.
17. Ademe, FCBA, IGN, *op. cit.*, p. 13.
18. Pipame, *Marché actuel des nouveaux produits issus du bois et évolution à échéance 2020*, rapport, février 2012.
19. Ademe, FCBA, IGN, *op. cit.*, p. 39. 62 $MtCO_2$ *vs* 86 $MtCO_2$.
20. Ademe, France Bois Forêt, Codifab, *Étude prospective : évolution de la demande finale du bois dans la construction, la rénovation et l'aménagement des bâtiments*, rapport, juillet 2019, p. 73.
21. Pipame, *op. cit.*, p. 143.
22. Ademe, France Bois Forêt, Codifab, *op. cit.*, p. 43. Chiffres 2016.
23. Claude Lefrançois, "Construire, une alternative au béton : le bois ?", *Build Green*, 08/11/2017.
24. Et à 30 % en Allemagne. Cf. Pipame, *op. cit.*
25. Frédéric Biamonti et Alain Duval, *L'Envers du béton*, documentaire, 2021.
26. Jérôme Prieur, *Le Mur de l'Atlantique. Monument de la collaboration*, Points, 2017.
27. UNEP International Resource Panel, *Global Resources Outlook 2019, Natural Resources for the Future We Want*, rapport, 2019.
28. 167 milliards de tonnes selon l'OCDE, *Global Material Resources Outlook to 2060*, rapport, octobre 2018.
29. UNEP International Resource Panel, *Global Resource Outlook 2019*, *op. cit.*
30. Pour plus de détails, cf. Philippe Bihouix, *L'Âge des low tech*, Points, 2021.
31. P. Michel et F. Poudru, *Le Patrimoine construit en terre en France métropolitaine*, colloque ENTPE, Vaulx-en-Velin, 1987.
32. Christine Leconte et Sylvain Grisot, *Réparons la ville ! Propositions pour nos villes et nos territoires*, Apogée, 2022, p. 37.
33. Source : P. Lebas, C. Lacheray, C. Pontvianne, X. Savary, P. Schmit et F. Streiff, *La Terre crue en Basse-Normandie. De la matière à la manière de bâtir*, OREP Édition & Communication, 2007.
34. Erwan Hamard, *La Terre crue, nouvelle alliée de la construction écologique*, Ifsttar, présentation, 21/03/2019.
35. cycle-terre.eu

36. Cf. notamment le projet national Terre Crue (Étude d'opportunité) initié en 2017 et accompagné par le ministère de la Transition écologique et solidaire.

CHAPITRE 5 – Les réflexions embryonnaires du "monde d'après" (pages 144 à 164)

1. Marie-Christine Vatov, "Une vision systémique à traduire en actes", dossier "La ville résiliente : éléments de méthode", *Traits urbains*, nº 118, mars-avril 2021.
2. David Alexander, "Resilience and Disaster Risk Reduction: an Etymological Journey", *Natural Hazards and Earth System Sciences*, 2013.
3. Thomas Young, *A Course of Lectures on Natural Philosophy and the Mechanical Arts*, 1807.
4. William Rankine, *A Manual of Applied Mechanics*, 1858.
5. Site des *Annales des Mines* : https://annales.org/archives/x/charpy.html
6. IHMEC : https://memoiresdescatastrophes.org/a-propos/. [Nous soulignons.]
7. Eugene Odum, *Fundamentals of Ecology*, 1953.
8. Howard Odum et Eugene Odum, "Trophic Structures and Productivity of a Windward Coral Reef Community on Eniwetok Atoll", *Ecological Monographs*, vol. 25, nº 3, 1955.
9. Crawford Holling, "Resilience and Stability of Ecological Systems", *Annual Review of Ecology and Systematics*, vol. 4, 1973.
10. https://www.resalliance.org/about
11. *Ibid.*
12. Lance Gunderson et Crawford Holling, *Panarchy: Understanding Transformations in Human and Natural Systems*, Island Press, 2002.
13. Crawford Holling, "Understanding the Complexity of Economic, Ecological, and Social Systems", *Ecosystems*, 2001.
14. *Ibid.*
15. Hugo Carton, "Une approche critique du concept de résilience", *in* Agnes Sinaï, *Penser la décroissance*, Presses de Sciences-Po, 2013, p. 159-180.
16. Jared Diamond, *Effondrement : comment les sociétés décident de leur disparition ou de leur survie*, Gallimard, 2006.
17. https://unisdr.org/campaign/resilientcities/

18. resilientcitiesnetwork.org
19. The Shift Project, *La Résilience des territoires, pour tenir le cap de la transition écologique*, t. 1, *Comprendre*, 2021.
20. Ademe, "Augmenter la résilience des territoires", *Ademe magazine*, dossier, septembre 2021.
21. Reinette Biggs, Maja Schlüter et Michael L. Schoon, *Principles for Building Resilience, Sustaining Ecosystem Services in Social-Ecological Systems*, Cambridge University Press, 2015.
22. Danielle Tendall, *et al.*, "Food System Resilience: Defining the Concept", *Global Food Security*, 2015.
23. Cerema, "La boussole de la résilience, repères pour la résilience territoriale", *Les Cahiers du Cerema*, 2020, p. 6.
24. *Ibid.*, p. 35.
25. theshiftproject.org
26. *Ibid.*, p. 7.
27. Utopies, "Autonomie alimentaire des villes. État des lieux et enjeux pour la filière agro-alimentaire française.", *Note de position n° 12*, mai 2017.
28. resiliencealimentaire.org
29. Les Greniers d'Abondance, *Vers la résilience alimentaire. Faire face aux menaces globales à l'échelle des territoires*, 2020.
30. Quentin Guillon, "Stéphane Linou : Je crains des disettes locales", shirafood.com, 17/09/2020.
31. L'Atelier paysan, *Reprendre la terre aux machines. Manifeste pour une autonomie paysanne et alimentaire*, Seuil, 2021.
32. MOOC *La Résilience, un récit transformateur ?*, chapitre 1, "Vulnérabilités", Magali Reghezza-Zitt, géographe, maître de conférences à l'ENS de Paris ; https://www.youtube.com/watch?v=NhIdLYR7Poc
33. Hugo Carton, "Une approche critique du concept de résilience", art. cit., p. 164.
34. Thierry Ribault, *Contre la résilience*, L'Échappée, 2021.
35. Barbara Stiegler, *"Il faut s'adapter" : sur un nouvel impératif politique*, Gallimard, 2019.
36. Laura Fernandez Rodriguez, "« La résilience des territoires est une funeste chimère. » Thierry Ribault, chercheur au CNRS", *La Gazette des communes*, 28/06/2021.

CHAPITRE 6 – La ZAN à la rescousse (pages 165 à 188)

1. Guillaume Sainteny, “L’étalement urbain”, art. cité.

2. Sources : Insee et Base Teruti-Lucas.

3. Définition de l’Observatoire des espaces naturels, agricoles et forestiers (OENAF), elle-même adaptée de CORINE Land Cover, source statistique d’analyse des changements d’affectation des sols européens (cf. *infra*).

4. Ministère de l’Environnement, de l’Énergie et de la Mer, en charge des relations internationales sur le climat, “Artificialisation. De la mesure à l’action”, *Théma*, janvier 2017, p. 7.

5. Cf. Éric Charmes, *La Ville émiettée*, Presses universitaires de France, 2011.

6. Article L. 101-2-1 du Code de l’urbanisme révisé par l’article 192 de la loi Climat et résilience du 22/08/2021.

7. Agreste, *L’Occupation du sol entre 1982 et 2018*, dossier, avril 2021.

8. 54 393 990 hectares selon insee.fr / 54 919 252 hectares selon Agreste.

9. Cerema, *Les Déterminants de la consommation d’espaces. Période 2009-2019 – chiffres au 1er janvier 2019*, avril 2020.

10. L’expression remonte au moins à 2008 : Guillaume Sainteny, “L’étalement urbain”, art. cité.

11. Sara Sampaio, “Chaque seconde, 26 m^2 de terres agricoles disparaissent en France”, *latribune.fr*, 21/12/2011.

12. Pétition : https://filiere-paysanne.blogspot.com/2014/07/

13. Ministère de la Transition écologique, *L’Observatoire national de l’artificialisation des sols. Enjeux et perspectives*, webinaire du 6 juillet 2021, animation par Michèle Phelep et Pascal Lory.

14. Base de données Sitadel, SDES-MTES ; France Stratégie, *Objectif “zéro artificialisation nette” : quels leviers pour protéger les sols ?*, rapport, juillet 2019.

15. *National Environmental Policy Act* (NEPA).

16. Plus tard rebaptisé *Clean Water Act* (CWA).

17. Charlotte Bigard, Baptiste Regnery, Sylvain Pioch et John D. Thompson, “De la théorie à la pratique de la séquence éviter-réduire-compenser (ERC) : éviter ou légitimer la perte de biodiversité ?”, *Développement durable et territoires*, vol. 9, nº 1, mars 2018.

18. Décret nº 2011-2019 du 29 décembre 2011 portant réforme des études d’impact des projets de travaux, d’ouvrages ou d’aménagements ; modalités

d'application de l'article 230 issue de la loi Engagement national pour l'environnement dite "Grenelle II".
19. Articles L 163-1 à L 163-5 du Code de l'environnement.
20. Arrêt nº 425424 du 15 avril 2021.
21. Article 194, loi Climat et résilience.
22. Cf. par exemple Alice Valiergue, *Compensation carbone. La fabrique d'un marché contesté*, Sorbonne université presses, 2021.
23. CDC biodiversité, "Mission Économie de la biodiversité", édito, *Biodiv'2050*, nº 3, mai 2014, p. 2.

CHAPITRE 7 – De la ZAN à la ZAB ("zéro artificialisation brute") : vers la ville stationnaire (pages 189 à 212)
1. Loi Climat et résilience du 22 août 2021.
2. Loi du 8 novembre 2019 relative à l'énergie et au climat.
3. Article 192, loi Climat et résilience.
4. France Stratégie, *Objectif "zéro artificialisation nette" : quels leviers pour protéger les sols ?*, *op. cit.*, p. 34.
5. Cf. par exemple Marc-André Selosse, *L'Origine du monde : une histoire naturelle du sol à l'intention de ceux qui le piétinent*, Actes Sud, 2021.
6. Ademe, *Chiffres clés et observation – Sols pollués*, ademe.fr, consulté en octobre 2021.
7. D'après le ministère de la Transition écologique, cohesion-territoires.gouv.fr
8. *i* pour intercommunal donc, quand le PLU recouvre plusieurs communes.
9. Loi Deferre, avec la création de l'article 110 du Code de l'urbanisme : "Le territoire français est le patrimoine commun de la nation. Chaque collectivité publique en est le gestionnaire et le garant dans le cadre de ses compétences. Afin d'aménager le cadre de vie, de gérer le sol de façon économe, d'assurer la protection des milieux naturels et des paysages (...)."
10. Article L. 121-1 du Code de l'urbanisme, version en vigueur au 14/12/2000, modifiée de nombreuses fois par la suite, mais l'esprit est là...
11. "Annulation de la délibération du 11 avril 2019 approuvant le plan local d'urbanisme intercommunal valant programme local de l'habitat (PLUIH) de Toulouse métropole : le tribunal juge qu'il n'y a pas lieu de moduler les effets de l'annulation dans le temps", communiqué de presse, 20/05/ 2021.

12. Article L. 151-5, Code de l'urbanisme pour le PLU.
13. Colin Albizzati, Mathilde Poulhes et Joyce Sultan Parraud, *Caractérisation des espaces consommés par le bâti en France métropolitaine entre 2005 et 2013*, Insee, 2017.
14. Cerema, CGDD, SOeS, *Indicateurs de consommation d'espaces. Phase 2 : calcul d'indicateurs nationaux*, mars 2014.
15. Cerema, *Analyse de la consommation d'espaces et de l'artificialisation sur la période 2009-2019*, juillet 2021.
16. Source : Insee.
17. France Stratégie, *Objectif "zéro artificialisation nette" : quels leviers pour protéger les sols ?*, *op. cit.*
18. CGDD, "Trajectoire vers l'objectif « zéro artificialisation nette ». Éléments de méthode", *Théma*, décembre 2019.
19. Extraits de différents SCoT de métropoles.
20. Cerema, *Les Déterminants de la consommation d'espaces. Période 2009-2019 – chiffres au 1er janvier 2019*, *op. cit.*, p. 23.
21. Loi du 3 janvier 1986 relative à l'aménagement, la protection et la mise en valeur du littoral.
22. Loi du 9 janvier 1985 relative au développement et à la protection de la montagne.
23. Cf. Sophie Jeantet, Clémence de Selva et Philippe Bihouix, "Décentraliser pour cesser d'artificialiser", *Libération*, 01/06/2021.

CHAPITRE 8 – Construire moins, accueillir mieux (pages 213 à 268)
1. Titre, entre autres, du IXe Congrès international du bâtiment durable, du 06 au 08/10/2021 ; cf. aussi Frances Anderton, "To Build or Not to Build? Architects Struggle With the Future of Their Craft in a Warming World", *The Magazine of the Sierra Club*, 16/12/2021 ou Corinne Vezzoni, "Construire ou ne pas construire ? Telle sera la question", *Villes en parallèle*, nos 49-50, 2020, p. 484-489.
2. Commission pour la relance durable de la construction de logements, rapport au gouvernement, 2021 [dit "rapport Rebsamen"].
3. CNH/FPI/FFB, *Un build deal pour un choc d'offre du logement. Construire la ville de demain pour tous* [sur le site du ministère de la Transition écologique], 2020.

4. Pas tous cependant ; cf. Cour des comptes, *Restaurer la cohérence de la politique du logement en l'adaptant aux nouveaux défis*, rapport, novembre 2021.
5. Isabelle Rey-Lefebvre, "500 000 nouveaux logements par an sont nécessaires pour éviter « une crise majeure de l'offre » en France", *Le Monde*, 22/09/2021.
6. Ministère de la Transition écologique, *La Stratégie nationale bas carbone (SNBC) en 10 points*, octobre 2020. En réalité, - 95 % d'émissions.
7. Ministère de la Transition écologique, direction générale de l'Énergie et du Climat, *Synthèse du scénario de référence de la stratégie française pour l'énergie et le climat*, 15/03/2019, p. 8-9.
8. Ademe, *Transition(s) 2050, Choisir maintenant. Agir pour le climat. Synthèse*, rapport, novembre 2021, p. 7-8.
9. The Shift Project, "Habiter dans un monde bas carbone", *Plan de transformation de l'économie française*, rapport, octobre 2021.
10. Scénario négaWatt 2022, *La Transition énergétique au cœur d'une transition sociétale*, présentation du 26/10/2021, p. 28.
11. Insee ; ministère de la Transition écologique et solidaire, Service de la donnée et des études statistiques (SDES) ; estimations annuelles du parc de logements au 01/01/2021.
12. Insee. Définition publiée le 25/01/2021.
13. Ministère de la Transition écologique, Data Lab, *Le Parc locatif social au 1er janvier [2020]*, novembre 2020.
14. Direction de l'Habitat, de l'Urbanisme et des Paysages, au sein du ministère de la Transition écologique et solidaire.
15. Via une plateforme numérique Zéro logement vacant (ZLE) et une cartographie interactive des données "LOVAC", établies grâce à un croisement de données de différents fichiers, réalisé par le Cerema à la demande du ministère du Logement.
16. Insee Références, *24 % des ménages détiennent 68 % des logements possédés par des particuliers*, dossiers, édition 2021.
17. *Insee Première*, n° 1871, août 2021.
18. Article 1407 *ter* du Code général des impôts.
19. Article 232 du Code général des impôts.
20. *Insee Première*, n° 1871, août 2021.

21. *Tableau de l'économie française (TFE)*, édition 2020 – collection Insee Références.
22. Ademe, *Faire la ville dense, durable et désirable. Agir sur les formes urbaines pour répondre aux enjeux de l'étalement urbain*, février 2018, p. 11.
23. *Ibid.*
24. Insee, *Les Conditions de logement en France*, édition 2017.
25. Insee, *Résidences principales*, 2018.
26. Article R. 641-4.
27. Selon l'article 28 de la loi n° 48-1360 du 1er septembre 1948 modifiée.
28. "Logements suroccupés, personnes âgées isolées... : des conditions de confinement diverses selon les territoires", *Insee Focus*, n° 189, 21/04/2020.
29. Insee, *Résidences principales*, 2018.
30. Insee, données 2017.
31. Ministère de la Transition écologique, Data Lab, *Le Parc locatif social au 1er janvier [2020], op. cit.*
32. Clément Jeanneau, "Six enseignements des cours de J.-M. Jancovici aux Mines", goodplanet.info, 19/07/2020.
33. Eugénie Deloire, "Le marché des bureaux se projette dans l'ère de l'après-Covid", *Les Échos*, 23/03/2021.
34. ORIE, *Publication de l'estimation annuelle du parc de bureaux en Île-de-France*, 31/03/2020.
35. CBRE, *Le Grand Pari des régions*, 16/10/2019.
36. Cf. par exemple Luc Gwiazdzinski, "Éloge de la chronotopie. Pour un urbanisme temporel et temporaire", *Collage*, revue de la Fédération suisse des urbanistes, 2013, p. 7-10.
37. Préfet de Seine-et-Marne, direction départementale des territoires, service des affaires juridiques, "Notion de dent creuse", *C'Juris*, n° 3, décembre 2018.
38. Article 545 du Code civil.
39. Cerema Nord-Picardie, "Un imposant gisement, mal diagnostiqué. La rétention foncière", *La Revue foncière*, n° 20, novembre-décembre 2017.
40. Code de l'urbanisme, article L. 111-26.
41. Cf. par exemple glauqueland.com
42. Cf. le programme Nouveaux lieux, nouveaux liens, lancé en juin 2019 par l'Agence nationale de cohésion des territoires (ANCT).

43. programmeprofeel.fr
44. Anastasia Touati, “La densification « douce » au Canada. L’exemple des « appartements accessoires en Ontario »”, métropolitiques.eu, 03/04/2013.
45. Programme d’expérimentation Villa urbaine durable, PUCA, 2001 ; programme de recherche Habitat pluriel, densité, intimité, urbanité, PUCA, 2005 ; programme Bimby dans le cadre de l’appel à projets “Villes durables” de l’Agence nationale de la recherche, 2009-2012. Cf. PUCA, *Vers des politiques publiques de densification et d’intensification “douces” ?*, 2013.
46. PUCA, *Vers des politiques publiques de densification et d’intensification “douces” ? Intérêts, limites et opportunités,* consultation internationale de recherche, octobre 2013.
47. David Miet, “L’architecture du projet de recherche Bimby”, *Les Cahiers de la recherche architecturale et urbaine,* nos 26/27, 2012. Le programme Bimby a été financé par l’Agence nationale de la recherche, dans le cadre de son appel à projets “Villes durables” 2009-2012.
48. programmeprofeel.fr
49. Profeel, “Rénover et densifier les quartiers d’habitat pavillonnaires. Financer la rénovation énergétique par la valorisation foncière”, *Guide pratique à destination des collectivités locales,* 2021, Introduction de Christine Leconte, présidente du Conseil national de l’ordre des architectes.
50. https://www.vivantes.fr/modeles/bimby
51. iudo.com
52. Catalogue de l’exposition *Transformations pavillonnaires. Faire la métropole avec les habitants,* pavillon de l’Arsenal, IUDO.
53. Profeel (programmeprofeel.fr), *Typologies des maisons individuelles,* étude, 2021.
54. Éric Charmes, “La densification en débat”, *Études foncières,* no 145, mai-juin 2010.
55. Réseau français des Villes-Santé de l’Organisation mondiale de la santé, *Éléments de préconisation. Espaces verts urbains. Promouvoir l’équité et la santé,* octobre 2020.
56. “Circulaire du 8 février 1973 relative à la politique d’espaces verts”, sans caractère réglementaire, qui énonçait déjà que “La sauvegarde et le développement des espaces verts constituent un des éléments essentiels de la préservation comme de l’amélioration du cadre de vie”.

57. Sylvain Grisot, *Manifeste pour un urbanisme circulaire*, Apogée, 2021.
58. Vivien Garié, " « Mon village est en déclin, il faut construire un nouveau lotissement. » La fin d'un système pyramidal ?", urbanews.fr, 05/11/2021.
59. Lewis Mumford, *The Highway and the City*, Martin Secker & Warburg, 1963.
60. Cécile Diguet et Fanny Lopez, *L'Impact spatial et énergétique des data centers sur les territoires*, rapport Ademe, 2019.
61. Isabelle Rey-Lefebvre et Émeline Cazi, "Les dix pistes du gouvernement pour « habiter la France de demain »", *Le Monde*, 14/10/2021.
62. Pierre Joseph Proudhon, *Du principe de l'art et de sa destination sociale*, Garnier Frères, 1865. Cité *in* Françoise Choay, *L'Urbanisme, utopies et réalités. Une anthologie*, *op. cit.*, p. 134.
63. Sophie Divry, "Pavillon : sortons de « l'idéologie du bonheur familial »", *Libération*, 04/11/2021.
64. Baudouin de Bodinat, *La Vie sur Terre*, t. 1 et 2, L'Encyclopédie des nuisances, 2008, p. 138.
65. Le Corbusier, *Urbanisme*, *op. cit.*, p. 176.
66. Christine Leconte et Sylvain Grisot, *Réparons la ville ! Propositions pour nos villes et nos territoires*, *op. cit.*, p. 46.
67. Stéphanie Le Bars, "Aux États-Unis, l'engouement pour les « tiny houses »", *Le Monde*, 09/08/2019.

CHAPITRE 9 – Redistribuer à toutes les échelles (pages 269 à 290)
1. Pierre Veltz et David Djaïz, "Réinventons l'aménagement du territoire", *Les Échos*, 16/02/2022. Cf. aussi Pierre Veltz, *L'Économie désirable : sortir du monde thermo-fossile*, Seuil, 2021.
2. Cf. par exemple Elsa Bembaron, "Coronavirus : le grand exode des citadins", *Le Figaro*, 27/03/2020.
3. CNH/FPI/FFB, *Un build deal pour un choc d'offre du logement. Construire la ville de demain*, *op. cit.*, p. 13. [Nous soulignons.]
4. Fernand Braudel, *Civilisation matérielle, économie et capitalisme, XVe-XVIIIe siècle*, Armand Colin, 1979.
5. Platon, *Les Lois*, livre cinquième (traduction Victor Cousin).
6. Thomas More, *L'Utopie*, J'ai lu, "Librio", 2016 [1516], p. 55.
7. Source : CCI France International.

8. Giovanni Botero, *Delle cause della grandezza e magnificenza delle città*, 1588, cité *in* Denise Pumain et Jean Pierre Gaudin, “Systèmes de villes et pouvoir. L’analyse de Giovanni Botero à l’époque de la Renaissance”, *Cybergeo : European Journal of Geography*, 2002.
9. Denise Pumain, *La Dynamique des villes*, Economica, 1982.
10. Iannis Xenakis, *La Ville cosmique*, Berlin, janvier 1964, cité *in* Françoise Choay, *op. cit.*, p. 337.
11. Olivier Rey, *Une question de taille*, Stock, 2014, p. 205.
12. Antoine Brès, “Faire durablement territoire sans densifier les villes”, *Métropolitiques*, 14/09/2020.
13. Dans son ouvrage (en cours d’écriture) *Sans pétrole et sans charbon*, tome II. *Pérennité de systèmes techniques passés*. Téléchargeable gratuitement sur www.sans-petrole-et-sans-charbon.fr
14. Philippe Bihouix, *Le bonheur était pour demain*, Seuil, 2019, p. 107 et 244. Autopromotion, quand tu nous tiens !
15. Site officiel : ikn.go.id
16. Isabelle Rey-Lefebvre, “Immobilier : la démétropolisation post-confinements rééquilibre les territoires”, *Le Monde*, 14/01/2022.
17. Coopérative Acadie.
18. Cf. la belle analyse de Sacha Czertok, Jules Peter-Jan et Martin Vanier, “Une France jamais autant peuplée : comment l’habiter ?”, *Telos*, 15/02/2022. Merci à Isabelle.
19. Delphine Gerbeau, “Transformation publique : en route vers l’administration du dernier kilomètre”, *La Gazette des communes*, 23/07/2021.
20. Alexandre Léchenet et Romain Gaspar, “Fusion des régions : un bilan financier en demi-teinte”, *La Gazette des communes*, 17/06/2021.
21. Ernst Friedrich Schumacher, *Small is beautiful : une société à la mesure de l’homme*, Contretemps/Seuil, 1978 [1973].
22. Michel Marié, “Aménager ou ménager le territoire ?”, *Annales des Ponts et Chaussées*, janvier 1996 ; Thierry Paquot, *Homo urbanus, essai sur l’urbanisation du monde et des mœurs*, Le Félin, 1996.
23. Sur l’origine de l’expression, cf. Thierry Paquot, “Ménager le ménagement”, *topophile.net*, 13/06/2021.

CONCLUSION – Vers la ville vertueuse (pages 291 à 302)

1. Discours de Jean Castex, Premier ministre, à la 31e Convention des intercommunalités de France, 15/10/2021. Vidéo disponible sur https://www.youtube.com/watch?v=vBHTTAsMJKo

2. *Ibid.*

3. *Ibid.*

4. Cf. par exemple la couverture du magazine *Le Point* n° 2413 du 25/11/2018 : "Exclusif. Le grand entretien avec le patron d'Uber. Cet homme va nous faire changer de vie." Et de ville, pourrions-nous ajouter !

5. Lewis Mumford, *Les Transformations de l'homme*, L'Encyclopédie des nuisances, 2008 [1956], p. 151.

6. Christopher Lyon, Erin Saupe, *et al.*, "Climate Change Research and Action Must Look Beyond 2100", *Global Change Biology*, vol. 28, n° 2, p. 349-361, septembre 2021.

7. Disponible par exemple sur flood.firetree.net. À visiter par temps calme...

8. Nous en profitons pour signaler le cinquantième anniversaire du "rapport Meadows" au Club de Rome, *Les Limites de la croissance* (*The Limits to Growth*, 1972).

9. L'auteur du fameux ouvrage *The Population Bomb* (1968).

10. Ministère de la Transition écologique et solidaire, direction générale de l'Énergie et du Climat, *Synthèse du scénario de référence de la stratégie française pour l'énergie et le climat*, *op. cit.*, p. 10-14.

11. RTE, *Futurs énergétiques 2050*, rapport, octobre 2021.

12. Ademe, *Transition(s) 2050. Choisir maintenant. Agir pour le climat. Synthèse*, *op. cit.*, p. 7-8.

13. Scénario négaWatt 2022, *La Transition énergétique au cœur d'une transition sociétale*, *op. cit.*, p. 28.

14. Philippe Bihouix, "Rénover avec (techno-)discernement", in *Réalités industrielles, Annales des Mines*, mai 2022, p. 27-30.

15. Selon le beau titre du dossier du magazine *Usbek & Rica* n° 34 : "Et si on arrêtait d'innover ? Bienvenue dans l'âge de la maintenance", janvier 2022.

16. Christine Leconte et Sylvain Grisot, *Réparons la ville ! Propositions pour nos villes et nos territoires*, *op. cit.*

17. Jean Giono, *Les Terrasses de l'île d'Elbe*, NRF Gallimard, 1976, p. 18.

18. Georg Simmel, *Les Grandes Villes et la vie de l'esprit*, Payot, 2013 [1902].

19. cittaslow.org
20. En fait, le terme *dystopia* apparaît dès 1747 dans le poème *Utopia : or Apollo's Golden Days* attribué à Henry Lewis Younge ; cf. Vesselin Budakov, "Dystopia : An Earlier Eighteenth-Century Use", *Notes and Queries*, vol. 57, nº 1, p. 86-88.
21. "The State of Ireland", 12/03/1868, *in* John Stuart Mill, *Public and Parliamentary Speeches, Nov. 1850 – Nov. 1858*, University of Toronto Press, 1988, p. 248.

ANNEXES – Sources pour mesurer l'artificialisation (pages 303 à 312)
1. France Stratégie, *Objectif "zéro artificialisation nette" : quels leviers pour protéger les sols ?, op. cit.*
2. Agreste, *L'Occupation du sol entre 1982 et 2018, op. cit.*
3. *Ibid.*
4. "Utilisation du territoire. L'artificialisation des terres de 2006 à 2014 : pour deux tiers sur des espaces agricoles", *Agreste Primeur*, nº 326, juillet 2015.
5. "L'utilisation du territoire en 2014", *Agreste Chiffres et Données*, nº 229, mars 2015.
6. Portail de l'artificialisation des sols : https://artificialisation.biodiversitetousvivants.fr/
7. Jérôme Canard, "Google se met au service du fisc", *Le Canard enchaîné*, 11/08/2021.
8. Cerema, *Les Déterminants de la consommation d'espaces. Période 2009-2019 – chiffres au 1er janvier 2019, op. cit.*
9. *Ibid.*

REMERCIEMENTS

Un grand merci pour leur relecture attentive ou leur aide à divers niveaux à Isabelle Andorin, Annie et Alain Bihouix, Catherine Dameron, Corinne Debels, Jeanine et Michel Jeantet, Pierre Lagrandmaison, Christophe Laurens, Raphaël Ménard, Laurent Pré.

Merci à Estelle Klugstertz et Lucas Kolodziejczyk pour leur participation indirecte à l'aventure.

Merci à Louis Maugin pour son aide précieuse et son soutien sans faille.

Merci également à Gioachino et Wolfgang qui se reconnaîtront.

Merci aux éditions Actes Sud et à Stéphane Durand.

Cet ouvrage n'est pas disponible en format numérique, mais seulement en format papier. Que les éditions Actes Sud en soient également remerciées.

CRÉDITS

Page 27 : Photo by Asad Photo (Ibrahim Assad)
Page 78 (haut) : © B. RIEGER / Hemis.fr
Page 78 (bas) : imageBROKER / Alamy Banque d'Images
Page 84 : Design : Product Development Group, INTEC, Santiago. Photo / Copyright © Gui Bonsiepe
Page 87 (haut) : KPF – kpf.com
Page 87 (bas) : © F.L.C. / Adagp, Paris, 2022 – Cliché : F.L.C / Adagp Images
Page 225 : © IGN – Insee 2021
Page 282 : Les cartes, réalisées par Jules Peter-Jan, sont extraites de l'article "Une France jamais autant peuplée : comment l'habiter ?" publié par Sacha Czertok, Jules Peter-Jan et Martin Vanier, le 15 février 2022 dans la revue numérique *Telos*.

CATALOGUE DE LA COLLECTION

ALIMENTATION

Ensemble pour mieux se nourrir, Frédéric Denhez et Alexis Jenni, 2021.

À la recherche du blé vivant, Roland Feuillas et Jean-Philippe de Tonnac, 2021.

AGRICULTURE ET PÊCHE

Une agriculture qui répare la planète, Vandana Shiva, André Leu et Jacques Caplat, 2021.

Vers la sobriété heureuse, Pierre Rabhi, 2021.

La Ferme du rail, Claire et Philippe Simay, 2022.

Le Réensauvagement de la ferme à Knepp, Isabelle Tree, 2022.

ÉCONOMIE, MANAGEMENT ET POLITIQUE

Libérer son entreprise, Pierre-Yves Antras, 2021.

Reconstruire sur les ruines du capitalisme, George Monbiot, 2021.

Demain, une Europe agroécologique, Xavier Poux, Pierre-Marie Aubert, 2021.

Vers un numérique responsable, Vincent Courboulay, 2021.

L'Avenir de Terre-Patrie, collectif sous la direction d'Alfredo Pena Vega, 2021.

Passage délicat, Pierre Leroy, 2021.

Animal, Cyril Dion, 2021.

Pour une politique culturelle renouvelée, Bernard Latarjet et Jean-François Marguerin, 2022.

2030 Glorieuses, Julien Vidal, 2022.

INITIATIVES DE LA SOCIÉTÉ CIVILE

Algocratie, Arthur Grimonpont, 2022.

MÉDECINE, NAISSANCE ET PRÉPARATION À L'ACCOUCHEMENT

L'Incroyable Pouvoir du souffle, Stéphanie Brillant, 2021.

Revivre, 12 étapes pour sortir de l'addiction, Philippe Cavaroz et Michel Henry, 2022.

L'Incroyable Pouvoir de l'amour, Stéphanie Brillant, 2022.

Écoutez les auteurs Domaine du Possible
dans une série de podcasts dédiés.

Ouvrage réalisé
par l'Atelier graphique Actes Sud.
Achevé d'imprimer
en janvier 2023
par Normandie Roto Impression s.a.s.
61250 Lonrai
sur papier fabriqué à partir de bois provenant
de forêts gérées durablement (www.fsc.org)
pour le compte
des éditions Actes Sud
Le Méjan
Place Nina-Berberova
13200 Arles.

Dépôt légal
1re édition : septembre 2022
N° impr. : 2300064
(Imprimé en France)